贺龙的1927年

贺晓明◎著

人民出版社

代序言

回忆"八一"南昌起义

贺　龙

"八一"南昌起义，是中国人民在中国共产党领导之下武装起来，给以蒋介石为首的投降帝国主义的国民党反动派的叛变以有力反击，高举起中国革命斗争的鲜明旗帜，坚决进行武装斗争。这是马克思列宁主义与陈独秀右倾机会主义斗争的胜利。记得"八一"南昌起义的前夜，内外情况是异常紧急的，蒋介石在 4 月 12 日就在上海发动了反革命的政变与屠杀；5 月 21 日，长沙又发生了反革命的政变与屠杀；7 月 15 日，武汉的国民党中央也公开地叛变了革命。而当时中国共产党以陈独秀为代表的机会主义者，在这样紧急的关头，不但没有坚决地去发动群众的斗争以推进革命运动的发展，去回击反革命分子的进攻；相反，对于反革命却采取了可耻的投降政策，不敢发展农民斗争，不敢武装工农。这样，就便利了反革命对革命群众的进攻，使第一次国内革命战争遭受了失败。而毛泽东同志当时是极力主张放手发动和武装工农群众的。革命者越坚决，就越可以制止反革命的进攻，与中止中间派的动摇。在毛泽东同志这样的思想基础上，中国人民在中国共产党领导之下，第一次独立地拿起了武器，向反革命进行有力的还击。这样，就爆发了"八一"南昌起义，和相随而来的湖北农民起义，毛泽东同志亲自领导的湖南农民的秋收武装起义，广东海陆丰的农民起义，广州的十二月起义，以及朱德同志所领导的湘南起义。在这些起义中所产生的军队，就组成了最早的中国工农红军，后来又发展成为抗日时期的八路军、新四军，和现在的中国人民解放军。

1951 年 8 月 1 日

目　录

第一章　为什么会发生南昌起义

1927年4月12日，蒋介石在上海发动反革命政变，大肆屠杀共产党员、国民党左派和革命群众，这是中国共产党人发动"南昌起义"最表层的直接原因。更深层次的原因是：共产国际、国民党、共产党三方因利益趋同走向合作，到国共两党因为意识形态和阶级属性，最本质不可调和、你死我活的冲突，最终导致三方合作破裂，进而发生了南昌起义。

第一次世界大战后，帝国主义加紧对中国的侵略。中国的政治经济因帝国主义的残酷掠夺和各派军阀连年混战而陷入日益严重的危机之中。中国各阶层人民都强烈要求进行一场变革现状的大革命。孙中山创立并领导的中国国民党自成立以来，始终坚持反对外来侵略和封建军阀的斗争，但中山先生领导的革命斗争屡遭失败，迫切需要新的力量补充。而刚刚诞生的中国共产党在反对帝国主义与封建军阀的斗争中也遭遇了挫折，基于反对帝国主义支持下的北洋军阀统治这一共同目标，在共产国际积极促成下，1924年国共两党第一次建立统一战线。

国共合作是以两党发展为前提。一方面以国民党的名义，国共两党共建黄埔军校，国民党开始拥有自己的军队，北伐有了可靠的军事保障，这是孙中山辛亥革命后一直梦寐以求的事情；另一方面开展了工农运动，使成千上万的劳苦大众加入反对帝国主义和封建军阀的洪流中来。

国共合作从 1924 年 1 月 20 日中国国民党在广州举行第一次全国代表大会至 1927 年蒋介石发动"四一二"反革命政变，共经历了三年三个月零八天。

第一节　共产国际对中国革命的误判

一、共产国际与中国共产党的关系

1914 年，第一次世界大战爆发后，第二国际破产。1917 年，十月革命的胜利，促进了各国共产党的建立，客观形势要求建立新的国际组织。1919 年 3 月 2 日，列宁在莫斯科召开了国际共产主义代表会议，有来自 21 个国家的 35 个政党和团体的 52 名代表参会。大会通过了《告国际无产阶级宣言》《共产国际行动纲领》《关于资产阶级民主和无产阶级专政的提纲》等文件，宣告第三国际成立。

1. 共产国际是中国共产党早期的实际领导者

1922 年 7 月，中国共产党第二次全国代表大会决定，接受并坚决执行共产国际《告国际无产阶级宣言》《共产国际行动纲领》《关于资产阶级民主和无产阶级专政的提纲》等文件精神加入第三国际，随之便成为它的支部。当时中国共产党刚刚成立一年，全国只有 195 名党员，还处于地下状态，自身生存都极其困难。共产国际很长一段时间成了中国共产党的实际领导者。

中国共产党依据民主集中制原则建党，共产国际对中共却实行的是"家长制"。

共产国际内部有严明的组织纪律。共产国际对中国共产党的民主集中制，只要求集中不给民主，以"家长制"的作风要求中共坚决执行其指示，这种特殊组织关系，严重忽视了中国共产党应有的独立性，压制了中国共产党党内民主，影响了中国共产党根据中国革命实际情况制定战略战术。

例如，新生的中国共产党过于弱小，经费来源依赖共产国际，加之共产国际组织纪律的约束，关于和国民党合作的重大问题，尽管有分歧，也不管最后分歧能否达成一致，都必须执行共产国际的指示。

在整个国共合作的过程中，共产国际一直是积极主动的一方，而中国共产党除共产国际外，始终还要接受国民党领导，是被动的一方。通过加入国民党，共产党人获得了公开合法的社会身份，他们也因此需要服从国民党的领导。还有部分未公开身份的共产党员，在国民党内继续做"地下党"。

共产国际对孙中山为代表的资产阶级革命力量估计过高，为了自身利益的需要，经常迎合国民党提出的条件要求，反而压制共产党，甚至以组织命令达到目的。大革命中，放弃共产党的领导权，将国民党推向了领导地位，这是最大的不公。

1926 年 6 月，以维经斯基为领导人的共产国际远东局在上海成立。远东局提出了"避免在细小事情上干预中共中央的事务"，可同时又做出让"维经斯基作为共产国际执委会代表进入中共中央委员会，参加它的日常工作"，"中共中央的代表同志应定期报告中央的工作，必要时还应就主要的政治问题向远东局预先进行协商。"这些决定实际上还是为共产国际代表干涉中共中央的日常活动定下了基调。这样，中国共产党的决议、决定、声明，不管是中共中央委员会还是政治局委员起草的，都要同共产国际的代表经过详细的讨论，互相协商后才能达成共识。维经斯基更是利用共产国际和苏俄给予的充分权力，通过非正常的工作程序直接决定与中国共产党利益相关的事务。他对中共广东区委的工作事无巨细，事事插手，基本上是替代了中共中央的角色。使得在许多问题上中共中央无法保证全党的统一行动，甚至造成了中共中央与中共广东区委之间的矛盾。

共产国际代表鲍罗廷不顾中国共产党人的反对意见，同意了孙中山的提议，设立国际联络委员会来监督共产党的活动。这种举动引起了共产党人的极大不满，陈独秀在给共产国际的信中就愤怒地指出："中国无产阶级、中国国民革命应当采取联合行动的策略，而共产国际代表同

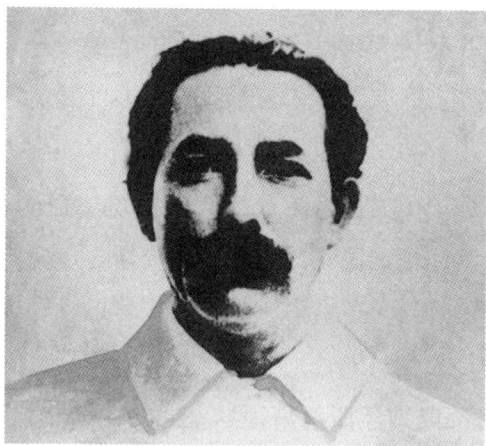

图 1—1　鲍罗廷

鲍罗廷，白俄罗斯人，犹太裔，莫斯科驻华代表，孙中山及国民党的高级政治顾问，参与推动了第一次国共合作、建立黄埔军校、争取苏联援助、组织北伐等。1927 年 4 月，蒋介石进行反共清党后，对鲍罗廷等人发出通缉令，返回苏联后即被软禁。中共六大严厉批评鲍罗廷对大革命失败有着不可推卸的责任。1949 年 7 月，被捕，1951 年，死于西伯利亚流放地。

中共也应当对国民党采取共同行动。然而鲍罗廷同志从不同我们党协商，好像在中国不存在共产党。"

在第一次国共合作期间，中国共产党一直处于被动地位，共产国际基本上以孙中山的态度为主。这样，在国共合作实现后，以让步求合作似乎成了共产国际代表工作的出发点和归宿。结果助长了中共内的右倾机会主义，又使国民党右派更加放肆地进行分裂国共合作的活动。

2. 共产国际是中共的主要经费来源

在中国共产党成立之初，由于没有任何经费来源，再加上党员人数不多，党费的收入也很少，因此，经费问题就成为困扰早期中国共产党人的一大问题。没有经费，就无法进行必要的宣传活动，无法建立应有的组织机构，甚至连聚集在一起开会都成为问题。经济上连最基本的生存问题都无法解决，更不要想象发展党的实力，壮大党的力量了。因此，经费问题就成了中国共产党必须面对的一个重要的战略问题了。新生的俄国苏维埃政府虽然面临着种种经济困难，但还是挤出一定的资金提供给共产国际的执行机构，用以援助中国的革命行动。

中共中央执委会书记陈独秀在 1922 年 6 月 30 日给共产国际的报告中提到："党费，自 1921 年起至 1922 年 6 月止，由中央机关支出 17655 元，收入计国际协款 16655 元，自行募捐 1000 元。用途：各地方劳动运动约 10000 元，整顿印刷所 1600 元，印刷品 3000 元，劳动大会 1000 元，其他约 2000 元。"1922 年 10 月 14 日，马林给共产国际的《关于杭州会议后活动的报告》中提到了："宣传：周刊、月刊不能定期出版。无经费出版《新青年》和《先驱》，值得注意……必须马上电汇 1000 元。""7 月以来没有经费。工人运动……总是要求援助。没有钱……"全俄消费合作社中共联社驻上海办事处主任会计维尔德在 1923 年 5 月

22 日的信中写道:"我还收到从莫斯科寄给中国共产党的 278 英镑 3500 美元,并附有详细分配数额的指标。"

据陈独秀统计,建党初期的经费约 94% 来自共产国际。94% 里的 60% 用于工人运动。陈独秀在"三大"报告中称:1922 年"二大"后"党的经费,几乎完全是从共产国际来的"。

各种数字表明无论多少,正是由于有了共产国际在经济上的帮助,中国共产党的组织、宣传等活动得以正常的开展,使得幼年的中国共产党迅速壮大起来,成为在中国政治舞台上一支生机勃勃的政治力量。

这种经济关系一直维持到中共建军建政开辟根据地后,实行土地改革,自己有了地方税收,才最终实现经济独立。

俄国"十月革命"的成功,极大地鼓舞了全世界受压迫受剥削人民,使他们看到了希望,有了榜样,明确了方向目标。武装斗争、夺取政权、人民当家做主人,这是普遍真理,可人们没有认识到"十月革命"的经验有其不可复制的一面,各国无产阶级革命取得胜利的方法必须与自身的国情相结合。

"十月革命"一声炮响给中国送来了马列主义。苏共给中国共产党提供了部分经费支持,也送来了经验主义、教条主义。打破对老大哥的"迷信"相当不容易。这种理论的偏差给中国革命带来的损失是血的代价。

二、共产国际提出国共合作的目的

苏俄在远东地区的战略利益是共产国际促成国共合作的根本原因。十月革命胜利以后,苏俄面临着国内反动势力的阴谋破坏和国际帝国主义封锁包围的双重威胁。为了新生苏维埃政权的阶级利益,确保和维护苏俄的国家安全利益，缓和日本帝国主义对苏俄远东地区的威胁，苏俄把国家安全利益的重点放在了中国、朝鲜和日本等远东地区，试图通过共产国际在远东地区的势力延伸，达成重要的战略目标，尽可能地在远东地区建立各国共产党，从而达到控制该地区的战略目的。苏俄远东战略利益实质就是为了打破帝国主义的封锁和包围，确保苏俄在远东地区的战略安全，维护苏俄在东亚的国家安全利益，特别是在中国建立一个安全缓冲区，遏制日本帝国主义对苏俄远东地区的侵蚀。远东战略利益在中国的具体要求表现为保持外蒙古现状，保证苏俄在中东路的权益，在中国建立一个亲俄的政府。

在这种大背景下，中国特殊的地理位置和复杂的国际国内形势，使得共产国际为了苏联在远东利益，提出国共合作，促成了共产国际与国共三方的合作。

三、共产国际从开始寻找合作伙伴，就没有摆对中国共产党的位置

中国共产党既然是共产国际的支部，无论强弱，他都是共产国际在中国的全权代表，而不是优先合作者。

1. 共产国际曾找过吴佩孚

1920 年 8 月，中国政局发生了很大的变化。直系军阀首领曹锟、吴佩孚联合奉系军阀张作霖打败了皖系军阀段祺瑞，控制了北京政府。为了尽可能从各国获取援助，壮大自己的力量，吴佩孚不仅同英美等列强密切合作，也采取了一些同苏俄政府改善关系的措施。

北京政府的友好行动，使苏俄对控制北京政府的直系军阀吴佩孚抱有好感，相互关系较前密切。1920 年 10 月 9 日，苏俄代表维经斯基到

洛阳访问吴佩孚的幕僚白坚武，此后还有过多次接触。

然而，未经北京政府同意，苏俄军队于 1921 年 6 月进入蒙古消灭白俄谢苗诺夫匪军，并策划成立脱离中国的"蒙古共和国"，从而使双方关系蒙上阴影。北京政府对此提出抗议，吴佩孚也谴责苏俄的这一行动。

随着势力不断增长，吴佩孚一直是苏俄关注的焦点。1922 年 3 月 15 日，俄罗斯联邦驻远东全权代表、苏俄驻北京外交使团顾问威连斯基·西比利亚科夫在给列宁的信中分析了中国地方实力派的状况："只要浏览一下附上的中国示意图，就可以发现，直隶派占有最有利的战略地位，几乎统治了人口稠密、具有巨大经济意义的整个华中和长江流域。与各竞争派别相比较而言，直隶派是最强大的，而且吴佩孚元帅作为军事领导人所取得的成就，为他进一步扩大影响和加强实力，创造了非常有利的局面。"当时在共产国际、俄共（布）一些领导人的心目中，"为开展中国的民族主义运动而可以合作的人是吴佩孚而不是孙中山"，"他们认为孙中山是不切实际的梦想家"，"他们同意支持吴佩孚"，他们希望能利用吴佩孚来维护其在华的最大利益。

1922 年底，吴佩孚致电北京内阁，对苏俄政府的对华政策表示不满。1923 年 2 月 7 日，吴佩孚残杀京汉铁路大罢工工人，"使苏俄外交人民委员会和共产国际的某些人感到很难堪。"此后，共产国际开始寻找新的合作伙伴。

2. 共产国际曾找过陈炯明

共产国际、俄共（布）在争取吴佩孚的同时，也曾打算联合陈炯明。陈炯明主张联合吴佩孚，反对张作霖。这与苏俄和共产国际的政策一致，而孙中山主张联合张作霖，反对吴佩孚恰恰与之相反。

1920 年 4 月底至 5 月初，苏俄军人波达波夫到漳州会见了陈炯明。波达波夫向陈炯明介绍了苏俄的情况，表示愿意帮助中国完成革命。他还带来了一封列宁给陈炯明的信。列宁在信中对中国革命表示关注，对陈炯明进行鼓励。波达波夫返回莫斯科时，陈炯明托他致书列宁："我作为福建省政府及我的军队的代表，仍像过去的广东政府一样，对您表示真诚的拥护。我还代表我们遍布在全中国各地的同志及我的革命人民支持您。我祝贺您的劳农政府及新的俄国所取得的成就，并祝愿您的国家在将来繁荣昌盛。"

为了进一步在孙中山和陈炯明之间做出选择，共产国际代表马林在 1921 年冬会见孙中山后，曾于 1922 年初又到广州见陈炯明，长谈了三次。通过同他接触和多方调查，马林对陈炯明得出了这样的印象：第一，马林觉得陈炯明不如孙中山，"陈炯明的观点是把民族主义运动局限在广东"。第二，陈炯明在口头上自称是社会主义者，但并没有把任何有关社会主义的改革付诸实施，只是热衷于在有 3000 万居民的广东建立国家资本主义。第三，陈炯明同情吴佩孚，反对北伐，对孙中山的态度十分消极。基于上述认识和了解，马林认为陈炯明不是一个真正的民族主义者，更不是一个真正的社会主义者。

1922 年 6 月中旬，陈炯明在广州发动武装叛乱，炮轰总统府，企图谋害孙中山。陈炯明的叛变，不仅使孙中山的革命事业遭到了严重的挫折，而且也导致了中外关系发生了一系列重要变化。

3. 共产国际逐渐确定与孙中山合作

中国共产党成立一年多后，孙中山与共产国际的代表越飞发表了《孙文越飞宣言》，里面有这么一句话：孙中山博士认为，共产主义秩序，乃至苏维埃制度不能实际上引进中国，因为这里不存在成功建立共产主义和苏维埃制度的条件。

孙中山认为在中国搞不成社会主义。共产组织甚至苏维埃制度，事实上均不能引用于中国，因中国并无可使此项共产主义或苏维埃制度可以成功之情形存在之故。孙中山的认识，一半出于对三民主义的信念，一半则是对刚刚成立的中国共产党的担心。越飞完全同意孙中山的看法，并且进一步认为，中国当前最重要、最迫切的问题是实现国家统一和充分的民族独立。

孙中山和越飞，一位是中国民主革命的伟大先行者，一位是苏联政府同时也是共产国际在中国的代表，两个人都不认为中国存在适合马列主义生存发展的土壤。

越飞的观点，其实是一个矛盾，当然也可以看成是一种妥协，支持孙中山，为了换取孙中山对中东路和外蒙古问题的承诺。此外，还有更深层的原因。

当时中共作为共产国际的一个支部，在成立的时候，共产国际给予了帮助，越飞实际上就是在完成一种交换。他和他代表的共产国际支持中国共产党的成立，当时主要的想法是在中国培植对北洋军阀政府的牵制力量，让北洋军阀不能毫无顾忌地反苏。不管支持中共成立，还是支持孙中山的南方政府，在共产国际和苏联来看，都是以苏联的利益为核心，就是让中国革命具有这样的牵制力量。

《孙文越飞宣言》是中国现代史上一份非常重要的文件。没有这份宣言，就没有后来的国民党改造，就没有国共合作，也就不会有黄埔军校和北伐战争。它既是孙中山对中国革命走向的判断，也是苏联将其斗争中心由世界革命向苏联利益转变的体现。

中国共产党成立之后，作为共产国际的一个支部，其面临的最大窘境，就是苏联意志下共产国际这个最有力的指导者，一直都不看好中国革命能在中国共产党领导下取得成功，甚至不相信中国能存在社会主义。

1940 年，斯大林曾讲过：中国没有真正的共产党，或者说没有实实在在的共产党。直到 1944 年，他还对美国特使哈里曼说，中国共产党人，他们对共产主义来说，就像是人造黄油对黄油一样。斯大林的意思是什么呢？正牌的黄油是什么？是工人阶级的政党。中共是农民与小资产阶级的结合，所以中共不是真正的黄油，是人造黄油。

4. 共产国际与孙中山确定合作关系的前期细节

陈炯明叛变后，苏俄曾一度努力促成孙、吴联盟，希望能在北京出现一个对苏俄友好的联合政府。

1922 年 7 月，由于与北京政府谈判难以取得进展，苏俄政府决定派苏俄政府副外交人民委员越飞以特使身份来华，肩负着同北京政府谈判和联络孙中山的双重使命。对越飞来说，最理想的情况就是利用吴佩孚的军事力量和孙中山的政治威望，在北京建立一个亲苏的民族主义政府，既可以促进中国的民族解放运动，又可使俄中谈判顺利进行。

从 1922 年 8 月到 12 月，越飞给孙中山发出四封信，孙中山给越飞写了三封信，信中涉及有关中俄两国的各种问题。8 月 22 日，越飞在致孙中山的信中写道：他来中国的使命是建立中俄两国的友好关系。孙中山在 8 月 27 日的回信中，对越飞提出的所有问题都做了回答，并诚恳地谈了自己的想法。

孙中山表示同意越飞的说法：苏俄对外蒙古没有侵略意图，所以可以暂时不必从外蒙古撤兵。对于和吴佩孚是否有可能携手的问题，孙中山没有做出明确的回答，但是他告诉越飞："最重要的是重新统一中国，当时我准备，现在我也准备同接受我的条件的任何首领合作。"

11

孙中山在给越飞一种提示，接受他开出的条件是首位，任何首领可以理解为含苏俄也可以理解为不含苏俄或还有其他首领，尽管当时只有苏俄一家在找他。这里还有一层意思解释为他愿与任何不同政见不同信仰者合作。中国古训"道不同不相为谋"。孙中山多年来屡次失败的原因，不就是他总在与不同道者合作吗？苏俄同孙中山一样，在找不同道者保证自己的利益，恰恰没有善待同道的中国共产党。

5. 苏俄北方利益及其与北洋政府的谈判

关于中东铁路的归还，一直是苏俄同北洋政府间的争执焦点。

1920 年 3 月 26 日，北洋政府正式收到由伊尔库茨克领事馆转来的苏俄第一次对华宣言，原件为法文，并有苏俄西伯利亚和远东外交事务全权代表杨松的签字，有"证明抄写无误"等字样。内中有这样一段文字："苏俄政府愿将由沙俄政府、克伦斯基政府、谢米诺夫、高尔察克匪帮、俄国前军官、商人与资本家掠夺所得的中东铁路及其所有租让的矿山、森林、金矿与其他产业，无偿归还中国人民。"

此后一段时期内，苏俄政府对这个版本并未否认。直到越飞和加拉罕来华，才否认苏俄第一次对华宣言中有无偿归还中东铁路及其附属产业的文字。

据当时旅俄华工联合会会长刘泽荣在回忆第一次对华宣言发表的情况中说："以后在苏维埃报刊（《消息报》等）发表的宣言把中东铁路和矿场、林场等的一段完全删除了。可是中国国内收听到的宣言全文内容和苏维埃外交部当时交给我们的那一份俄文稿的内容是完全一样的。后来在中苏会议时，我方根据宣言要求把中东铁路无偿还给中国时，苏方完全否认此项承诺，说宣言里没有这一段话。"

由于在外蒙古和中东铁路问题上的僵持，越飞与北京政府的谈判陷于停顿，这使得他不得不将目光转向南方。恰在这时，北京政权变动，吴佩孚支持的王宠惠内阁倒台，代之以曹锟为后台的张绍曾内阁，吴佩孚的势力受到削弱。相反孙中山的政治影响却在扩大。

6. 共产国际最终将目光锁定孙中山

1923年5月1日，苏联政府致电孙中山"我们准备向您的组织提供达200万金卢布的款额作为筹备统一中国和争取民族独立的工作之用"，"我们还准备协助您利用中国北方或中国西部的省份组建一个大的作战单位"。这是苏俄对孙中山提示的答复，苏俄下定决心选择孙中山在中国合作来保证他们的利益。

孙中山对苏方的表态极为高兴，他表示接受苏联的"一切建议"，并派代表去莫斯科商讨细节。

1923年7月31日，俄共（布）中央政治局以特别决议的形式采纳了斯大林关于任命鲍罗廷为孙中山政治顾问的建议，"责成鲍罗廷同志在与孙逸仙的工作中遵循中国民族解放运动的利益，决不要迷恋于在中国培植共产主义的目的。"

8月，孙中山派蒋介石率团赴俄访问。

共产国际、苏联与孙中山的联合是对帝国主义在华势力一个致命的打击，极大地鼓舞了中国和亚洲的进步力量，为中国反帝反封建力量的聚合和亚洲反帝统一战线的形成起了积极的推动作用，但从苏联、共产国际与吴佩孚、陈炯明以及孙中山相互接触的过程来看，共产国际成立初期的对华政策具有很大的随意性，包含着明显的利己主义情结。

自1689年开始沙俄先后与中国各代政府签署了十余个有关国土的不平等条约，强占中国150多万平方公里的土地，并策动外蒙古分裂活动。苏俄政府虽然宣布废除沙俄在华的不平等条约，却又在外蒙古、中东铁路等问题上与中国讨价还价，与北京政府谈判争取对苏俄的承认，并以中国是否允许外蒙古独立和苏俄在外蒙古驻兵，以及维护苏俄在中东铁路的经营管理权作为与中国友好的条件。

虽然共产国际、俄共（布）最终支持孙中山代表的南方国民党力量，但共产国际联孙，与孙中山联俄都是有条件的。这个条件归结起来就是为了各自国家和民族的利益。

共产国际的对华政策具有极强的双重性：一方面要推进中国革命，另一方面要维护苏俄在华的利益，有的决定严重脱离原则，已经发生利益在先、革命在次的交易行为。孙中山领导的国民党甚至向共产国际提出过申请加入共产国际的要求，共产国际还没糊涂到接受一个资产阶级政党加入。蒋介石在苏俄期间，苏俄方面要发展他加入共产党，蒋介石拒绝了。

四、中国共产党对国共合作的态度转变

中国共产党在初期对中国革命的实际情况认识不足，也犯有机械教条甚至还有些"左"倾的毛病。在处理与其他党派的关系中一律采取"攻击、排斥"的态度。

1923 年 2 月，发生了吴佩孚镇压工人运动的"二七惨案"，使得中国共产党意识到了自身力量的弱小和反革命势力的凶残，于是在党内统一了思想，需要联合一切可以联合的力量。

此前的 1922 年 7 月，中共二大通过了《关于"民主的联合战线"的决议案》，决定同国民党实行"党外联合"。两党平行合作的方式，遭到孙中山的拒绝。随后，苏俄及共产国际代表提出"两党合并"方式，并促使中共接受，遭到中共的坚决抵制。

图 1—2　马林

马林，荷兰人，1920 年 8 月被任命为共产国际驻中国代表，作为尼克尔斯基的助手出席了中共一大。其对第一次国共合作起了重要作用。1923 年，返回苏联，之后回荷兰。1927 年，他因同情托洛茨基派而退出荷共，1929 年组建社会革命党。1940 年，德军入侵荷兰，马林积极从事反抗斗争，不久被捕，1942 年被杀。

　　马林于 7 月 17 日向国际执行委员会作了一篇关于中国情况的报告。他在报告中肆意夸大国民党在民族民主革命中的作用，对年轻的中国共产党横加指责。他对共产党领导下的工农运动表示悲观失望，甚至错误地提出"一切工作到国民党内去做"的口号。共产国际接受了马林提出的关于共产党员加入国民党，以实现国共合作统一战线的主张。7 月 18 日，共产国际指示中共中央，所有工作都必须在和马林的紧密联系下进行。

　　1922 年 8 月，马林随苏俄特使越飞再次来华。马林这次带来了共产国际的重要指示。马林认为中共二大决议赞成与国民党进行"党外联合"，是不符合共产国际指示精神的。由于孙中山拒绝采纳建立联合政府，实行"党外合作"的建议，所以就必须说服中国共产党接受加入国民党的建议，以解决意见分歧。

1922 年 8 月 28—30 日，根据马林的提议，中共中央在杭州西湖召开特别会议，参加会议的有陈独秀、李大钊、蔡和森、张国焘、高君宇、马林、张太雷 7 人。马林在会上传达了共产国际的指示，再次提议中共党员加入国民党组织。会议着重讨论了中共加入国民党的具体形式问题。

从 1894 年起，孙中山就一直坚持革命斗争，他在中国民众中的影响非常广泛。国民党本身虽然是一个纪律比较松散的政党，但作为一个富于革命传统的政党，它有着广泛的群众基础和社会联系，不仅在南方有着较为普遍的各级组织，在北方也有其党的活动，甚至当时的各省督军中大多数都是国民党党员，再加上国民党在广东有一块不太稳定但是可以落脚的地方，还支配影响着一定数量的军队。特别是在省港大罢工后，由于国民党的积极参与，使得国民党在民众中的影响与日俱增，而共产国际也更看重国民党，认为其是一个进步的党派。

在列宁做出了"无产阶级可以同资产阶级联盟，哪怕这种联盟是暂时的，不稳固的"这一指示后，中国共产党根据列宁和共产国际关于殖民地和半殖民地社会特殊性的有关论述，认识到"工人阶级独立斗争是不能得到胜利的，而还要有各阶级的援助。""中国现有的党，只有国民党比较是一个国民革命的党。同时依社会各阶级的现状，很难另造一个比国民党更大更革命的党，即能造成，也有使国民革命势力不统一不集中的结果。"

起初，中共大多数中央委员反对马林关于党内合作的提议。经过马林的说服和解释，多数中央委员从尊重共产国际指示出发，基本上接受了以个人身份加入国民党的主张。但对马林关于全体共产党员加入国民党的提议也作了部分修正，决定党的少数负责人加入国民党，同时劝说全体党员加入国民党。

"西湖会议"标志着中国共产党由国共两党"党外联合"方针向"党内合作"方针的转变。

五、国共合作依靠领袖意志党内缺乏普遍共识

很大程度上，中国共产党是靠组织纪律改变了党员的态度，国民党则是靠孙中山的领袖权威推行与共产党合作的政策。当国共"党内合作"的决定公布后，由于原来意识形态的不同，战略目标的不同，双方党内都产生了思想混乱和反对合作的声音。

共产党与国民党合作的问题，自共产国际提出之后，主要在两党领袖层间进行磋商，由双方主要领袖参与和做出国共合作的决策。在合作形成过程中，双方都忽视了对各自党的基层组织和广大党员进行"党内合作"的宣传解释工作。

中国共产党方面：中国共产党在成立时，是对国民党持根本排斥态度的。在国共合作的酝酿过程中，一直坚决反对采用"党内合作"方式的，只是最后屈服于共产国际的严明纪律，因此中国共产党的许多党员加入国民党，并不是在思想上认识到了"党内合作"的意义，而基本是比较勉强的组织服从。这种合作状况又建立在必须牺牲自身利益的基础上，在党内造成的不良情绪。

对于国共党内合作形式所产生的这种种矛盾，共产党人在国民党改组之前就已经觉察到了。几乎很少有人把共产国际有关指示和中共中央决议中关于争取领导权以及变共产党为群众性政党的要求，看成是必须立即实行的任务，但人们也决不愿意把自己变成一个名副其实的国民党党员。信仰的选择是不能强迫的。

　　然而，苏联和共产国际的部分领导人不是这样认识问题。他们确信：一切必须服从于反帝斗争的需要，因此首先必须改造和发展国民党，只有如此才能巩固和扩大共产党。鲍罗廷甚至宣布说：他在报纸上谈国民党，归根结底就是"扩大共产党的影响力"和"巩固共产党"。因此，他们极力强调严守纪律，不使用任何"左"的共产主义言辞，明确主张共产党人应约束自己，不要"引起麻烦"。这不可避免地导致中共中央在国民党一大后立即通过了一个妥协和调和的决定，劝告党员不要引起国民党人的任何反感，不要"徒然使革命势力内部发生不必要的分歧"，包括国民党内"左右之分歧"，而且应当使一切工作都"用国民党名义，归为国民党的工作"，只有"国民党不愿用其名义活动的，仍作为本党独立的活动"。甚至发展组织，亦应"十分慎重"，以免"国民党误会我们有意去拉他们的党员"。为此，谭平山、林伯渠等甚至辞去了国民党中执委常委和农民部部长等职，让与国民党人，以示诚意。但是，用这种态度来处理国共关系，很快就证明是行不通的。

　　两个月之后，中共中央在共产国际代表维经斯基的指导下，召开了中央执委会第一次扩大会议。这次会议对中共过于服从于国民党的需要，卷起自己的旗帜进行了批评，维经斯基明显地不赞同在国共合作中牺牲中共自身的利益与发展。因此，会议做出了与之前不同的决定，明确肯定：

　　第一，国民党就其性质而言，是资产阶级或小资产阶级的政党，其必然"趋于妥协"，而不能奋斗到底，故左派对右派的斗争是不可避免的。

　　第二，为"巩固国民党左翼和减杀右翼势力"，必须避免盲目扩大国民党的组织，并设法改变国民党一大后过于集中和强调一致的缺点，应宣传"国民党依他的社会成分（阶级分子）及历史上的关系看来，客观上不能有严格的集中主义及明显的组织形式"，从而便于共产党在各种场合开展对右派政策的公开斗争和进行反帝革命的广泛宣传。

第三，必须把产业无产阶级统统掌握在自己手中，同时为贫苦佃农谋利益。不仅如此，只有"在大产业的工人里扩大我们的党"，并把阶级斗争引入国民党，才能"防止资产阶级的妥协性，民族解放才能彻底"。

不难看出，这是一次旨在加强火药味的会议。然而，在国民党内部不满共产党的情绪已经十分严重的情况下，强调独立性，强调派别斗争和反对一切妥协倾向，国共之间的矛盾必将进一步激化。

两党内部合作期间被压制忍让过多，积怨过深，矛盾最后上升到仇恨，加之天生的阶级对立，共产国际从国共合作到分裂都起到了催化剂的作用。

六、国共合作期间共产党逐步得到发展

利用国民党的"合法"地位，使共产党的活动公开化。中国共产党从一成立起，由于其宣扬的无产阶级理论和宗旨，被帝国主义和封建主义的反动势力视为洪水猛兽和心腹大患。共产党被北洋军阀和地方军阀视为非法的极端组织，不仅共产党人的活动被禁止，共产党员被大肆捕杀，就连宣传共产主义思想的报刊也被全部查封，在这种情况下，党的活动就只能在秘密的状态下进行，这就严重限制了革命工作和工农运动的开展，这也是党的力量一直无法快速壮大起来的直接原因。

中国共产党自从成立后，虽然经过多方努力，组织得到了发展，但由于马克思主义在中国传播的时间还是相对较短，民众的觉悟也还没有达到更深层次的认识，党在工人运动中的影响范围有限。因此，马克思

主义在广大群众中的影响还不是很广泛，党员的发展速度也不是很迅速。到 1922 年 6 月，中共二大召开前夕，党员人数只有 195 人，就是到 1923 年 6 月中共三大召开时，全国的党员也只有四百余人，这与党员有数万人的国民党根本无法相比。中国共产党的微弱状态，导致其无法与共产国际和国民党做任何谈判。

表1—1　中国共产党在国民革命期间党员人数统计表

时　间	党员人数	重要事件
1921 年 7 月	50 余人	中共"一大"
1922 年 7 月	195 人	中共"二大"
1923 年 6 月	432 人	中共"三大"
1924 年 5 月	400 余人	(1) 其中湘区 149 人、京区 75 人、汉口区 47 人、上海区 47 人、山东区 17 人、广东区 30 余人及江西、四川等地少数党员。 (2) 参加国民党"一大"时，中共 3 人担任国民党中央执委，7 人任候补执委，2 名国民党中央部长，3 名副部长。 (3) 1924 年 5 月前，黄埔军校第一期，中共教官 14 人，学员 28 人。
1925 年 1 月	994 人	中共"四大"
1926 年 1 月	8000 人	
1926 年 4 月	11000 人	中山舰事件
1926 年 8 月	13281 人	北伐军占领长沙之际
1926 年 12 月	18526 人	国民政府决定迁往武汉之时
1927 年 4 月	57967 人	四一二政变后，中共"五大"之际
1927 年 7 月	约 10000 人	七一五政变后

1927 年，国共合作破裂前，国民党普通党员人数（不含军政和海外党员）约 121 万，共产党加入的国民党中的党员不足 5 万人。国共两党人数比为 24∶1，两党力量对比显而易见。

这些数字说明共产党发展的艰难，这样微弱的力量，却承担着带领无产阶级做天下主人的大业。尽管这样，中国共产党已在世人面前展现出无比强大的生命力和希望，以及共产党人的英勇不屈和不可征服不可动摇的信仰力量。

第二节 为什么国共两党可以合作北伐

孙中山是中国民主革命的先行者，是一位百折不挠的斗士。

他一生中创办过兴中会、同盟会、国民党、中华革命党、中国国民党5个组织。1894—1910年，16年间5次环游世界，为革命筹款，组织过10次反清武装起义。民国成立后至1921年广州护国政府时期，他3次任民国政府大总统，两次被迫辞职。1922年，第三次任大总统时，与闽系军阀陈炯明在"和平统一中国"还是北伐统一中国问题上发生分歧，靠他拨巨资全力支持而壮大的军阀陈炯明投靠直系反戈一击，炮轰广州越秀楼总统府。因此孙中山哀叹"国民党正在堕落中死亡，要救活它需要新血液"。

在这期间，一个外部因素、一个内部因素深深地影响了孙中山。1917年，俄国十月社会主义革命成功，在中国产生强烈的反响。当孙中山为代表的中国人民正在苦闷中摸索、在黑暗里苦斗的时候，俄国十月社会主义革命恰好给他们指明了一条新的出路，给探索救国道路上的孙中山提供了全新的革命理念。孙中山于1918年夏致电列宁和苏维埃政府祝贺俄国革命的伟大胜利。孙中山看到，1919年的五四运动，单从运动规模来讲大大超过他组织的武装起义。从对反动政府的打击力度来看，也是他之前所不及的。孙中山受到很大鼓舞，他高度评价和支持学生运动。

与此同时，列宁对孙中山的革命精神也非常崇敬。早在 1911 年 10 月中国爆发的辛亥革命，就引起列宁的关注，他接连发表多篇文章，高度评价了这场革命的世界意义，说它"将给亚洲带来解放，使欧洲资产阶级的统治遭到破坏"，称赞"孙中山纲领的每一行都渗透战斗的、真诚的民主主义"，称孙中山是"充满着崇高精神和英雄气概的革命的民主主义者"。

此时的苏俄作为第一个社会主义国家，成立之初就受到帝国主义和各国反动派的包围、封锁和侵略，处境十分困难，急需摆脱这种困境。恰逢这时中国发生了震惊世界的反帝爱国的五四运动。列宁指示共产国际到中国物色反帝、反北洋政府的政治、军事势力与苏联合作或结盟；更希望找到共产主义者，帮助建立革命政党，成为俄共的兄弟党。1921—1922 年，通过筛选，俄共（布）中央和共产国际逐渐确定与孙中山合作，帮助孙中山改造国民党。

孙中山从 1920 年后开始和苏俄接触。此后他接受苏俄的建议，接受共产党加入国民党。国民党创办了培养军事干部的黄埔军校和国民革命军第 1 军，积极推动北伐。1924 年 1 月 20 日，在孙中山的主持下国民党一大在广州召开，大会通过的宣言对三民主义做出了新的解释，确立了联俄、联共、扶助农工的三大革命政策，国民党一大的召开标志着国共合作的开始。

1924 年 1 月 20 日，国民党第一次全国代表大会在广州国立高等师范学校礼堂召开，孙中山以总理的身份担任大会主席，代表总额 196 人，当天到会 165 人。孙中山致大会开幕词，他说："此次国民党改组，有两件事：第一件，是改组国民党，要把国民党建成一个有力量的政党；第二件，就是用政党的力量去改造国家。"

孙中山提出新三民主义中的民族主义明确具体了反帝斗争要求，认清了国内反动势力和帝国主义的本质及关系，以及对中国革命的危害。

新三民主义中的民权主义：强调国家政权为"一般平民所共有"，即强调它的人民性、群众性。"凡真正反对帝国主义之个人及团体均得享有一切自由及权利。"这样将资产阶级民权政治与反帝民族主义斗争相结合，是一种巨大的进步和飞跃。新三民主义中的民生主义："中国国民党之民生主义，其最重要之原则不外二者：一曰平均地权，二曰节制资本。"更新解释了"平均地权"，提出了新的方针。"农民之缺乏土地沦为佃户者，国家当给以土地，资其耕作"，即"耕者有其田"，明确反对封建剥削。"节制资本"，"凡本国人及外国人之企业或有独占的实质，或规模过大，为私人之力所不能办者，如银行、铁路、航路之属，由国家经营管理之，使私有资本制度不能操纵国民之生计"。"工人之失业者，国家当为之谋救济之道，尤当为之制定劳工法，以改良工人生活"。民生主义和扶助农工政策紧密地结合起来，推动国民大革命。

孙中山先生的思想飞跃促成国共两党的合作，并帮助中国共产党从地下转成合法党派，使之随着革命形势的发展而发展壮大。

第三节　蒋介石与第一次国共合作失败

一、"四一二"反革命政变前蒋介石的军政经历

1907 年，考入保定全国陆军速成学堂，学习炮兵。

1908 年春，赴日，入东京振武学校。

1910 年冬，毕业后，入日本陆军第 13 师团第 19 联队为士官候

补生。

辛亥革命爆发后，蒋介石回上海，受陈其美指派，率先锋队百余人至杭州，参加光复浙江之役；嗣后在沪军都督陈其美部任沪军第 5 团团长，与陈其美、沪军第 2 师师长黄郛结拜为"盟兄弟"。

1914 年 7 月，孙中山在东京宣告中华革命党正式成立，蒋介石加入中华革命党被派往上海、哈尔滨协助陈其美从事反对袁世凯的革命活动。

1916 年 5 月，陈其美被刺后，蒋介石奉孙中山命去山东潍县任中华革命军东北军参谋长。不久袁世凯病逝，中华革命军解散，蒋定居上海，与青帮头目黄金荣、杜月笙等人有往来。

1917 年 7 月，孙中山南下"护法"建立中华民国军政府。

1918 年 3 月，蒋介石任陈炯明的粤军总司令部作战科主任。7 月蒋介石向陈炯明提出辞职。

1918 年秋，蒋介石任粤军第二支队司令驻闽。因受粤军将领排挤，他常离职滞居上海，曾与张静江、陈果夫、戴季陶等合伙做交易所投机生意。

1921 年 5 月，孙中山在广州就任非常大总统，准备北伐。

1922 年 4 月，陈炯明准备叛变，向孙中山辞粤军总司令和广东省省长之职，孙中山照准。

1922 年 10 月，孙中山任蒋为东路讨贼军第 2 军参谋长，即许崇智的参谋长。但不到两个月，蒋介石便以"军事无进展"为由离职归家，孙中山派廖仲恺持其手谕都未能挽留住他。

1923 年 6 月，孙中山命蒋为大元帅行营参谋长。蒋到任不满一月，又以不受"倾轧之祸"为由，辞职返回溪口老家，静观事态发展。

1924 年 1 月 24 日，孙中山委派蒋为黄埔军校筹备委员长，5 月 3

日，孙中山正式委任其为陆军军官学校校长。

蒋介石任黄埔军校校长兼粤军总司令部参谋长后，他对孙中山联俄、联共、扶助农工三大政策虽有所不满，但在当时形势下表示拥护，并在一定程度上加以执行。他在军校重用亲信，培植个人势力，支持反共分子成立孙文主义学会，抑制和打击青年军人联合会。

1924年10月，他组织和领导黄埔军校师生参加镇压广州商团叛乱。

1925年2月，东征讨伐陈炯明。3月孙中山逝世后，蒋介石对三大政策日益怀疑，忌恨国民党左派和共产党员合作共事，疑惧苏联顾问的工作。6月，蒋率军平定杨希闵、刘震寰叛乱等战役，战果卓著，因此获得声誉，先任潮汕善后督办，继兼广州卫戍司令。8月，黄埔军校两个教导团编为国民革命军第1军，蒋任军长。廖仲恺被害后，他支持汪精卫驱逐胡汉民出国，不久又将粤军总司令许崇智驱离广州，收编粤军部分师旅，一跃而成为国民党内握有军事实力的首要人物。10月，率师第二次东征，全歼陈炯明叛军。

1926年1月，在国民党第二届全国代表大会上，当选为中央执行委员、中央常务委员。2月，兼任国民革命军总司令。3月20日，蒋介石处置"中山舰事件"打击共产党势力。5月，其又在国民党二届二中全会上提出《整理党务决议案》，打击和排斥了在第1军和中央党部工作的共产党员。他乘机相继攫取了军事委员会主席、国民党中央组织部长、军人部长、国民革命军总司令以及国民党中央常务委员会主席等要职。7月北伐战争开始后，蒋介石率总司令部赴前线指挥作战。国民革命军在工人农民支援下打垮了北洋军阀吴佩孚、孙传芳，湘、鄂、赣、闽四省完全光复，并继续向豫、皖、苏、浙进军。12月，国民党中央党部和国民政府自广州迁往武汉，但蒋坚持要迁都南京，企图直接控制国民政府。

1927 年 3 月，国民党二届三中全会通过《统一党的领导机关决议案》等一系列提高党权、防止个人独裁和军事专制的决议，取消了蒋的中央常务委员会主席和军人部长职务。于是，蒋介石蓄意破坏三大政策，纵容和唆使暴徒在江西、安徽制造一系列反共事件，在英美帝国主义和江浙财阀的支持下，在上海发动"四一二"反革命政变，残酷屠杀共产党员和革命群众，并在广东和东南各省"清党"，从而破坏了第一次国共合作，至 1930 年被屠杀的工农群众超过百万。

二、蒋介石是一位标准的机会主义者

蒋介石是一位标准的机会主义者。这位当年浙江溪口乡村小镇盐商之子，究竟怎么成为国民党总裁，执掌民国权柄 22 年的呢？

1. 蒋介石的第一个机会——结识陈其美

陈其美作为同盟会早期的主要领导人，其地位仅在孙中山和黄兴之下，是同盟会的三号人物。后来甚至超过黄兴，成为孙中山革命事业最得力的助手。孙中山说他"于民国之功，固已伟矣"。

陈其美是浙江湖州人，出身数代耕读的小乡绅家庭，1906 年，赴日，进入东斌学校学习军事。陈其美到日本的时候，当时东京已有几千名中国留学生，革命思潮广为传播，由此他也很快加入同盟会，并结识了黄兴、宋教仁、汪精卫、胡汉民等人。与这些老资格的同盟会领导人相比，陈其美参加革命的时间要晚很多，资历也比较浅，但由于陈其美年龄较大，而且精明强干，社会经验丰富，很快跻身领导人之列。

1906 年，陈其美经同乡兼盟兄周淡游的荐介，结识了正在东京求学的蒋志清（蒋介石）。两人一见如故，受到反清思想的影响。蒋介石经陈其美介绍于 1908 年加入同盟会。陈其美的挚友张群、黄郛、邵元冲、吴忠信等人后来均成为蒋氏政权的中坚，其侄儿果夫、立夫兄弟也深获蒋介石的重任。

蒋介石通过陈其美加入了一个优秀的组织，结识了一批优秀的人才，使他一个普通盐商家庭出身的青年学子，大开眼界。

自此蒋介石师从陈其美。陈其美从日本回到上海后，网罗结交青帮作为羽翼，成为青帮在上海的头领，出入于酒楼、茶馆、戏院、澡堂、妓院，"多有党羽"；创办精武武术学校，以霍元甲为总教师；吸收大批江浙资本家如虞洽卿、王一亭、沈缦云等加入同盟会，通过他们结交了李平书、朱葆三等商界要人、社会名流，推动他们赞助革命，从而掌握了商会、商团武装等，使同盟会在上海有了比较扎实的社会基础。他还先后办过《中国公报》《民声丛报》，又协助于右任创办著名的《民立报》。宋教仁、谭人凤、杨谱生等组织同盟会中部总会，因为他在上海有社会基础，熟悉情况，又是杨谱生的亲戚，就委托他为庶务，主持日常工作。那时的上海是南方政治活动的中心，陈其美也处在政治漩涡的中心。他经常"在外冶游，花天酒地，风流偶傥"，被称为"杨梅都督"。

陈其美自称书生，却以行动果断、敏捷而著称，时人称其"四捷"，即口齿捷、主意捷、手段捷、行动捷。他身兼革命党和青帮的双重身份，其为人一向胆大妄为，独断专行而且心狠手辣，民国多起著名的政治暗杀，便都有他的身影。暴力刺杀作为辛亥革命的手段司空见惯。但是在革命阵营内部，对待不同派别的政治对手，使用暗杀手段，无疑是缺少人性的表现。不管建立什么样的制度，都需保障基本的人权。

陈其美直接向蒋介石布置过刺杀的任务，他教会了蒋介石用暴力解决阵营内部的不同派别问题。蒋介石非常崇拜陈其美，陈其美做事的很多影子在蒋介石身上都能看到。

2. 蒋介石的第二个机会——通过陈其美认识孙中山

蒋介石在日本加入同盟会后，又经陈其美介绍认识了孙中山。

陈其美死后，失去得力助手的孙中山，开始倚重蒋介石。1916 年 10 月 31 日，是蒋介石 30 岁生日，孙中山特意亲自到上海的蒋介石寓所表示祝贺，并且还题写了"教子有方"四字托蒋送其母亲王采玉。

1921—1923 年，由帝国主义国家支持的中国各派军阀混战加剧。

1921 年 12 月，孙中山与共产国际代表马林在桂林谈判之后，1922 年初，孙中山邀蒋介石到桂林谈话。蒋介石向孙中山表示"先回广州，巩固后再图北伐"，他的建议很受孙中山的赏识。可见若不把蒋介石当亲信，孙中山不会在这么重要的谈判后召见蒋介石。

1922 年 6 月，粤系军阀陈炯明炮轰总统府，孙中山避难"永丰舰"。蒋介石又被召到"永丰舰"，前后 40 多天陪伴左右。孙中山看重蒋介石是同盟会的会员，是陈其美的徒弟，是一个有才的军人而不是一个可以任意欺负他的军阀，是一个可共患难的人。同年 10 月，蒋介石被孙中山派任东路讨贼军第 2 军参谋长。1923 年 2 月，孙中山委任他为大元帅府大本营参谋长。

1923 年 8 月，为了与苏联合作创办军事学校，孙中山委任蒋介石为"孙逸仙博士访苏代表团"团长，在苏联进行了 3 个月的访问。孙中山的改变和新动作举世瞩目，而孙中山这时对蒋介石的信任，增添了蒋介石的政治资本。

这次的苏联之行，是孙中山同中共和苏联共同商定筹划的一次重要的访问活动。善于投机钻营的蒋介石不惜一切手段，从一个普通的国民党党员摇身一变成为孙中山的"全权代表"，不但提高了其在党内的地位，而且以此为契机，为争夺黄埔军校校长这个重要职位增加了很大一个砝码。

所以蒋介石在他后来所写的文章中时常提及此次访问，认为是自己一生中的"重要一环"。他通读马列书籍不比共产党员少,但是他认为"苏联的政治制度,乃是专制和恐怖的组织。"无产阶级专政镇压反革命、打倒资产阶级让他害怕了。他好像比中国共产党还先看到无产阶级革命成功后的样子,他不接受也绝不能让共产党革命成功,这也是他发动"四一二"反革命政变的一个原因。

3. 蒋介石的第三个机会——成功力夺黄埔军校校长的位置

1921 年 12 月,共产国际代表马林在广西桂林会见孙中山,马林向孙中山提出"创办军官学校,建立革命军"的建议。

1923 年 1 月 1 日,孙中山发表《中国国民党改组宣言》。10 月 15 日,国民党党务讨论会通过《建立陆军讲武堂》的提案。10 月下旬,廖仲恺主持国民党临时中央执行委员会正式决议创办一所陆军军官学校,拟由孙中山任校长,廖仲恺为政治部部长。

1923 年 12 月 15 日,蒋介石作为全权代表率"孙逸仙博士访苏代表团"访苏回到上海。胡汉民、汪精卫、廖仲恺等人赶赴迎接,并劝蒋返粤处理党务,但蒋对此毫不理会。他不顾胡汉民等人的劝阻,于当天下午乘船赶回了溪口老家,理由是第二天是他母亲的六十冥诞,又是为他母亲墓地建筑的"慈庵"落成之时。为了防止孙中山对自己的不满,蒋介石把归国途中草草写就的《游俄报告书》寄往广州。

12 月,孙中山首次提名由蒋介石负责筹办军校时,蒋介石尚滞留老家奉化溪口未归。廖仲恺为此十天内四次发电报催其返回广州就职。对于蒋介石的这种行为,孙中山极为不满。12 月 30 日,孙中山打电报给蒋介石:"兄此行责任至重,望速来粤报告一切,并详筹中俄合作办法。"当时的一些政府要员对蒋这种不负责任的做法也很有意见,廖仲恺、胡汉民、汪精卫、张人杰等人接连发给蒋介石 6 封电报,催促他速赴广州。国民党左派人士廖仲恺更是直接写信批评蒋介石，说他一再延期赴粤，"事近儿戏"。

就在这个时候，苏联政府应邀派驻广州的常设代表鲍罗廷到达中国，开始着手改组国民党和筹办军校。蒋介石闻听迅速返回广州。

蒋介石想起了访苏期间从托洛茨基那里得到的消息："一个以鲍罗廷和加仑将军为首的军事顾问团，很快就要到中国去，帮助孙逸仙先生进行革命。"蒋介石意识到，自己梦寐以求的掌握军队、建立军事独裁统治的大好时机终于到来了。

关于校长人选，最初议定为程潜，而以蒋介石、廖仲恺、李济深为副校长。蒋介石不愿在程潜之下，又一下子越不过廖仲恺、李济深。眼看独揽军权的计划难以实现，便辞职跑到上海消极对抗，同时指使张静江等许多有分量的说客，找孙中山说情要校长的职位。

针对蒋的辞职，孙中山曾于 1924 年 2 月 26 日和 2 月 29 日复电蒋，一方面说明"所请辞职，碍难照准"。另一方面表示："军官学校，以兄担任，故遂开办。现在筹备既着手进行，经费亦有着落。军官及学生远方来者逾数百人，多为慕兄主持校务，不应使热诚倾向者失望而去。且兄在职，辞呈未准，何得怫然而行。希即返，勿延误！"

孙中山最终在 5 月 3 日任命蒋介石为中国国民党陆军军官学校校长。对于蒋介石就职后屡遭反对的情况，黄埔军校首期学生李奇中在《黄埔练兵》中回忆说："不少人反对蒋介石担任这个重要职位，例如李济深、范石生、杨希闵等等。李济深被派为黄埔军校的教练部主任，实际上拒不到差，反叫邓演达代行职务，就是表示不喜欢这个校长。"

4. 蒋介石的第四个机会——通过陈其美结识了上海的帮会

蒋介石在陈其美等上海名流的引见下认识了上海"流氓大亨"杜月

笙和黄金荣，从而奠定了蒋介石在上海的基础。1916 年，陈其美被刺死以后，蒋介石失去了上海靠山，在经济上也开始拮据，他需要另辟门路，由于在上海证券交易所的活动投资失败，为了躲债决定去广州投奔孙中山先生。虞洽卿是陈其美的朋友。他介绍蒋介石去投帖拜黄金荣为老头子：一可以用黄金荣的牌子挡住债权人，当时没人敢收青帮弟子的债务。二可以向黄金荣借路费去广州。蒋介石没有办法，就和虞洽卿一起去了。蒋介石递上"黄老夫子台前，受业门生蒋志清"的大红帖子拜门，黄金荣因为有求于虞洽卿，于是就赠送蒋介石旅费，现大洋 200 元，并且鼓励他去广州革命。结果十一年后的 1927 年，蒋介石领导北伐军从广州出发，一路顺风到上海，成为名震中国的北伐军总司令，成为当时的第一号大人物。青帮老大黄金荣又喜又怕：喜的是自己的"弟子"蒋志清（化名）有了大出息；怕的是堂堂民国领袖不能沾上"黑社会"的污点。所以战战兢兢地将蒋介石的门生帖子亲自上门送还。蒋介石很客气的收回自己的门生帖子，并且口口声声感谢黄金荣当年的帮助，黄金荣受宠若惊，他们的关系更加亲近了。

到"四一二"反革命政变时，黄金荣、杜月笙、张啸林上海"三大亨"，定计密谋，以"中华共进会"名义，在上海发布反共启事，随后召集大批流氓手持武器，武装袭击工人纠察队，配合蒋介石部队抓捕上海共产党员，为蒋介石巩固上海立下汗马功劳！时至今日上海的桂林公园（黄金荣的公馆）四教厅前面，还竖立着一块高六七尺的石碑，上刻"文行忠信"四个大字，上面记着"中华民国十九年"，下面题字为"蒋中正赠"。可见蒋介石对黄金荣这个青帮老大一直保持着师徒般的情谊。

5. 蒋介石的第五个机会——通过陈其美结识了江浙财团

蒋介石来到上海，很快发现这里才是自己谋发展的地方。仅仅几个月的时间，他通过陈其美认识了一大批江浙财团的核心人物，并学着做起了"买卖"。其中最有影响力的人物是浙江吴兴的张静江。孙中山举行讨袁起义之时张静江曾经资助过孙中山 5 万元大洋。蒋介石在上海经营证券交易所发了大财："不半载，迭获巨利，母子相加，竟达十数万元，俨然大富商了。"

当时与蒋介石过从甚密的，除张静江还有一个浙江吴兴人戴季陶。戴是同盟会会员，早年留学日本，辛亥革命时回国创办《民权报》，曾任孙中山的秘书。他与张、蒋都有着参加革命军的经历，他们对政治都有着相当的热情，三人在上海遥相呼应，似如历史上的"桃园三结义"。

1920—1921 年，张静江、蒋介石、戴季陶与陈果夫等人共同策划江浙财团的一些显赫人物如虞洽卿、郭外峰、闻兰亭等成立了上海证券物品交易所的"恒泰号"。

成立的原因：一方面是孙中山的指示，借此筹措革命经费，用于支持革命党人的活动，救济革命先烈遗孤等；一方面则是当时张静江、蒋介石、戴季陶一伙人终日坐吃山空，经济非常拮据的缘故。特别是蒋介石与戴季陶均出身于贫寒之家，家中没有什么钱可供他们挥霍，辛亥革命失败后，他们或者靠领取国民党的津贴度日，或者是向张静江等革命党人中的富商子弟伸手，其窘况可想而知。因此，他们的发财念头特别强烈，经商的愿望十分迫切。

蒋介石在策划这件事的过程中，并没有忘记陈家，他特意把这件事通知了陈果夫，要求其具体研究这个问题再向蒋、张、戴等人汇报。经过一番调查研究之后，他们决定共同集股创办交易所。大概蒋介石与戴季陶都认为自己是干大事的，而张静江这个大富商子弟更没有把眼光放在证券交易所的那几个小钱上。于是，他们几个人一致议决把交易所运作交陈果夫办理。

"恒泰号"资本有 3.5 万元，1000 元一股，共 35 股，股东 17 人。其中张静江本人 5 股，全家人共 13 股。因此，张静江之侄子秉三，为"恒泰号"经理；蒋介石 4 股；戴季陶 2 股；陈果夫 1 股。蒋介石的 4 股是张静江代他交的，蒋本人当时一无所有。蒋介石从事这种交易活动一直到 1922 年。

其间 1919 年蒋又与虞洽卿等合伙开办了上海证券物品交易所。理事长为虞洽卿。理事 17 人，共计 10 万股，向日商抵押 7 万股，对华商抵押 3 万股。到 1920 年底，获利 270 万元。扣除日商押款和保存的 4 万股应缴钱外，剩余 37.5 万元全归戴季陶、张静江和蒋介石所得。又 4 万股股票因涨价至 120 元，共值 480 万元股金也全部归他们 3 人所得。蒋介石就这样发了一笔横财。

当时，张、蒋、戴与陈果夫等人很活跃，他们不但与江浙财团头目虞洽卿、郭外峰、闻兰亭等人合办"协进社"，在上海证券物品交易所里翻云覆雨，大发横财，而且在第 54 号经纪人"恒泰号"之外，又陆续创办了"茂新号"和"鼎新号"，生意越做越大。

"恒泰号"赚了不少钱，虽然也拿出一部分作为革命党人的活动经费，但大部分钱财都入了张、蒋、戴、陈的私囊，作为他们在上海十里洋场挥霍的主要资金来源。陈果夫除了补助家用外，还拿出了一部分资助其弟陈立夫读完中学和大学，并负担了他去美国留学的费用。在这段时间里，蒋、陈两家的关系也更为亲密起来。陈果夫见蒋尊称"介叔"，陈立夫见蒋则称"蒋三伯伯"。蒋经国与陈立夫当时都在上海读书，蒋经国有时到陈果夫处取钱，陈立夫有时也到蒋介石处拿钱。可见其关系不一般了。所以，陈果夫在上海的这一段经历在国民党内产生了广泛影响，并使他由此获得了国民党理财专家的称号。对于蒋介石、陈果夫、戴季陶、张静江等人来说，当时不仅经济上发达了，而且更重要的是由此开始了在政治上逐步扩大势力。从此以后，经济利益、政治野心使他们进一步结成了一损俱损、一荣俱荣的利益集团。他们在国民党内上下其手，互相攀缘，抱团取暖，形成了一股很大的势力。

他们的策略是：首先把蒋介石推上去，然后再由蒋介石施以援手，使陈果夫、戴季陶、张静江等也一步步跨入国民党的权力中心。他们的经济策略和政治谋略是相当成功的，张静江后来爬到了国民党中央执行委员会常务委员会主席的高位。国民党南京政府成立后，张静江出任第一届浙江省政府主席，在国民党内与蔡元培、吴稚晖、李石曾一起被蒋介石等人尊称为"四大元老"之一。戴季陶则成为蒋介石执政时期国民党首席政治理论家和精神领袖。陈果夫作为蒋介石的心腹把持党务，成为真正意义上的国民党新党阀与教父。他们 4 人长期处于国民党的政治权力中心，结成了一个以蒋介石为首支配着国民党在大陆时期的"恒泰帮"，而"恒泰帮"中张静江既是蒋介石的良师，又曾经是蒋的干岳父；戴季陶既是蒋介石的结拜兄弟，又是蒋推心置腹的诤友；陈果夫是蒋的盟侄，又是蒋的忠实助手。他们共同为建立和巩固蒋介石的统治起到了不可估量的作用。

上海的"恒泰帮"对蒋介石与陈果夫在政治上的崛起，可以说起到了不可估量的巨大作用。从此开始了他人生理想上的一次大转折，并为其后拒绝与共产党合作而走上了官僚、买办之路留下了一个伏笔。

1921 年冬，上海发生"信交风潮"，众多交易所不得不关门歇业，不仅买卖股票的人大倒其霉，贷款的银行、钱庄、商店宣布倒闭者比比皆是。蒋介石、张静江、戴季陶和陈果夫等人开设的经纪人营业所也负债累累，一个个离开上海暂避风头。蒋介石等人欠的债，只好由交易所负责偿还，至 1923 年，交易所已代戴、陈、蒋等人背了 240 万元的债。

蒋介石在交易所投机失败，通过虞洽卿的帮助，逃过债户的追逼，去广东投奔了孙中山先生。蒋介石到黄埔军校任校长以及领导北伐，正是第一次国共合作时期，孙中山提出"联俄、联共、扶助农工"的三大政策。国民革命军北伐抵达南昌，剑指上海，这时候的虞洽卿坐不住了，心里犯嘀咕：如果都是扶助农工，那我该怎么办？

1926 年 11 月，身为上海总商会会长的虞洽卿代表上海商人坐船西行去南昌拜见北伐军总司令、比他小 20 岁的宁波老乡蒋介石。见到蒋介石以后，虞洽卿问了他两个问题。第一个问题是："你说，联俄、联共、扶助农工，就真要帮助穷人吗，那我这儿怎么办？"蒋介石就说了一句话，"穷赤佬怎么靠得住？"他说的是浙江话，意思是说，你放心吧，我是不会信穷人的，穷人怎么靠得住？！这虞洽卿心里就踏实了。他又问："那北伐军要打倒列强，我在洋人那儿干过，我还跟洋人做生意呢！"蒋介石又说了一句话："洋人怎么打得过？"虞终于清楚了，蒋介石并不跟洋人真干，于是就说：那我回去，我怎么帮你？蒋介石说："我不日就会攻克上海，抵近南京，你跟杜先生、黄先生说一下，帮我维护好上海治安。"两人就此达成了默契。

3 月 21 日，上海工人阶级发动武装起义成功，组建上海特别市临时政府，虞洽卿被任命为 19 位临时政府委员之一。对此任命，他不置可否。3 月 26 日，蒋介石率部进入上海，虞洽卿当晚就去龙华见他，商量组织替蒋介石筹措军饷的江苏省兼上海市财政委员会的问题。后来公布的委员会名单中，虞洽卿和钱新之都在内。3 月 27 日，上海商业联合会推虞洽卿、王晓籁、吴蕴斋、钱新之、王一亭、荣宗敬、穆藕初等 29 人为代表，于 29 日谒见蒋介石。蒋在接见他们时明确表示："此次革命成功，商界暗中助力，大非浅鲜，此后仍以协助为期。至劳资问题，在南昌时已议有办法。所有保商惠工各种条例，不日当可颁布，决不使上海方面有武汉态度。"商界得蒋保证后，即于 4 月 1 日给了蒋介石 300 万元。蒋介石发动"四一二"大屠杀后，他们于 4 月 25 日再奉送了 300 万元。

经过虞洽卿等人的斡旋与活动，浙江财团中的浙江实业银行、浙江兴业银行、上海银行、金城银行、盐业银行、东莱银行等先后向国民党政府"来归"和"报效"，认购了成千上万的军需债券，蒋介石这才有了充足的军饷，用以对付北洋军阀和共产党。虞洽卿等人成了蒋介石的钱包。

在此之前，蒋介石军费主要依赖苏联援助。1925 年，苏联援助各类军火总值 56.4 万卢布。1926 年，苏联提供军火 4 批，共有 4000 支日式来复枪与 400 万发子弹，1000 把军刀，1.4 万支苏造来复枪与 800 万发子弹，90 挺机关枪，4000 个弹带，24 门大炮，1000 枚炮弹。1924—1927 年，苏联共援助黄埔军校 200 万卢布。苏联的援助是帮助孙中山和国民党建立党军的主要财源。孙中山去世后，蒋介石在黄埔军校扶持拉拢发展个人实力，黄埔落入蒋介石手里。蒋介石建军初期依靠苏联的大量军事援助。北伐初期蒋介石已具备 8 个军 10 万人的兵力，1927 年已具备 20 个军 25 万人的兵力。蒋介石获得江浙财团支持后，在经济上有了反苏清共的资本，他迅速背弃孙中山先生"三大政策"，谋划发动"四一二"反革命政变。

杜月笙、黄金荣出打手，虞洽卿埋单。虞洽卿曾三次筹集行动经费，他们叫作"革命善款"。他是商会会长，帮助蒋介石募捐经费，发动"四一二"反革命政变完成了"清党"。在所谓"清党"的行动上，虞洽卿也与黄金荣等密切配合。据说 1937 年 4 月 12 日，国民党上海市党部发起在黄家花园举行所谓的"清党十周年纪念会"，虞洽卿与黄金荣、杨虎、张啸林、杜月笙等人被列为"五功臣"。

虞洽卿始终受到南京政府的关照，事业发展得越来越大。抗战时期，整个运输都归虞洽卿管；国民政府搬到重庆以后，从缅甸往重庆运输物资也由虞洽卿负责。所以虞洽卿的生意始终一帆风顺。任何时候，特别是有困难的时候，只要找政府，财政部长宋子文就直接给钱，算是归还"革命善款"。国民政府甚至还批给虞洽卿一个交易所任其经营。

直至终老，虞洽卿仍和蒋介石保持着密切的关系。1936年6月19日，是虞洽卿赤脚闯荡上海滩55周年纪念日，同时也是他的70岁寿辰。蒋介石特地从南京赶赴上海来祝贺，还当场委任虞洽卿为国民政府荣誉主席。1945年4月21日，78岁高龄的虞洽卿，又一次接到蒋介石颁发给他的委任状，委任他为云南省副省长兼昆明市市长。虞洽卿欣喜莫名，次日即订好了赴昆明的飞机票，票期是26日。但22日那天晚上，正在张静江、杜月笙等人为他设宴饯行的时候，他的急性淋巴腺炎症突发，至原订的26日启程之期，竟溘然长逝。

逝前的虞洽卿还不忘蒋介石，曾提出捐献千两黄金，用以支持抗战。蒋介石也投桃报李，亲自赴灵堂吊祭虞洽卿。

6. 蒋介石的第六个机会——与宋氏家族的婚姻

蒋介石在孙中山家中认识宋美龄。1927年12月1日，蒋宋结婚。蒋介石与宋美龄结婚之前，宋氏家族就已经因为宋庆龄与孙中山的婚姻，进入了中国政治的权力核心。宋氏三姐妹的父亲宋耀如是孙中山先生早年革命事业的支持者，宋家则为上海地区首屈一指的买办家族。有一种说法认为，如果没有孙宋联姻，宋家成员不可能步上政治坦途，蒋介石也许不会强烈追求宋美龄，中国现代历史或将改写。

在蒋宋结合的时候，宋家的家长重担已经落在了宋家三子宋子文身上。当时蒋介石正以下野的姿态韬光养晦，是宋子文利用自身的资源，竭力争取美国当权人物和江浙财团支持蒋介石重新上台。1928 年 1 月，蒋介石在宋子文协助下登上了国民政府主席兼陆海空军总司令的宝座，宋子文则被任命为国民政府财政部长，随之任中央银行总裁。在之后的岁月里，宋子文一直与蒋介石同进共退，西安事变发生后，正是他不避艰险与宋美龄同赴西安最终解救了蒋介石。

蒋介石不论个人利益还是集团利益，都决定他一定会同共产党决裂。蒋介石的秉性决定他一定会采用偷袭暗算这等最卑鄙的手段。从 1927 年 4 月到 1928 年上半年，死于蒋介石之手的共产党员、共青团员、工农群众和其他革命人士，就达 337000 人。

第四节　国共合作始末大事记

1.1921 年

3 月，在陈独秀的指导下，谭平山、谭植棠、陈公博、阮啸仙、杨匏安在广州组建共产党早期组织。陈独秀、谭平山先后任书记。

3 月，王尽美、邓恩铭、王翔千在济南建立共产党早期组织。

4 月，张申府、周恩来、赵世炎、刘清扬、陈公培在巴黎建立旅法共产党早期组织，张申府为负责人。

5 月 5 日，孙中山在广州任中华民国非常大总统。

6 月 13 日—8 月 5 日，广西军阀陆荣廷与粤军陈炯明爆发第二次粤桂战争，旧桂系彻底被击败。

6 月，共产国际派马林和赤色职工国际代表尼克尔斯基到上海。他们建议召开党的全国代表大会，正式成立中国共产党。

6 月 18 日，孙中山下令讨伐桂系军阀陆荣廷。

7 月 23—31 日，中共"一大"在上海法租界望志路 106 号（今兴业路 76 号）召开。出席会议的有来自 7 个共产主义小组的代表李汉俊、李达、张国焘、刘仁静、董必武、陈潭秋、毛泽东、何叔衡、王尽美、邓恩铭、周佛海、陈公博、包惠僧 13 人。代表全国 57 名党员（一说 53 名，即不包括旅法小组成员）。共产国际代表马林和尼克尔斯基参加会议。会议通过了《中国共产党党纲》《关于当前实际工作的决议》。选举产生：中央执行委员会中央局成员陈独秀、张国焘、李达，书记陈独秀，组织主任张国焘，宣传主任李达。旅法小组因路途遥远无法派遣代表赶回国内参加会议，而与创建中国共产党失之交臂。

8 月 11 日，中国共产党在上海成立了领导工人运动的总机关——中国劳动组合书记部（中华全国总工会前身）。张国焘为总主任，毛泽东为湖南部主任。

12 月，共产国际代表马林在广西桂林会见孙中山，向孙中山提出"创办军官学校，建立革命军"的建议。

2.1922 年

1 月 12 日—3 月 8 日，苏兆征领导香港海员大罢工。从此，掀起了中国工人运动的第一个高潮。

2 月 4 日，在美英斡旋下，中日两国在会外签订了《中日解决山东悬案条约》及其附约。规定：恢复中国对山东的主权，日本将胶州湾德国旧租借地交还中国，中国将其全部开为商埠，并尊重日本在该区域内的既得利益；日军撤出山东，青岛海关归还中国，胶济铁路及其支线由中国向日本赎回，前属德国人的煤矿由中日合办。这样，山东问题得到一定程度的解决，但日本在山东仍继续保持相当大的势力。

2 月 6 日，美、英、法、意、日、荷、比、葡、中 9 国在华盛顿会议上签订《九国公约》（全称《九国关于中国事件应适用各原则及政策之条约》）。《九国公约》的核心是肯定美国提出的在华实行"门户开放，机会均等"的原则，使日本独占中国的野心遭到挫折。实质上是在美国占优势的基础上，帝国主义列强建立的对中国的联合统治，确立了帝国主义在远东和太平洋地区统治的新秩序，加深了中国的半殖民地地位。

3 月 4 日，香港英军突然袭击罢工工人，制造沙田惨案。

4 月 29 日—6 月 17 日，第一次直奉战争爆发，奉系张作霖失败，直系完全控制了北京政府。

5 月 4 日，孙中山再次下令挥师北伐。5 日，张作霖宣布满蒙独立。

5 月 5 日，中国社会主义青年团第一次全国代表大会在广州举行（1925 年 1 月改称"中国共产主义青年团"）。

6 月 16 日，陈炯明发动武装叛乱，所部 4000 余人围攻总统府，炮击孙中山的住所。孙中山乘"永丰舰"（1925 年 4 月 16 日改称"中山舰"）逃离广州，于 8 月 14 日安抵上海。孙中山永丰舰蒙难逃亡期间，蒋介石随身护卫，从此深获孙中山信任。

7 月 2 日，北伐军回师讨伐陈炯明。

7 月 16—23 日，中共"二大"在上海南成都路召开。出席大会的代表 12 人，代表全国 195 名党员。大会明确提出反帝反封建的民主革命纲领，区分了最高纲领和最低纲领。大会制定第一部《中国共产党章程》，通过《中国共产党第二次全国代表大会宣言》《中国共产党加入第三国际决议案》，以及《关于"民主的联合战线"的决议案》，决定同国民党实行"党外联合"。大会选举产生：中央执行委员会中央局成员陈独秀、张国焘、蔡和森，委员长陈独秀，组织主任张国焘，宣传主任蔡和森。

8 月 24—26 日，邓中夏领导长辛店铁路工人大罢工。

8 月 28—30 日，根据共产国际代表马林的提议，中共中央在杭州召开西湖会议，参加会议的有陈独秀、李大钊、蔡和森、张国焘、高君宇、马林、张太雷 7 人。马林在会上传达了共产国际的指示，再次提议中共党员加入国民党组织。

9 月 9—28 日，郭亮领导粤汉铁路工人大罢工。

9 月 14—18 日，毛泽东（前期工作）、刘少奇、李立三领导安源路矿工人大罢工。

10 月 23 日—11 月 15 日，彭礼和、王尽美、邓培领导开滦煤矿工人大罢工。

12 月 12—24 日，张昆弟领导正太铁路工人大罢工。

3.1923 年

1 月 1 日，孙中山发表《中国国民党宣言》。

1 月 2 日，《中国国民党党纲》公布。阐明了三民主义和五权宪法的基本内容。三民主义即民族主义、民权主义、民生主义，五权宪法即包括立法权、司法权、行政权、监察权、考试权，并以五权分立作为五权宪法的原则。

1 月 12 日，共产国际执行委员会通过《关于中国共产党与国民党的关系问题的决议》，促进了第一次国共合作。

1 月 26 日，孙中山与苏俄代表越飞发表《孙文越飞宣言》，确立联俄政策，同时也表明苏俄政府对孙中山的支持。孙中山认为"共产主义秩序，乃至苏维埃制度不能实际上引进中国，因为在这里不存在成功地建立共产主义或苏维埃制度的条件。"越飞同意这一看法，他认为"中国当前最迫切的问题是实现国家统一和充分的民族独立。"

从 1923—1926 年北伐战争开始之前，广州国民政府累计接受苏联价值约 300 万卢布的军火，包括步枪 26000 支、子弹 1600 万发、机枪 90 挺、炮 24 门，财政支持 1270 万卢布。同时，整个大革命时期，苏联共向中国派遣了 135 名军事顾问。苏联军事顾问团协助国民党建校建军成绩斐然。

2 月 4—9 日，张国焘、项英、罗章龙、林育南领导京汉铁路 2 万余工人举行总罢工。这是中国共产党领导的第一次工人运动的高潮。

2 月 7 日，京汉铁路工人罢工运动遭到直系军阀吴佩孚武力镇压。亦称"二七惨案"。

2 月 9 日，京汉铁路总工会和湖北全省工团联合会联名下《复工令》，工人忍痛复工。

3 月 1 日，孙中山在广州重新组成大元帅府，并被推举为海陆军大元帅。这是孙中山第三次在广州建立政权。

6 月 12—20 日，中共"三大"在广州东山恤孤院召开。出席大会的代表 30 多人，代表全国 420 名党员。共产国际代表马林参加会议。确定全体共产党员以个人名义加入国民党，与国民党建立革命统一战线的方针，以完成反帝反封建的革命任务。大会选举产生：中央执行委员会中央局成员陈独秀、蔡和森、毛泽东、罗章龙、谭平山，中央执行委员会委员长陈独秀，秘书毛泽东，会计罗章龙。大会通过《中国共产党党纲草案》《中国共产党第三次全国大会宣言》《中国共产党第一次修正章程》《中国共产党中央执行委员会组织法》《关于国民运动及国民党问题的决议案》《农民问题决议案》等文件。

6 月 15 日，瞿秋白翻译的《国际歌》在《新青年》上发表。

9 月 2 日—11 月 29 日，蒋介石率"孙逸仙博士代表团"考察苏联政治、军事（实际行程 8 月 16 日—12 月 15 日）。

10 月 20 日，中国社会主义青年团机关刊物《中国青年》在上海创刊，由恽代英、邓中夏、萧楚女主办。

4.1924 年

1 月 20—30 日，中国国民党"一大"在广州召开。出席会议的代表有 165 人，其中有共产党代表陈独秀、李大钊、谭平山、林伯渠、罗迈、夏曦、毛泽东、王尽美、李立三、刘伯垂、廖乾吾等 24 人。会议通过了《中国国民党第一次全国代表大会宣言》《中国国民党章程》和其他决议案，接受中国共产党提出的反对帝国主义、反对封建主义的主张，承认共产党员和社会主义青年团员以个人身份加入国民党，确立"联俄、联共、扶助农工"的三大政策，重新解释三民主义，把旧三民主义发展为新三民主义。标志着第一次国共合作的建立。大会选举出中国国民党中央执行委员会委员 24 人，其中有共产党员李大钊、谭平山、于树德 3 人；中央执行委员会候补委员 17 人，其中有共产党员毛泽东、张国焘、瞿秋白、于方舟、沈定一、林伯渠、韩致祥 7 人。国民党第一次全国代表大会还决定建立陆军军官学校，训练革命军队。

大会通过的党章第 11 章《纪律》针对共产党强调了纪律的重要性。胡汉民做了说明"遇有党员破坏纪律，或违背主义，当加以最严厉之制裁。""一大"选出的中央监察委员、候补中央监察委员中没有一名共产党员。

对于陈独秀批评孙中山与奉系、皖系军阀反直系军阀的做法，孙中山对共产国际顾问说："共产党既加入国民党，便要服从党纪，不应该公开批评国民党。共产党若不服从国民党，我便要开除他们。苏俄若袒护中国共产党，我便要反对苏俄。"

1 月 21 日，孙中山的良师益友列宁逝世。

1 月 31 日，国民党选举产生中央执行委员会常委：廖仲恺、戴季陶、谭平山，组织部部长谭平山，宣传部部长戴季陶（汪精卫继任），青年部部长邹鲁，工人部部长廖仲恺，农民部部长林伯渠，妇女部部长曾醒（何香凝继任），军事部部长许崇智，海外部部长林森。10 名中央监察委员中无一名共产党人。

4 月 12 日，孙中山提出《国民政府建国大纲》，将建设国家的程序分为三个阶段：军政时期、训政时期、宪政时期。

5 月 3 日，孙中山任命蒋介石为国民党陆军军官学校（即黄埔军校）校长，廖仲恺为国民党党代表。随后，任李济深、邓演达为教练部正、副主任，王柏龄、叶剑英为教授部正、副主任；戴季陶（后为周恩来）、周恩来为政治部正、副主任，何应钦为总教官。此外还有熊雄、恽代英、萧楚女、聂荣臻、张秋人、廖乾吾、瞿秋白等共产党人担任教官及各方面负责工作。因招生不顺利，孙中山让廖仲恺找陈独秀帮忙。陈独秀决定以中共中央和共青团中央名义向各地党组织发电，指令"迅速多送"符合条件的党、团员和革命青年报考黄埔军校。招生录取学生中，有 100 多名是毛泽东委员从上海方向动员的。这批学生占到黄埔一期生的 20%。

5 月，国共两党围绕着是否赞同苏联政府与反动的北京政府签约建交，以及是否赞同外蒙古进行民族自决的问题，发生了尖锐的矛盾。他们之间的争论迅速白热化。国民党内检控共产党违纪，以至于反对共产党"跨党"的投诉，日趋增多。为迫使国民党承认批评自由，使其不致过多以纪律问题约束共产党人，中共中央决定使派别斗争公开化，为此特向鲍罗廷征求意见。

5 月 31 日，北京政府和苏联签订《中俄解决悬案大纲协定及声明书》。主要内容：第一，废除中俄间一切不平等条约；第二，苏联放弃帝俄在中国的一切租界、租地；第三，苏联放弃庚子赔款的俄国部分；第四，苏联取消帝俄在中国的治外法权和领事裁判权；第五，中东铁路同意由中国赎回。第六，承认外蒙古是中国领土，中国在外蒙古有完全的永久的主权。确认帝俄时代有关中国的一切不平等条约概为无效；放弃俄罗斯在中国的一切特权。但是苏联政府并未完全履行其承诺。

6月，鲍罗廷明确表示同意，并很快在与国民党中央监委谢持、张继的谈话中使用了这种策略。当谢、张等就中共党团问题质问鲍罗廷时，他公开宣称："党中分派，是不能免"，国民党内反对苏联与北京政府建交的，可视为右派，"共产党则为左派"。由于许多右派分子夹杂于中央执委会中，执委会"实际上不能作党之中心"，"共产党乃不得不组织党团"。此举虽属不得已，但他"希望右派左派相争，发生一中央派，作党之中心"。

鲍罗廷所谓"希望右派左派相争，发生一中央派，作党之中心"，其实只是一种托词。他未必希望孙中山不做左派而为中派。事实上，在此之前，共产国际和中共中央都始终未意识到国民党内尚有中间派存在。直到众多事实表明国民党领导人与共产党在许多问题上有重大分歧之后，中共中央才开始相信：国民党的一些领导人"只是中派，而不是左派"。他们断言：在国民党内，"如果说还有一些左派的话，他们都是我们的同志"，而国民党右派"控制了国民党的全部机构"。为此，中共中央第一次开始怀疑共产国际对国民党的政策。陈独秀写信给维经斯基，特别对国民党中央要开会讨论所谓共产党问题，表示不满。他指出：国民党的国内政策有"许多反劳工的东西"，其"对外政策中则有许多反俄的东西"，如果听任这种情况继续发展并且无限制地给予支持，"这将对远东革命产生巨大的影响"。他强烈要求共产国际能够根据真实情况"制定新的政策"，再"不应当毫无条件地或无限制地支持国民党"了。

6月16日，黄埔军校在广州长洲岛举行开学典礼。孙中山在开学典礼上的训词回顾中华民国 13 年来革命屡屡失败，结果"只有民国之年号，没有民国之事实"的现状，联系到俄国革命"有了革命军做革命党的后援"的成功例子，总结说过去"只有革命党的奋斗，没有革命军的奋斗"。"创造革命军，来挽救中国的危亡。"

6月18日，国民党中央监委牵头正式提出弹劾共党案。

7月，孙中山不得不签发"党务宣言"，并决定正式开会讨论这一弹劾案。国共之间的矛盾至此完全公开化了。

两个性质不同、思维方式及考虑问题的出发点也有极大差异的政党之间，发生意见分歧，乃至批评、指责，是在所难免的。但是，在一个政党之中，保持组织不同、思维方式不同的两种党员，并允许各自独立和批评自由，则是十分困难的。

国共两党之间的关系，实际陷入到了一种十分困难的境地。由于共产党人已成为国民党党员，国民党又不存在由下至上的民主的议事和决策程序；即便存在，以共产党人在国民党内所占人数的比例，也不可能左右国民党的各项政策和决定。因此，共产党人要想左右或影响其政策，就只能采取上层渗透、组织分化和舆论批评等办法，以便争取多数并保持自身的独立性。

7月3日，国共合作举办的农民运动讲习所在广州正式开学。至1926年9月，在共产党人彭湃、毛泽东等相继主持下，广州农讲所连续举办 6 届，培训 700 多名农民运动骨干。

7月11日，孙中山参照苏联军制成规，正式成立国民党中央军事委员会，作为党的最高军事决策机关。

7月21日，中共中央发布了开展《对国民党右派的斗争》的通告，明确认为："自吾党扩大执行会后，国民党大部分党员对我们或明或暗的攻击、排挤日甚一日，意在排除我们急进分子，以和缓列强及军阀对于国民党的压迫。"对此，中共中央决定采取针锋相对的策略：第一，公开谴责右派，并在国民党内形成派别斗争；第二，今后凡非表示左倾的分子，不应介绍加入国民党，同时努力争取"指挥工人农民学生市民各团体的实权"，以巩固和加强共产党人之力量，削弱右派势力；第三，准备迅速组织"国民对外协会"，使其成为社会运动一种独立团体，以便必要时取代旧国民党而做"未来的新国民党之结合"。

9月4日，孙中山组建北伐军，联合皖系卢永祥、奉系张作霖"共抗直系"。18日，中国国民党发表《北伐宣言》。20日，北伐军在韶关誓师北伐，开始第一次北伐战争。22日，孙中山下令北伐各军改称建国军：建国湘军总司令谭延闿，建国滇军总司令杨希闵，建国粤军总司令许崇智，建国豫军总司令樊钟秀。以谭延闿为北伐军总司令。

9月15日—10月31日，第二次直奉战争爆发。直系战败。从此直系军阀基本退出中国历史舞台，北洋政府开始了张作霖时代。

10月23日，直军第3军总司令冯玉祥发动北京政变。包围了总统府，迫使直系控制的北京政府下令停战并解除吴佩孚的职务，监禁总统曹锟，宣布成立"国民军"。政变后，冯玉祥授意摄政内阁通过了《修正清室优待条件》，废除帝号，清室迁出紫禁城，驱逐溥仪出宫。

11月，周恩来出任军校政治部主任，健全政治工作制度。

12月，中共中央成立北方局。大革命时期，中共中央还成立了广东临时委员会。

5.1925 年

1月11—22日，中共"四大"在上海虹口召开。出席大会的代表20人，代表全国994名党员。共产国际代表维经斯基参加会议。大会选举产生新的中央执行委员会。中央执行委员会中央局成员陈独秀、彭述之、张国焘、蔡和森、瞿秋白，中央总书记陈独秀，中央组织部主任陈独秀（兼），中央宣传部主任彭述之，中央工农部主任张国焘，中央宣传部委员瞿秋白、蔡和森。

2 月 1 日—3 月 20 日，广州革命政府讨伐陈炯明的第一次东征爆发。粤军总司令许崇智任东征军总司令，蒋介石兼任参谋长，周恩来兼任政治部主任。

3 月 12 日，孙中山逝世。临终遗嘱"革命尚未成功，同志仍须努力"。

5 月 1 日，在广州召开第二次全国劳动大会，正式成立中华全国总工会，取代中国劳动组合书记部。

5 月 30 日，中国共产党领导的反对帝国主义暴行的运动即五卅运动在上海爆发，并迅速席卷全国，约 1700 万各阶层群众直接参加斗争，标志着大革命高潮到来。运动得到国际进步力量和海外侨胞的广泛同情和支援。

6 月至翌年 10 月，中国共产党在广州、香港领导发动有 25 万人参加的反帝大罢工即省港大罢工。这是中国工人运动史上持续时间最长的一次政治大罢工。

7 月 1 日，中华民国国民政府在广州成立。汪精卫任广州国民政府主席兼军事委员会主席，汪精卫、蒋介石、谭延闿为军事委员会常委。许崇智为军事部长兼广东省政府主席。其所属部队随后统编为国民革命军 6 个军。周恩来等共产党人分别担任第一、二、三、四、六军的副党代表兼政治部主任，组成国民革命军。

7 月，桂系三雄李宗仁、白崇禧、黄绍竑先后击败旧桂系军阀陆荣廷、沈鸿英，完成统一广西的任务，成为新的国民党桂系军阀首脑。

8 月 18 日,国民政府军事委员会将下辖各地方军队统一改称国民革命军,简称"国军"。黄埔军校两个教导团编为国民革命军第 1 军,蒋介石任军长。第 2 军军长谭延闿(建国湘军改编),第 3 军军长杨希闵(建国滇军改编),第 4 军军长李济深(建国粤军改编),第 5 军军长李福林(福军改编)。

8 月 20 日,廖仲恺在国民党中央党部被国民党右派暴徒刺杀。之后蒋介石支持汪精卫驱逐胡汉民出国,不久又将粤军总司令许崇智驱离广州,收编粤军部分师旅,一跃而成为国民党内握有军事实力的首要人物。

10 月 1 日—11 月 28 日,广州国民政府开始第二次东征,讨伐陈炯明残部。黄埔军校校长蒋介石兼东征军总指挥,国民政府主席、军委会主席汪精卫兼东征军党代表,黄埔军校政治部主任周恩来兼东征军政治部主任,东征军中路指挥何应钦,右路指挥李济深,左路指挥程潜。

11 月 16 日,国民党中央执行委员林森、邹鲁、戴季陶、谢持等人即在北京集会,联名写信给国民党中央及国民党上海执行部,要求"清党"。

20 日,国民党中央执行委员会急电李大钊、王法勤、于右任等,指斥林森等人的分裂行为,要求国民党北京执行部切实查明。

21 日,国民党中央执行委员会再次急电李大钊等人,取消国民政府外交代表团邹鲁的代表职权及名义,并将他交国民党北京执行部查办。但这一切并没有阻止他们的进一步活动。

中国共产党掌握的第一支武装、以共产党员和共青团员为骨干的叶挺独立团在广东肇庆成立,后来成为英勇善战、所向披靡的北伐先锋。

11 月 23 日至 1926 年 1 月 4 日,以林森、邹鲁、谢持为首的部分国民党中央委员,在北京西山碧云寺孙中山灵前召开一届四中全会,也称"西山会议"，与会人员也称"西山会议派"。

图 1—3　西山会议现场

　　北京西山碧云寺孙中山的灵前召开的所谓"国民党一届四中全会"，考虑国民党的去向问题和解决国民党内的共产党问题。出席会议的有中央执行委员叶楚伧、居正、沈定一、邵元冲、石瑛、邹鲁、林森、覃振、石青阳，候补中央执行委员茅祖权、傅汝霖，中央监察委员张继、谢持，共 13 人。林森、邹鲁分别担任会议主席。西山会议通过决议，宣布中国共产党"非法"，取消共产党员的国民党党籍，分别开除共产党人谭平山、李大钊、毛泽东等的中央执行委员会委员和候补中央执行委员职务，并取消他们的党籍。"解雇顾问鲍罗廷"等。会议通过了《取消共产党员的国民党党籍宣言》《开除国民党中央执行委员共产党人李大钊等通电》《取消政治委员案》等决议。会议最后妄言：如果不在国民党内实行清党，恐怕"再过一年，青天白日之旗，必化为红色矣"。

　　会后，此派人士在上海成立"国民党中央党部"，在北方等地设立地方党部，与广州国民党中央相对抗。由此可见，西山会议派的主要政治纲领是反共。因此，西山会议派亦被称为国民党党内的右派势力。西山会议派长期与支持"联俄,联共,扶助农工"的国民党内部以邓演达为首左派不合。

12 月 1 日,毛泽东发表《中国社会各阶级的分析》。"在俄国,革命依靠工人,俄国是资本主义国家,发展资本主义已有 200 年的历史,有强大的工人阶级。中国是一个半封建、半殖民地的国家,工业不发达,工人力量小,只有 200 万。""一切小资产阶级(主要是自耕农)、半无产阶级、无产阶级乃是我们的朋友,乃是我们真正的朋友。我们真正的朋友有多少?有三万万九千五百万。"

6.1926 年

1 月 1—19 日,中国国民党"二大"在广州召开,重申了孙中山的三大革命政策,将反对国共合作的西山会议派主要成员谢持、邹鲁、居正、覃振等人开除党籍,给予张继、林森、戴季陶等警告处分。选举产生中央执行委员 36 人,其中有共产党员谭平山、林伯渠、李大钊、于树德、吴玉章、杨匏安、恽代英 7 人;中央候补执行委员 24 人,其中有共产党员毛泽东、夏曦、韩致祥、邓颖超(女)4 人。蒋介石当选为中央执行委员、中央常务委员。

1 月 22—25 日,国民党二届一中全会召开,选举产生:中央执行委员会常委汪精卫、谭延闿、胡汉民、蒋介石、林伯渠、谭平山、杨匏安、陈公博、甘乃光。通过《中央执行委员会政治委员会组织条例》,确定中央政治委员会(简称"中政会")隶属中央执行委员会,为中央执行委员会特设的政治指导机关。推选国民政府主席汪精卫为中政会主席。中政会委员有汪精卫、谭延闿、胡汉民、蒋介石、伍朝枢、孙科、谭平山、朱培德、宋子文,中政会候补委员有陈公博、甘乃光、林伯渠、邵力子。

2 月,中共中央特别会议在北京召开,会议指出:"党在现时政治上的主要的职任，是从各方面准备广东政府的北伐；而北伐的政纲必须是以解决农民问题作主干。"会议还决定建立中央军事委员会，以便加强党的军事工作。随后，中共中央建立了军事部。

3 月 20 日，蒋介石借口海军局代理局长兼中山舰舰长李之龙（共产党员）阴谋"中山舰要炮轰黄埔军校"，意图将其挟持至苏俄，而宣布广州戒严并派兵逮捕李之龙和几十名共产党员，他还将黄埔军校和第 1 军中的共产党员拘捕。事发第二天，周恩来向蒋介石质问，却受到了极其粗暴的待遇，带去的卫兵被缴械，周被蒋软禁一天，并被迫辞去第 1 军副党代表兼政治部主任职务。蒋介石提出：军队中的共产主义分子应暂时退出军队，国民革命军的党代表要完全的国民党党员才可担任。已暴露身份的 257 名共产党员撤出国民革命军第 1 军和黄埔军校。

陈独秀派彭述之找苏联顾问鲍罗廷交涉，提出从刚刚到广州准备提供给蒋介石、李济深的苏联军火中拿出 5000 支步枪武装广东农民。鲍罗廷不同意，他认为"中共应将所有力量用于拥护蒋介石，巩固北伐。"

5 月 15—22 日，国民党二届二中全会在广州召开。通过蒋介石提出的排斥共产党的《整理党务决议案》，限制共产党员担任国民党中央各部部长职。任命蒋介石为国民党中央组织部长兼军人部长。随后，蒋又当上了国民党中央常务委员会主席，掌握了党政军财大权。国民党开始调整全面亲苏的战略决策。5 月 25 日，毛泽东被迫辞去代理宣传部长职务。

7 月 1 日，广东国民政府再次发出《北伐宣言》，开始第二次北伐战争。北伐的主要对象是吴佩孚、孙传芳、张作霖三大军阀。

7 月 12 日和 14 日，中共中央和国民党中央分别发表《中国共产党对于时局的主张》和《北伐出师宣言》，号召全国人民支持国民革命军的北伐。

7 月 12—18 日，中共扩大的四届二中全会在上海召开，提出无产阶级要同资产阶级争夺领导权的任务，并第一次做出关于军事运动的决议。

9月，在共产党人彭湃、毛泽东等相继主持下，广州农讲所举办6届，培训700多名农民运动骨干。

10月，北伐军进抵武汉，先后占领武昌、汉阳、汉口，全歼吴佩孚部主力。

11月起，北伐军向南浔路一带发动攻势，基本消灭军阀吴佩孚、孙传芳部主力，占领南昌、九江，随后又攻占福建、浙江。在北伐战争中，以共产党员、共青团员为骨干的叶挺独立团英勇善战，屡破强敌。随着北伐的胜利进军，共产党领导的湘鄂赣等省工农运动蓬勃发展。

12月5日，国民党中央正式宣布中央党部和国民政府自广州迁往武汉，史称"武汉国民政府"。

7.1927 年

年初，汉口、九江的工人收回了汉口、九江的英租界。

1月4日—2月3日，毛泽东历时32天农村五县考察结束。

1月，全国农会会员已达200万。共产党能直接指导的群众增至1000万。对于共产党依靠贫农、雇农，联合中农，限制富农，保护中小工商者，消灭地主阶级（有土必豪，凡绅必劣）的政策，国民党严重反对。

2月22日，罗亦农、赵世炎领导上海工人第二次武装起义再次失败。中国共产党向共产国际申请经费5万元，用以购买武器。苏联以不提供的态度反对共产党继续举行武装起义。

3月，国民革命军第1师在江西赣州枪杀总工会委员长陈赞贤，成为一个重要的信号。

3月5日，毛泽东《湖南农民运动考察报告》，在中共湖南省委机关刊物发表。至1926年6月农民协会遍及全国17个省份，200多个县里成立了农会，会员达915万多人。这篇文章提出了农民问题的理论和政策。

3月10—17日，国民党二届三中全会在汉口举行。通过《统一党的领导机关决议案》等一系列提高党权、防止个人独裁和军事专制的决议，免去了蒋介石的中央常务委员会主席和军人部长职务。

3月下旬，北伐军先后攻占安庆、南京。

3月21日，周恩来、罗亦农、赵世炎、汪寿华、顾顺章领导上海工人第三次武装起义成功。随后，成立上海特别临时市政府。至此，长江以南地区完全为北伐军控制。不料此举成为蒋介石等决心清党的借口。国民党"右派"认为，共产党在上海组织的暴动和选举，是要夺取上海的领导权。

3月25日晚，陈独秀在特委会上明确指出："我们现在要准备一个抵抗，如果'右派'军队来缴械，我们就与之决斗。此决斗或许胜利，即使失败则蒋介石的政治生命完全断绝。"中共中央决定加强工人纠察队的力量，调百余干部，作为纠察队的骨干，加紧训练。

3月27日、28日、31日，联共（布）中央政治局连续指示中共中央："请你们务必严格遵守我们关于不准现在举行要求归还租界的总罢工或起义的指示。请你们务必千方百计避免与上海国民军及其长官发生冲突"，"暂不进行公开作战，不要交武器，万不得已将武器收藏起来"。

3月28日，国民党中央监察委员蔡元培、吴稚晖、李煜瀛(李石曾)等5人聚会，提议对共产党"应行纠察"，主张"取消共产党人在国民党党籍"。达成共识后，4月2日，国民党中央监察委员会举行正式会议，将有关文件送国民党中央执行委员会，但不让其中有共产党员身份的委员知晓。

4月6日，斯大林说："蒋介石也许并不同情革命，但是他在领导着军队，他除了反帝以外，不可能有其他作为。""因此，要充分利用他们，就像挤柠檬那样，挤干以后再扔掉"。

4月12日，蒋介石在上海发动了"四一二"反革命政变。在此前后，四川、江苏、浙江、安徽、福建、广西、广东等省相继发生以"清党"为名大肆捕杀共产党员和革命群众的事件。杨公、陈延年、赵世炎、萧楚女、熊雄等共产党人被杀害。

4月15日，李济深、钱大钧、古应芬等在广州发动反革命政变，大肆捕杀共产党员和革命分子。

4月16日，武汉国民党中央第二届常委会第七次扩大会议专门讨论了关于惩治蒋介石的问题，决议："蒋中正戮杀民众，叛党叛国，罪恶昭彰，着即开除党籍，并免去本兼各职"。

4月17日，武汉国民党中央正式发布免除蒋介石本兼各职令。并决定将"国民革命军第一集团军所统率之第一、第二、第三、第四各方面军及总预备队，均归军事委员会直辖"。

蒋介石与一批"右派"国民党中央委员在南京召开政治会议，发布清党通电，并发出秘字一号命令，通缉共产党的首要分子197人：首要为鲍罗廷、陈独秀，其次为林祖涵（即林伯渠）、瞿秋白、毛泽东、恽代英、周恩来、刘少奇、张国焘、彭湃、邓颖超、蔡和森、方志敏等人。一些非共产党的"左派"人士，如沈雁冰、柳亚子、邓演达、章伯钧等，也在通缉之列。

4月18日，蒋介石通电在南京组织国民政府。推选胡汉民为政府主席，蒋介石为国民革命军总司令，与武汉国民政府对峙，史称"宁汉分裂"。

4 月 19 日，武汉国民政府下令免去蒋介石总司令职务，开除蒋介石的党籍并予以通缉。同时在武昌南湖举行第二次誓师北伐，正式决定出师河南，讨伐盘踞北方的奉系军阀张作霖，以解武汉政府面临着的军事包围和经济封锁的严重危机。

22 日，武汉国民政府由汪精卫领衔，孙科、邓演达、宋庆龄、张发奎、吴玉章、毛泽东、恽代英等联名发布通电，斥责蒋的分裂行为，形成了"宁汉对立"的局面。

4 月下旬，上海的"白色恐怖"日益严重，大批共产党人纷纷离开上海前往武汉。据武汉报纸称，上海工人纠察队总指挥顾顺章于 22 日抵达武汉，对记者控诉蒋在上海屠杀共产党人的罪行。顾是来参加中共五大的上海代表。①

4 月 27 日—5 月 9 日，中国共产党第五次全国代表大会在武汉举行。出席大会的正式代表 82 人，代表全国 57967 名党员。共产国际代表罗易、多里奥、维经斯基、鲍罗廷等参加会议。陈独秀作《政治与组织的报告》。大会批评陈独秀的右倾机会主义错误，通过《中国共产党第五次全国代表大会宣言》《政治形势与党的任务议决议案》等文件。大会要求会后由中央政治局会议制定《中国共产党第三次修正章程决案》，明确规定实行民主集中制、将中央执行委员会改为中央委员会、设立中央政治局和中央监察委员会等。大会选举产生中央委员会，第一次选举产生了中央监察委员会。

4 月 28 日，奉系军阀张作霖下令，将李大钊等 20 位革命者绞杀在北京西交民巷京师看守所内。

5 月，国民革命军在豫南击败军阀张作霖。共产党人在北伐中继续

---

① 《郑超麟回忆录》上册，东方出版社 2004 年版。

发挥作用。

5月10日，中共五届一中全会召开。选举产生：中央委员会总书记陈独秀，中央政治局常委陈独秀、张国焘、蔡和森，中央政治局委员李维汉、瞿秋白、谭平山、李立三、周恩来，中央政治局候补委员张太雷、苏兆征、陈延年，中央政治局秘书长周恩来（兼）、蔡和森（先代理后担任）。

5月10—16日，中国共产主义青年团第四次全国代表大会在武汉召开。到会代表六十余人，代表团员五万多人。会议选出新的团中央局，任弼时当选为团中央书记。

5月17日，唐生智部下独立14师师长夏斗寅在宜昌发动兵变，攻打武汉，为叶挺独立团击败。

5月18—30日，共产国际执委第八次全会在莫斯科召开，联共（布）中央政治局会议根据共产国际八次全会的精神，于5月30日做出关于中国问题的决定，并就此给在中国的鲍罗廷、罗易和苏联驻汉口总领事柳克斯三人发出电报，即"五月紧急指示"。这个指示的主要内容包括："坚决主张从下面实际占领土地"，但"只应没收大中土地占有者的土地，不要触及军官和士兵的土地"；从下面多吸收一些新的工农领导人加入国民党中央，以改变国民党目前的构成；动员两万共产党员，再加上来自湖南、湖北的五万革命工农，组建几个新军；成立以著名国民党人和非共产党人为首的革命军事法庭，惩办同蒋介石保持联系并唆使士兵去迫害人民的反动军官。这个指示的实际内容，就是幻想依靠武汉的汪精卫等人采取措施来挽救革命。

5月21日，第35军军长何键部下第33团团长许克祥在长沙发动"马日事变"。他们袭击湖南省总工会、省农民协会及其他革命组织，捕杀共产党人、国民党左派和革命群众。这是以汪精卫为首的武汉国民党右派和以蒋介石为首的南京国民党右派公开合流的信号。

5月22—25日，中共中央常委会在武汉召开，周恩来被任命为中央军事部长。

5月，湖南、湖北的农民运动继续发展，两省农会会员增加到七百多万人；有些地方的农民群众自动起来插标分田。许多地主出身的国民革命军军官，更加仇视农民运动。夏斗寅、许克祥相继叛乱后，两湖的土豪劣绅纷纷反攻倒算。

6月5日，武汉国民政府解除苏联顾问鲍罗廷和加伦等140余人的职务。

6月6日，汪精卫解除苏联驻国民政府全权代表鲍罗廷的最高顾问职务并下令通缉。派驻中国的苏联军事顾问团成员亦被限期离境。国民党驱逐苏联顾问并终止联俄联共政策。朱培德在江西宣布"礼送"共产党员出境。

6月10—11日，武汉国民政府汪精卫、谭延闿、唐生智等赴郑州，与冯玉祥举行会谈，密谋反共。

6月19日，第四次全国劳动大会在汉口举行，到会代表四百余人，代表会员二百九十余万人。大会号召工人阶级同农民、小资产阶级结成坚强的同盟，坚决反对蒋介石的叛变，并继续深入开展革命斗争。

6月20日，冯玉祥应蒋介石之邀，到徐州与蒋介石等举行特别会议，决定反共、反苏，实行宁汉合作继续北伐。6月23日，武汉国民政府唐生智下令东征讨蒋，进攻南京。

6月28日，中共中央政治局举行会议。陈独秀根据情报了解到何键将以工人纠察队要缴第35军的枪支为借口，采取反共行为，讨论应付这一突然事变的办法。鲍罗廷提议将武汉工人纠察队枪支上交。武汉卫戍司令李品仙调动军队强占了湖北省总工会。

6月29日，何键发表反共训令，命令他的军队与共产党分裂，并开始逮捕和屠杀共产党员，解散湖北省总工会，控制了汉阳、汉口。邓演达最后一次出席国民党中央执行委员会政治委员会会议（即三十三次会议）后，于次日发表《告别中国国民党同志书》，怀着悲愤的心情谴责了汪精卫违反孙中山三大政策行为。

7月3日，中共中央举行扩大会议，通过《国共两党关系决议案》。决议仍然承认汪精卫等控制的国民党"当然处于国民革命之领导地位"，决议表示"现在参加政府工作之共产党分子，为图减少政局之纠纷，可以请假"，"工农等民众团体均应受国民党之领导与监督"，"工农武装均应服从政府之管理与训练"，企图以投降式的让步来拉住汪精卫。致使汪精卫更肆无忌惮地煽动"分共"。

7月4日，中共中央政治局常委举行扩大会议。陈独秀主张：国民革命军招兵时，农民协会的会员和自卫武装可应征加入。毛泽东指出："不保存武力，则将来一到事变，我们即无办法。"毛泽东还主张"上山"，并预料"上山可以造成军事势力的基础"。

7月12日，根据共产国际执行委员会的指示，中共中央改组，由张国焘、李维汉、周恩来、李立三、张太雷组成临时中央政治局兼常委，陈独秀停职。会议决定发动湘鄂粤赣秋收暴动，联合第二方面军张发奎开回广东建立革命根据地。

7月13日，中共中央发表《中国共产党中央委员会对政局宣言》，宣布"本党党员退出国民政府"，号召"国民党党员群众及一般民众起来反对背叛革命的国民党中央及其政府"。随即又发表中国共产党关于《国民革命的目前行动政纲草案》。

7月14日，武汉国民党中央秘密召开了分共会议。国民党左派杰出代表孙中山夫人宋庆龄曾派代表到会发言，竭力反对分共。但是，汪精卫等不顾宋庆龄等左派的坚决反对，悍然决定了"分共"计划。当天，宋庆龄发表声明，坚决抗议武汉国民党中央违反孙中山的革命原则和革命政策，推行反革命所谓"新政策"。

7月15日，以汪精卫为首的武汉国民政府发动"七一五"反革命政变。公布《统一本党政策案》，宣布进行"分共"，正式与共产党决裂，提出"宁可枉杀一千，不可使一人漏网"的口号。第一次国共合作全面破裂，大革命失败。

第五节　共产国际和中国共产党 [①]

中央常委要我讲一下国际关系，主要是共产国际和我们党的关系。我先概括地讲六点看法：

一、共产国际的成立和解散，都是必要的。共产国际从成立到解散共存在二十四年（一九一九——一九四三），三个八年。毛泽东同志说它是两头好，中间差。两头好，也有一些问题；中间差，也不是一无是处。共产国际的成立，当然是必要的。它对各国党的建立和成长起了很大的作用。后来各国党成长了，成熟了，共产国际就没有存在的必要了。

共产国际在建立的初期，阐明了马克思列宁主义的原理原则，推动了世界共产主义运动的发展。那时，尽管列宁有那么高的威望，但共产

----

① 本节为周恩来 1960 年 7 月 14—15 日所作报告。见《周恩来选集》（下卷），人民出版社 1984 年版，第 300—312 页。这是在中共中央于北戴河召开的省、市、自治区委书记会议上所作报告的节录。

国际是民主集中地决定问题的，各国党的代表可以纷纷议论，各抒所见，非常活跃。共产国际划清了共产党和社会民主党的界限，也批判了"左"派幼稚病，发扬了国际主义精神，动员了各国革命人民拥护苏联，支持了各国人民的革命斗争和民族革命运动。

共产国际的解散也很适时。一九三五年，共产国际作了一个决议，说对各国党的内部事务不要去干涉，以后也的确放手了一些。但是这时，共产国际的存在还需要，它在反法西斯和建立统一战线的斗争中起了积极的作用。苏德战争爆发之后，到了一九四三年六月，共产国际就解散了。

共产国际的缺点和错误，特别在中期的缺点和错误，概括地说是：一般号召不与各国实践相结合，具体布置代替了原则的指导，变成了干涉各国党的内部事务，使各国党不能独立自主，发挥自己的积极性、创造性。

这是对共产国际的一个粗浅的总评。

二、各国的革命和建设，要靠各国人民自己的实践。只有把马克思列宁主义的普遍真理和本国革命的具体实践相结合，才能使马克思列宁主义得到补充和发展。要在实践中总结自己的正面和反面的经验。中国党的经验很丰富。中国党虽然犯过几次"左"的和右的路线错误，但也有很重要的正面的经验。

三、各国的革命和建设，要靠各国党自己独立思考。只有独立思考，才有可能避免国际的坏的经验在本国重犯，使国际的好的经验在本国得以发展。据我所了解，不独立思考、盲从迷信的人是很多的，破除迷信、独立思考是很不容易的。当然独立思考并不等于狂妄自大，唯心武断，拒绝国际提出的好的意见。陈独秀是狂妄自大、唯心武断的。李立三同志也是这样，他提出夺取武汉，争取一省数省的首先胜利；一省数省的胜利就是全国胜利的开始；打下武汉再和共产国际算帐；中国革命起来了，要苏联出兵；中国革命胜利，英、美、法等国的资产阶级都要濒于末日，世界革命就会起来。现在立三同志看一看这些话，他自己也会发笑的。

四、各国的革命和建设，要靠各国自己独立自主和自力更生。毛泽东同志说，两个大国的革命胜利，即俄国十月革命的胜利和中国革命的胜利，都是在没有共产国际的时候取得的。在现在的情况下，成立国际组织，相互间总是不容易做到平等。不仅在政治上，就是在经济上也是如此。

五、研究国际的经验，要全面地看问题。斯大林管事的时间长，缺点错误多一些，但是在斯大林那个时期也并不都是不好的。就是在共产国际中期和斯大林的晚年，他也是支持革命的多，不许革命的少。我们顶一顶，他还是可以接受一点意见，也可以含蓄地承认一点错误。他的怀疑一经实践证明不对，看法也可以改变。例如他怀疑我们不是真正的马克思主义者，怀疑我们对于帝国主义不斗争，一到抗美援朝，他的看法就改变了。斯大林还是讲理的。当然，斯大林在中国革命问题上有错误，但中国革命中的错误主要应该由中国同志负责，犯不犯错误主要还是决定于我们自己。我们过去犯的错误已经认识了，纠正了，革命已经胜利了。

六、团结高于一切，国际主义万岁。这是原则，过去如此，现在也应该如此。所谓团结，是在原则基础上的团结。有分歧，我们要从团结的愿望出发，经过适当的批评或斗争，在新的基础上达到团结。同时批评要注意场合，要心平气和，摆事实，讲道理。如果批评或斗争都不生效，也需要等待，需要时间。中国党在这方面有很丰富的经验。第二次国内革命战争时期八年中犯了三次"左"倾错误，从遵义会议开始到七大，经过十年之久才解决了问题。一个党如此，何况国际？我们要举团结的旗帜。这主要是对于苏联千百万党员、两亿人民，各兄弟党的党员，世界上百分之九十以上要革命的人民。

下面分几个时期讲一讲共产国际和我们党的关系。

（一）共产国际的初期（一九一九年三月——一九二七年七月）。

这个时期，共产国际的工作对于中国革命，还是有益的多。当然，也有个别的原则问题的错误。

一九一九年三月共产国际成立后，就派人到各国访贤，做工作。在中国，他们不仅找了陈独秀、李大钊，还找过江亢虎、黄介民和戴季陶；在北方找过吴佩孚，在南方找了孙中山。中国有五四运动的基础，在共产国际的帮助和推动下，很快成立了中国共产党。中国党很快地走到了群众斗争中去。这时共产国际讨论中国问题的次数也逐渐多起来了。一九二〇年的第二次代表大会，一九二一年的第三次代表大会，都讨论了东方革命问题。一九二二年共产国际第四次代表大会认真讨论了中国革命问题，以后就大量吸收中国的知识分子到莫斯科去学习。一九二三年共产国际作了关于国共合作的决议，决定中国共产党员加入国民党，同时共产党保持自己的独立性；还讨论了中国搞土地革命的问题，并发来了指示。一九二三年六月，中共召开三大。当时党内有"左"的和右的两种思想：一种以陈独秀为代表，认为中国现在是资产阶级民主革命，这种革命应该由资产阶级领导，无产阶级只是帮忙，民主革命中无产阶级领导权的问题根本没有提；一种以张国焘为代表，认为中国共产党员只能少数人加入国民党，工人不能参加。实际上，这两种思想都是不要无产阶级领导权的。党的四大的决议对这两种思想都批评了，但是并没有解决问题。现在看来，批评也没有重点。当时群众斗争已经轰轰烈烈地开展了，但是在陈独秀机会主义的领导下，在关键问题上掌不好舵。国民党第二次代表大会时，国民党内的右派已经比过去嚣张得多，如西山会议派。但在此以前广东打商团，东征陈炯明等等，左派力量大大发展。当时的政策应该是支持左派，排斥右派，这是有可能实现的。但陈独秀却要让右派回去，并且要保证他们在国民党二大上当选，结果右派的气焰高涨。在军事上，我们也让步。蒋介石进攻，我们党没有警惕，他制造了三月二十日的中山舰事件，把我们党在军队中的力量搞掉了一部分。当时我们并不是没有力量，应该反击，但是没有反击。结果使我们党在军队中的力量仅仅留下了一个独立团，这个团到了武汉发展成两个师。北伐的时候，我们应该争取群众，争取军队。可是，这边北伐，那边上海的《向导》反映陈独秀的主张，反对北伐，说现在是军阀战争，广东不应该北伐，应该防御，应该搞群众斗争。我们党放弃了对北伐战争的领导。土地革命轰轰烈烈起来了，毛泽东同志的文章出来了，但是党中央不支持。当时，陈独秀的确有点怕革命，怕群众。当时共产国际执行委员会也对中国问题作了一些不正确的分析，六、七、八三次会议对我国阶级力量的分析都有错误。特别是一九二七年五月第八次会议，认为资产阶级都叛变了。到了武汉政府叛变之后，共产国际又认为，小资产阶级也离开革命了。

在领导权问题上，一九二四年国共合作的时候，无产阶级的领导已经有了雏形，国民党第一次代表大会的召开，共产党已经起了领导作用。本来我们应该在广东革命政权的时候就抓军队，而且这是完全可能的，但是党中央在那个时候放弃了领导权。这时列宁去世了，斯大林跟他们党内的反对派斗争很激烈，对中国革命的情况不大了解，方针也不大明确。当时我国革命的中心在广东，党的中心也应该在广东才好领导。但是党的中心在上海。请陈独秀到广东去，他也不去。两个中心常常发生矛盾。直到打下武汉很久，党的中心才移到武汉。所以，第一个时期还是中国党的领导人应负更多的责任。那时，毛泽东同志的威信还没有建立，也不可能建立。当时党的领导人员马克思列宁主义的水平也不高，还有各种派别性，陈独秀的家长制作风更助长了派别性，这就影响了党在政治、思想上的发展。

（二）共产国际的中期（一九二七年七月——一九三五年七月）。

这个时期，共产国际基本上是错误的，对我们中国党影响最大。一九二七年七月，武汉政府叛变革命，陈独秀投降主义路线破产。在这样一个紧要关头，七月，共产国际执行委员会给中央来信。这封信强调了革命的前途，而对革命的动力和阶级关系分析得不正确，说中国的资产阶级、小资产阶级都叛变了。对革命的任务，提出了七条：第一，退出武汉政府；第二，发表宣言；第三，不要退出国民党，在国民党内搞左派；第四，工人斗争；第五，武装工农；第六，党可能转入地下；第七，反机会主义。这七条，对搞军队、搞地方政权和深入土地革命没有重视，而当时恰恰应该是搞军队、搞地方政权和深入土地革命。

反对陈独秀的机会主义，联系到组织问题。共产国际派来的鲍罗廷直接干涉中国党的内部事务，在一次政治局会议上组织了一个临时中央常委。这是仓促通过的。七月十三日中央有个声明，只提了退出武汉政府。当时我们党还有一点武装力量，如叶挺的部队，所以决定举行南昌起义。南昌起义的目的是南进汕头，占领海口，然后到广州。南昌起义本身是正确的，但在领导思想上有错误：单纯军事行动，中心是城市观点，没有跟当地农民结合起来建立根据地的思想。当时，共产国际派了几个人来，在罗米那兹的指导下，在汉口召开了八七会议。八七会议在反对机会主义这一点上是痛快淋漓的，但在怎样跟土地革命结合起来，深入群众斗争，建立军队、政权、根据地这些重要问题上没有作出正确的总结和指示，没有提出明确的任务。张太雷到汕头给我们传达八七会议，只批评了机会主义，没有提出如何做的问题。我自己当时是城市观点，没有从上海起义和南昌起义中取得经验，上山搞农村斗争。

中国革命失败，反对派攻击斯大林更凶。斯大林在一九二七年，连写了几篇文章驳反对派，其中对中国革命的理论的分析，形势的估计，许多是不合实际的。他认为中国的资产阶级、小资产阶级先后都离开革命阵营了，但是中国的革命高潮很快就要到来，并且有很快转入社会主义革命的趋势。在共产国际、斯大林的理论分析和形势估计的影响下，一九二七年十一月党中央扩大会议就搞了盲动主义，号召到处暴动，认为革命形势还是高潮。在组织上，处分了不少人，最主要的是开除谭平山，对毛泽东同志和我们这些人都有处分。十一月中央会议决定组织广州暴动，也没有明确的方向。参与指导广州暴动的有一个德国人，还有一个苏联人。广州暴动失败，太雷同志牺牲后，中央把立三同志派到香港去领导广东的工作，这时是盲动主义的最高峰。盲动主义在广东搞得最厉害，广东干部牺牲得最多。当时的路线，根本没有接受上海、南昌、广州暴动的教训，仍然要到处搞暴动，结果使革命力量特别是白区革命力量受到了很大损失。当时在组织上还搞了一条，叫作领导干部工人化，使领导机关更加混乱，宗派性增加了。这个根也是从共产国际的指示来的。

现在讲一下中共六大。六大是根据共产国际执行委员会第九次全会的决议召开的。中共有一个代表团，其中有向忠发等人，出席共产国际执行委员会第九次全会。六大的召开，首先去的代表就有问题。当时强调工人化，在七十五个代表中，有四十一个工人，后来叛变的十六个代表中，有十四个工人。当时共产国际指导六大工作的人，一个是布哈林，还有一个法国同志，还有陶里亚蒂，但做实际工作的是米夫。在选举中央委员的时候，只强调工人成份，中央委员二十几个人中，很多是工人，而当时党内真正有威信的同志有些没有被选入。会后，瞿秋白、张国焘留莫斯科做共产国际执行委员。六大的决议，对中国革命的性质（资产阶级民主革命）和任务（反帝反封建）等的分析是正确的，但是对于阶级关系等问题则作了不正确的分析，认为资产阶级和上层小资产阶级都叛变革命了。在土地问题上，只提了没收地主阶级的土地交农民代表会议处理；对军事问题没有强调指出。六大后，中山大学里以王明为首的宗派，集中力量反对驻共产国际的中共代表团。中山大学是一九二五年在莫斯科创办的，米夫做副校长，吸收了大革命时期党的一些干部和青年去学习，其中有王明这么一些人，还吸收了国民党的一些左派。在中山大学内，宗派斗争很厉害。六大后，中山大学的宗派斗争继续发展。王明宗派反对中国代表团，实质是反对党中央，认为中国党的中央不行了，要换人。到了一九二九、一九三〇年，再加上联共（布）清党的影响，就搞得更混乱了，对有一点可疑的就开除，还流放了一部分。

六大以后，共产国际派了一个波兰同志和一个德国同志来中国。到了一九二九年，共产国际陆续来了四封信。第一封信的内容是反右倾，第二封信的内容是反对联合富农，第三封信的内容是赤色工会公开，第四封信的内容是反改组派（汪精卫、陈公博）和第三种力量。这四封信，对立三路线都有影响。第四封信就号召中国搞政治罢工，准备革命，说直接革命形势快到了。

我一九三〇年三月动身去共产国际。七月，我见了斯大林，斯大林对在中国进行的军事斗争很重视。当时产生了共产国际执委会政治秘书处关于中国问题的决议案。共产国际的决议还附了东方部的六个决议。斯大林说，这么多决议拿到中国太多了，作为草案拿去吧。国内，六月十一日产生了立三路线。立三路线提出，要争取一省数省的首先胜利，一省数省的胜利就是全国革命的开始。同时在全国布置暴动，并提出夺取武汉、南昌、长沙等大城市的计划。后来打下了长沙，于是在八月一日、三日，在上海连着开了两次中央政治局扩大会。立三说，打下武汉再和共产国际算帐。立三路线持续时间只有三四个月，但使很多地方的党组织受到很大损失，所以，九月就开了三中全会。三中全会还有"左"的东西，因为三中全会是传达共产国际上述决议案的。会上，向忠发和我做了报告，秋白做了结论，立三发了言。会上对立三的批评很尖锐，不过后来在会议决议上写的并不那么尖锐。三中全会在组织上也有些错误，例如批评了何孟雄，也批评了陈绍禹（王明），这些批评，也有对的，也有错的。三中全会补了一批中央委员，就是没有补何孟雄，其实那个时候他的意见还是对的居多。向各地派"钦差大臣"，从三中全会就开始了。当时，共产国际说中共中央不重视苏区，所以中央就往苏区派了不少人，使苏区受到了影响。

一九三〇年十月共产国际来信，说中央不对，是调和路线。王明他们就闹起来了。米夫一来，更造成了党内的危机。王明写了小册子，要求中央召开紧急会议，撤换中央的领导。所以，召开了四中全会。四中全会，我们起草了决议，不被采用，米夫自己起草了决议。三中全会是贯彻共产国际执委会政治秘书处关于中国问题的决议案的。四中全会也是根据这个决议案的，再加上国际的信，用极左反对立三路线的"左"，作了决议。四中全会后，王明的小册子更加发挥了作用。他站在更"左"的立场来反对立三的"右倾"和三中全会的"调和路线"，形成了更"左"的路线，再加上中央几个负责人叛变，使我们党受到了很大的破坏。

一九三一年八月，米夫回去了。共产国际的八月决议批评了三中全会，说四中全会中，中国党更加健全了。实际上，四中全会后，中国党更加混乱了。四中全会把我保留在政治局，把秋白去掉了。以后，王明到了共产国际，张国焘、陈昌浩到了鄂豫皖苏区，我到了中央苏区。当时，中央只留少数人，多数派到各地去，抓各地的权。在上海组织了一个临时中央。这个临时中央，共产国际是批准了的。临时中央有一个关于九一八事变的决议，一九三二年一月又有一个争取一省数省首先胜利的决议。当时要求争取一省数省的首先胜利，要求攻打中心城市，对于正确的同志，如毛泽东同志，刘少奇同志，指责他们"右倾"。宁都会议以后，毛泽东同志对军队的领导被取消了。一九三三年又反对罗明路线，反对邓、毛、谢、古，正确的同志都受到打击。搞得最凶的是江西，因为临时中央一九三三年初到了江西，执行国际路线。结果使党在白区的力量几乎损失百分之百，苏区的力量损失百分之九十。当时在军事上有个李德，他虽然是个顾问，却成了太上皇，他说了算。他和博古的军事路线相合，一直搞到遵义会议。当时的军事路线执行的结果是退出江西，被迫长征。现在看来，当时不退出江西是不可能的。到了遵义会议，毛泽东同志才在军事上纠正了错误路线，挽救了中国革命。没有遵义会议，中国革命不知道要推迟多久。有了遵义会议，虽然长征中受了损失，又遇到了张国焘分裂党另立"中央"，但是在毛泽东同志的领导下，战胜了狂风巨浪，克服了党内的危机。

共产国际对中国党的指导在中期是有很大错误的。中国党在这个时期犯了那么多错误，使中国革命受到了那么大的损失，我们中国人当然要负责，但与共产国际有很大的关系。

（三）共产国际的后期（一九三五年——一九四三年）。

这个时期，中国党与共产国际联系少了。一九三五年七八月，共产国际召开了第七次代表大会。斯大林更多地注意国内问题，共产国际由季米特洛夫领导。当时通过了一个决议，说国际执委会要把工作重心转到规定国际工人运动基本政治路线及策略路线方面去，一般不干涉各国党的内部事务。当时，共产国际搞反法西斯统一战线，和中国搞抗日民族统一战线相合。西安事变张学良、杨虎城把蒋介石抓起来，共产国际公开说张是日本帝国主义的走狗，抓蒋介石是适应日本的要求。这个判断是完全错误的。西安事变，我们处理得还是比较好的。

这个时期，中国党由毛泽东同志当家了，但是共产国际对我们中国党还有影响。主要的问题是第二次王明路线。一九三七年年底王明从共产国际回来，说他跟斯大林谈过话。他打着共产国际的招牌，提出"一切经过统一战线"，说国民党和共产党都是中国优秀青年的总汇。王明回来后，主持了长江局，蒙蔽了一批人，搞了第二次王明路线。第二次王明路线虽然时间不长，但对北方，对新四军，对上海，都有影响。第二次王明路线与共产国际不无关系。斯大林信任王明，季米特洛夫和王明的关系也好。后来我去莫斯科对季米特洛夫谈王明的错误，季米特洛夫听了还表示惊讶。遵义会议后，毛泽东同志的领导在我们党内形成了一个新的局面。党的六届六中全会批判王明，很多干部逐渐觉悟了，王明就逐步地孤立了。当时蒋介石也不要王明，连个部长都没有给他当。毛泽东同志说，要是给他一个部长当，也许情形更坏。

一九三九年，希特勒德国发动的第二次世界大战打起来了，由于苏德签订了互不侵犯条约，资本主义各国党处境很不利，思想也很混乱。毛泽东同志九月一日有个《关于国际新形势对新华日报记者的谈话》，我把它带到共产国际，发给各兄弟党。共产国际很称赞，说中国党领导正确，给了他们很大支持。

在这个时期，共产国际对我们党的内部事务还是有些干涉，甚至在组织上也还有些干涉。但这个时期比共产国际初期对我们党的干涉少，比中期就更少。后来战争打起来，对我们党的干涉就很少了。我们中国党这时已经成熟，和共产国际的来往不多了。到了一九四三年，共产国际就解散了。

第二章 共产党领导的南昌起义

第一节 南昌起义的过程

一、背景

1927 年 7 月中旬，中共中央召开会议，决定了土地革命和"民众武装暴动的新政策"；并计划"集合我们的武力，依张发奎回粤以图发展"。临时中央常委会议决定，以在"东征讨蒋"口号下，云集九江、南昌一带的贺龙国民革命军第 20 军、叶挺的第 11 军第 24 师、朱德第 3 军军官教导团为基础，在南昌举行武装起义。

随即中央派李立三、邓中夏去九江指导工作，准备移师广东；中央军部派聂荣臻、贺昌、颜昌颐组成前敌军委，聂荣臻为书记，亦赴九江，组织革命的武装力量。

二、南昌起义的实际准备时间只有半个月。

1. 准备阶段

7 月 20 日，中共中央派李立三、邓中夏到九江实地考察形势。李立三、邓中夏召集在九江的同志开会交流情况后得出结论:"应该抛弃依张（发奎）之政策,而决定一独立的军事行动……因此决定在军事上赶快集中南昌,运动 20 军与我们一致,实行在南昌暴动解决三、六、九军在南昌之武装。"李立三等随即将这项意见上报中央。对九江谈话会提出的这些意见,中共中央常委和国际代表立刻表示同意。"如张不与汪精卫联络则到东江之后始解决之,否则在浔便解决他。"

当时共产党没有军队,所以在留下的文件和习惯用语中使用的是"运动"或"动员"一切能受影响的武装力量。可以动员协调的目标除贺龙的 20 军、叶挺的部队、朱德的部队,还有第 4 军 25 师大部、中央军事政治学校武汉分校、第二方面军总指挥部警卫团、武昌农民运动讲习所农政训练班、第 13 军的广东农军等部队。这些部队有的赶上南昌起义了,有的赶上起义军南下了,有的没赶上南昌起义,参加了秋收起义。总之这些工作都是在这几天做的。由此看出共产党超强、惊人的组织应变能力。

7 月 23 日,20 军从武汉开拔到九江,军部设在九江饭店。谭平山用"将在南昌举行暴动计划,探贺龙之意见,贺表示甚为热烈。"

7 月 24 日,中央常委会议在武汉继续召开,决定以国民革命委员会名义在南昌起义,之后立即南下,占领广东,取得海口,求得共产国际的援助,再举行第二次北伐。邓中夏、谭平山、恽代英、李立三等在九江举行第二次"谈话会",进一步讨论南昌暴动事宜。因谭平山已探知贺龙对南昌起义的态度,"因此更有进一步之决定,军队于 28 日以前集中南昌,28 日晚举行暴动","组织中国国民党革命委员会为集中政权、党政、军权之最高机关,以反对宁、汉政府中央党部"。并急电中共中央批准。

2. 向南昌集结

瞿秋白"把南昌的决定（即在南昌举行武装起义的决定——作者注）由浔带到汉口"，中央常委开会。对在南昌举行暴动的计划，"中央常委及国际代表都表示赞成"，并决定以周恩来为书记，李立三、恽代英、彭湃为委员组成前敌委员会，组织和领导南昌起义。

在九江朱培德邀贺龙、叶挺去庐山开会。朱培德走后，贺龙、叶挺、叶剑英在九江甘棠湖中的小筏子上会晤。后来，贺龙回忆道："我们谈到并决定了三件事情：第一，考虑是否到庐山去，他们问我去不去？我说不去，他们同意了，并说这样很好。第二，张发奎命令队伍集中德安，我们研究不到德安，开牛行车站，到南昌去。第三，决定叶挺的部队明天开赴南昌，我的部队后天走，我的车先让给叶挺。"

7月26日，周恩来到九江，同李立三等开会。周恩来"报告中央意见，认为形势既已如是，对在浔同志的意见完全同意"。会后，周恩来等"积极进行军事之准备，并由中夏同志将详细计划回武汉报告中央。"

7月26日下午，贺叶率部开往南昌。行至涂家埠时，发现大桥被敌人破坏，许多马车大炮不能通过。后通过赵湘禄发动100多名铁路工人连夜帮助抢修大桥。中央常委会后，张国焘被派往九江。

3. 三次推迟起义

贺龙率领20军开赴南昌，这支部队从九江开出的那一刻起，与汪精卫政府彻底决裂了。

7月27日上午，大桥修复。贺龙即率部进入南昌，司令部设在中华圣公会教堂内。周恩来到达南昌，即日组成中共南昌起义前敌委员会，周恩来任书记，李立三、恽代英、彭湃为委员，并在江西大旅社召开前委扩大会。

（1）张国焘第一次要求推迟起义

张国焘到达九江，28 日不能到达南昌，以"当时因军事准备来不及"为由，要求前委会推迟起义时间。原定 28 日起义，推迟到 30 日晚。张国焘向起义军第一次发难。

7 月 28 日，周恩来到 20 军指挥部会见贺龙，把行动计划告诉他。贺龙毫不迟疑地回答："我完全听共产党的话，要我怎样干就怎样干。"

留给贺龙做起义准备的时间，只剩最后 4 天。

（2）张国焘第二次要求推迟起义

7 月 29 日，汪精卫偕孙科、张发奎等到九江，旋赴庐山召开"清共"会议。议决：（一）严令贺龙、叶挺限期将军队撤回九江；（二）封闭九江市党部、九江书店、九江《国民新闻报》馆，并逮捕其负责人；（三）第二方面军实行"清共"，通缉恽代英、廖乾五、高语罕等人。张国焘从九江发来电报。"无论如何候我到再决定。"张国焘第二次发难。

（3）张国焘第三次要求推迟起义

7 月 30 日晨，中央政治局常委张国焘到南昌，前委当即召开扩大会议。会上，张国焘在报告中曲解中央意见与国际电文，认为起义"应极力拉拢张发奎，得到张之同意，否则不可动"，遭到周恩来等多数人的反对。因张"系代表中央意见，不能以多数决定，故未解决"。30 日起义的原定计划被迫推迟。

7 月 31 日晨，南昌起义前委继续举行会议，"又辩论数小时之多"。这时张发奎来电，称其"准 1 日到南昌"，严令贺龙、叶挺限期将军队撤回九江，在第二方面军实行清共，通缉廖乾吾、高语罕、恽代英等人。张国焘乃被迫"表示服从多数"。会议当即决定于 8 月 1 日凌晨 4 时起义。张发奎的电报使得漫长的前委会议终于结束。起义时间最后定在 8 月 1 日。晚上，发现 20 军第一团副营长赵福生竟将起义计划告送朱培德部后，此事向周恩来做了汇报，起义时间乃临时改变，提前 2 小时进行。

8 月 1 日，在周恩来为书记的中共前敌委员会和贺龙、叶挺、朱德、刘伯承等领导下，党所掌握和影响的国民革命军等武装两万余人，凌晨 2 时左右在南昌举行武装起义，打响了反抗国民党反动派的第一枪，全歼敌军 3000 余人。

第二节　共产党对军事工作的认识是逐步明确的

1921 年 7 月 31 日，在浙江嘉兴南湖，中国共产党第一次全国代表大会上通过了党的纲领。党纲共分 15 条 700 字。第 2 条第 1 项提出"革命军队必须与无产阶级一起推翻资本家阶级的政权，必须支援工人阶级，直到社会阶级区分消除的时候。"这里提到军队，但是没有明确是谁的军队。这种描述的军队很像北伐前期的国民革命军。

中国共产党从 1921 年建党开始，由陈独秀担任中央局书记、中央执行委员会委员长、中央执行委员会总书记、中央委员会总书记至 1928 年 7 月。7 月以后由向忠发担任总书记。这两位领导人对军事工作都缺乏重视。

1925 年 10 月，中共中央执行委员会扩大会议决定设立中共中央军事部，张国焘兼任首任部长。

1926 年 1 月，周恩来、任弼时、王若飞为中共中央军事部成员。11 月，中共中央军事部改组，周恩来任军事部长，王若飞任军事秘书，聂荣臻任前敌委员会书记。

1927 年 5 月，中共"五大"后不久，中共中央军事部改组。周恩来任军事部长，王若飞任军事秘书（周恩来不在时代理部长）。此后罗亦农、邓中夏先后代理部长。中共中央军事部下设两个委员会。

其一，军事委员会：主任周恩来，委员有李立三、彭湃、恽代英、聂荣臻、欧阳钦、颜昌颐、王若飞、顾顺章、张国焘（不是军委委员，但参加部务会议），秘书王若飞，军事顾问加伦（共产国际代表）。

其二，前敌委员会简称"前委"（即南昌起义的领导机构）：书记周恩来，中央代表张国焘，委员有李立三、彭湃、恽代英、聂荣臻。

1927 年 8 月 7 日，中共中央在汉口召开紧急会议，史称"八七"会议。会议正式确定了实行土地革命和武装起义的方针，并把领导农民进行秋收起义作为当前党的最主要任务，全党没有在白色恐怖面前惊慌失措，会议指明了今后革命斗争的正确方向，特别是毛泽东在会上提出"须知政权是由枪杆子中取得的"，为挽救党和革命做出了巨大贡献。"八七"会议在我党的历史上占有重要的地位。

同年 11 月，由于"左"倾盲动主义占据统治地位，军事工作更不受重视，中央军事部被改为主要负责技术性工作的军事科，隶属于中央组织局（即中央组织部），由周恩来兼任科长。南昌起义后军事工作在敌人围剿中艰难开展，但共产国际和党中央对军事工作不满意，周恩来为此受到党内警告处分。当时中共中央受苏俄革命模式影响，认为军事工作应围绕大城市展开，反对在农村建立根据地。

从中共中央驻地变迁情况来分析：第一届：上海。第二届：上海、北京、广州。第三届：广州、上海。第四届：上海、武汉。第五届：武汉、上海。第六届：上海、瑞金。从此来看，中央的工作重心都是放在大城市的，包括南昌起义开始建军至 1931 年都是这样。

1931 年，中共苏区中央局在江西瑞金成立，下设中央革命军事委员会，中央苏区主要领导项英、毛泽东、朱德先后任主席。同年 11 月，中华苏维埃共和国临时中央政府成立，朱德任中华苏维埃共和国中央革命军事委员会主席，彭德怀、王稼祥任副主席，毛泽东、周恩来、叶剑英等 15 人为委员，红军历史上的中革军委由此开始。这时中共中央才从上海搬到瑞金来。

1933 年 5 月，临时中央政府决定：增补秦邦宪（博古）、项英为中革军委委员，朱德在前方指挥作战期间，由项英代行主席职权。

1934 年，中华苏维埃共和国第二次全国代表大会上，朱德再次当选为中革军委主席，周恩来、王稼祥当选为副主席。

1935 年遵义会议后，毛泽东、周恩来、王稼祥组成军事三人小组，成为长征中军事最高决策机构，而中革军委组成人员不变。6 月，中央红军同红四方面军在懋功会师，为了统一指挥两大方面军作战，中共中央召开了著名的"两河口会议"，会议决定由张国焘任红军总政委、中革军委副主席。9 月，中革军委实行以毛泽东为首的七人主席团制。10 月，红军三大主力胜利会师，为了适应形势的发展，中革军委进一步扩大，委员增加到 23 人，毛泽东任主席，周恩来、张国焘为副主席。

第三节　南昌起义领导机构

一、1927 年 7 月 27 日中共南昌起义领导机构

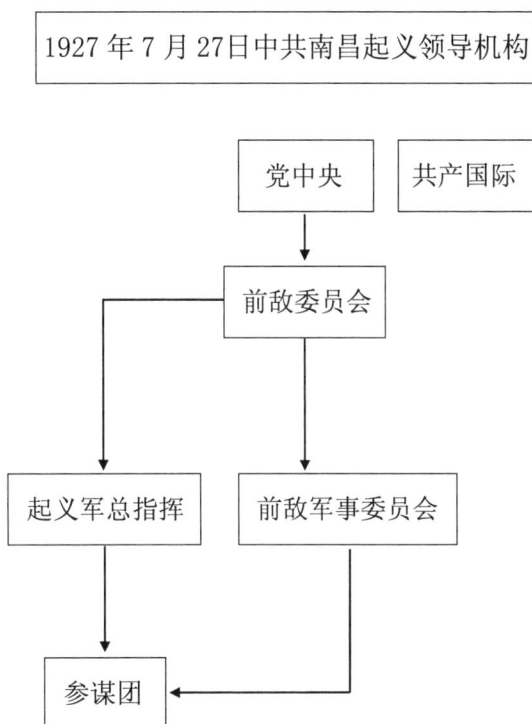

```
┌─────────────────────────────────────┐
│ 1927 年 7 月 27日中共南昌起义领导机构 │
└─────────────────────────────────────┘

            ┌────────┐   ┌────────┐
            │ 党中央 │   │ 共产国际│
            └────────┘   └────────┘
                 │
                 ▼
            ┌────────┐
         ┌──│ 前敌委员会│
         │  └────────┘
         │       │
         ▼       ▼
  ┌──────────┐  ┌──────────────┐
  │起义军总指挥│  │ 前敌军事委员会│
  └──────────┘  └──────────────┘
         │             │
         ▼             │
    ┌────────┐◄────────┘
    │ 参谋团 │
    └────────┘
```

二、中共前敌委员会

1927 年 7 月 27 日，中共前敌委员会在南昌成立，由周恩来、李立三、恽代英、彭湃四人组成，由周恩来任书记。

周恩来在江西大旅社召开前委扩大会议，朱德、刘伯承、恽代英、

彭湃、叶挺、聂荣臻及江西省党组织负责人等均参加，讨论南昌起义部署，决定 7 月 30 日晚起义。

随后成立军事参谋团，由周恩来、贺龙、叶挺、朱德、刘伯承、贺锦斋、蔡廷锴等人参加，以刘伯承为参谋长，贺龙为国民革命军第二方面军总指挥，叶挺为前敌总指挥。

聂荣臻在回忆录中称："举行南昌起义，是七月中旬中央在武汉开会决定的。我没有参加那次会议。那天晚上，恩来同志在会后到了军委，向在军委工作的几个同志进行了传达。他传达的大意是，国共分裂了，我们没有别的办法，只有起义。今天，中央会议做了决定，要在南昌举行起义。恩来同志还说，会议决定成立前敌委员会，指定他为书记。他传达完后，就指定贺昌、颜昌颐和我，组成前敌军委，我为书记。"

表2—1 中国共产党南昌起义前敌委员会和前敌军事委员会委员情况表

	年龄	家庭	学历	入党时间	军事经历（1927年8月前）	实际带兵情况	南昌起义任职（1927年8月1日）	起义后去向（1927年8月1日后）
周恩来	29岁	地主	留学日本、法国	1922年	黄埔军校政治部主任，国民革命军第1军政治部主任，第1军第1师党代表，中共广东区委军事部部长，中共中央军委书记，上海特别军委书记	参与组织上海三次武装起义	前敌委员会书记	香港、上海，因南昌起义受党内警告处分
李立三	28岁	地主	留学法国	1921年		安源路矿大罢工领导人之一，上海总工会委员长，中华全国总工会执委	前敌委员会委员	香港
恽代英	32岁	官僚	武汉大华大学预科，中华大学文科	1921年	1926年5月黄埔军校政治总教官，1926年7月武汉中央军校政治科	率武汉军校学生随叶挺讨伐夏斗寅	前敌委员会委员	香港
彭湃	31岁	地主	留学日本	1924年		1925年广东农民协会副委员长	前敌委员会委员	1929年8月牺牲
聂荣臻	28岁	业主	留学法国	1923年	黄埔政治部秘书，教官		前敌军事委员会书记	香港、广州起义、上海、中央苏区
贺昌	17岁	土绅	上海大学	1923年	青年运动、工人运动	参与组织上海三次武装起义	前敌军事委员会委员	香港、上海、1935年牺牲
颜昌颐	22岁	农民	留学法国、苏联	1922年	中共中央军事部工作	参与组织上海三次武装起义	前敌军事委员会委员、24师党代表	1929年牺牲

第四节　南昌起义作战计划

关于参谋团的组建，据周恩来后来回忆："参谋团当时没有人任主任。后来我就指定刘伯承同志来做参谋长，他起初谦虚，不肯答应；后来我说一定要你来做，他才担任参谋长职务。"参谋团的委员有周恩来、贺龙、叶挺、蔡廷锴等。

1927 年 7 月 28 日，周恩来来到 20 军指挥部会见贺龙，这时才正式通知贺龙，共产党要在南昌起义的决定。贺龙表态坚决支持后，周恩来才正式代表前敌委员会任命贺龙为起义军总指挥，并请刘伯承到指挥部来同贺龙一起制定起义计划。

原定 7 月 30 日起义，之后推迟到 8 月 1 日凌晨 4 时，最后又改到

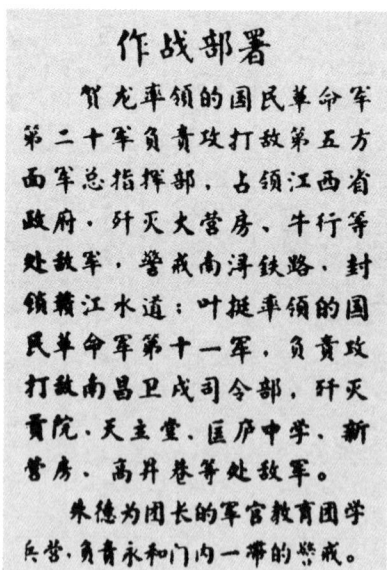

图 2—1　南昌起义作战部署

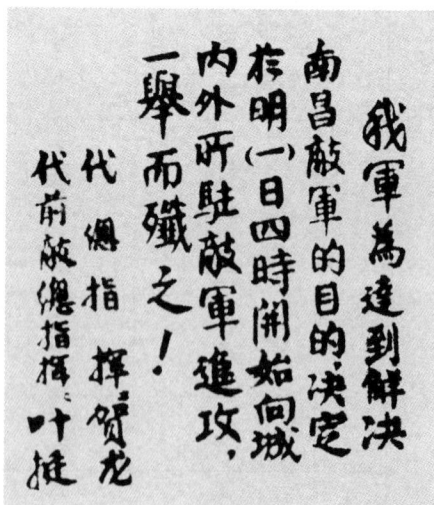

图 2—2　南昌起义作战命令

凌晨 2 时。按原计划 7 月 30 日起义，贺龙和刘伯承从接到命令开始制定计划、到兵力部署只有两天的时间。这份计划完成之后要报周恩来，再协调前敌总指挥叶挺和通知江西省委。

当年的南昌城只有 17 万人口，起义军两万多人，敌守军 6000 多人，围城敌军近 12 万人。当时拟定的作战计划在时任南昌起义参谋团领导人刘伯承的报告里没有，只有从 8 月 1 日直接参加战斗各部队的情况还原这份计划。而实际行动中，难免存在计划执行有误或计划之外的情况发生。

总之南昌起义军事作战计划是一份非常重要的文件。

表 2—2 南昌起义计划表

1927 年 8 月 1 日南昌起义计划						
	位置	指挥部队	总兵力	目标任务	地点	执行部队和指挥员
贺龙 刘伯承	军部 中华圣公会	国民革命军第 20 军	7500 人	第五方面军总指挥部	藩台衙门	20 军 1 师贺锦斋
				江西省政府		
				牛行车站敌军	牛行车站	20 军 2 师秦光远 4 团，3 团 3 营王炳南
				敌 9 军 27 师 79 团	顺化门外小营盘	20 军教导团，11 师 10 师一部
				敌 9 军 27 师 80 团	顺化门外大营盘	20 军教导团

1927 年 8 月 1 日南昌起义计划						
	位置	指挥部队	总兵力	目标任务	地点	执行部队和指挥员
叶挺	炮兵营	国民革命军第 11 军 24 师	5500 人	敌 3 军 8 师 24 团		24 师 72 团 3 营，袁也烈营长
				敌 6 军 19 师 57 团		24 师 71 团 2 营，陶铸特务连长，萧克指导员。24 师 71 团 3 营黄序周
				敌 3 军 8 师 23 团	贡院后面	24 师 72 团 2 营，师教导大队
				南昌卫戍司令部解救监狱 100 多名党员群众，歼灭贡院新营房，天主堂，匡庐中学之敌	天主教堂，匡庐中学	24 师 71 团 2 营廖快虎
聂荣臻	马回岭			策动国民革命军第 4 师 25 师 73 团，75 团 3 个营，74 团重机枪连起义		73 团团长周士第
宛希俨黄道	三义巷，江西省委	工会、农会、学联、妇联、工人纠察队、农民自卫军		通信、联络、后勤、宣传		

84

第五节 周总理、七位元帅、四位大将在南昌起义中的情况

	年龄	籍贯	家庭	学历	入党时间	军事任职	实际带兵情况	任职、当天位置、任务	去向
周恩来	29岁	浙江绍兴	地主	留学法国	1922年	黄埔军校政治部主任、国民革命军第1军第1师党代表、中共广东区委军事部部长、中共中央军委书记、上海特别军委书记	参与组织上海三次武装起义	南昌起义前委书记	香港、上海
朱德	41岁	四川仪陇	佃农	云南讲武堂毕业，36岁留学德国	1922年	南昌公安局长、筹建国民革命军第3军教育团	从蔡锷部任下级军官到滇军旅长		1928年上井冈山被任命第9军副军长
贺龙	31岁	湖南桑植	农民		1927年	国民革命军第20军军长	20军军长	起义军总指挥	香港、上海、洪湖、湘鄂西
刘伯承	35岁	四川开县	农民	重庆陆军将校学堂毕业	1926年	1926年5月任国民革命军暂编第15军军长		参谋团参谋长	香港、上海、苏联
聂荣臻	28岁	四川江津	业主	留学法国	1923年	黄埔政治部秘书、教官		前敌军委书记。聂总2日到南昌回昑，8月2日发动25师73团、75团起义，拉出3000人	香港、广州起义、苏区、中央
叶剑英	30岁	广东梅县	商人	云南讲武学堂、黄埔教授部主任	1927年	国民革命军第二方面军第4军参谋长		在张发奎部任参谋长	广州起义、莫斯科中山大学

年龄	籍贯	家庭	学历	入党时间	军事任职	实际带兵情况	任职、当天位置、任务	去向
陈毅 26岁	四川乐至	农民	留学法国北京中法大学	1923年	武汉黄埔分校政治部秘书		8月10日到宜黄找部队。25师73团指导员	随25师及9军教育团留守三河坝。上井冈山
林彪 20岁	湖北黄冈	地主	黄埔四期	1925年	第25师73团排长		马回岭参加义去南昌师起去南昌	9月三河坝73团3营7连连长。1928年4月井冈山营长
陈赓 24岁	湖南湘乡	地主	黄埔一期留学苏联	1922年	第8军军部警卫营营长，7月27日随周恩来由武汉到南昌，在政治部保卫处工作		8月5日任20军3师6团1营营长	8月下旬在会昌负伤，10月从汕头到香港，年底由香港去上海
许光达 19岁	湖南长沙	农民	黄埔五期	1925年	第二方面军直属炮兵营见习排长		九江	南下宁都追上25师周士第师部，任75团3营11连排长
黄克诚 25岁	湖南永兴	农民		1925年				1928年永兴年关暴动上井冈山
粟裕 20岁	湖南会同	地主	湖南第二师范	1926年入团，1927年入党	第11军24师教导队		江西大旅社警卫部队	闽赣粤湘、上井冈山

1.南昌起义时，该表12人中，除贺龙之外，都是共产党员。2.周恩来与7位元帅、4位大将，都在国民革命军中任过职，都曾是旧军人。3.除贺龙学历不详外，其他11人中云南讲武堂学生2位，留过学的5位，重庆陆军将校学堂1位，大学生1位，黄埔师范生2位。4.这12位将领当年都是在正规军将领，不懂游击战争。1989年11月，经中央军委确定，均荣获中华人民共和国军事家的称号。

第六节　周总理亲笔修改的"八一"起义宣传提纲[①]

八一起义

（1）一九二四年到一九二七年，中国人民的反帝反封建大革命，在中国共产党正确领导的影响推动和组织下，取得了伟大的胜利。

（2）但是，蒋介石和汪精卫在一九二七年叛变了这次革命，特别是以陈独秀为首的右倾思想在党的领导机关占了统治地位，拒绝接受毛泽东等同志的正确意见，这次革命终于失败了。

（3）党为了挽救革命的失败，决定由周恩来等同志在南昌以贺龙同志率领的国民革命军第 20 军，叶挺同志率领的国民革命军第 11 军和朱德同志率领的国民革命军第 9 军一部分为基础举行起义。起义之前，以周恩来同志为首的党的前敌委员会在起义的总指挥部成立了。在这个会上决定七月三十日晚上起义。

（4）这时，张国焘从九江来到南昌制止起义，周恩来等同志针对这情况召开了前敌委员会讨论，最后战胜了张国焘的投降主义思想，坚持了党中央的决议，并将起义时间改为八月一日上午四时举行。

（5）会后，周恩来等同志把起义的事情征求贺龙同志的意见，贺龙同志当即表示同意，并说"我完全听共产党的话，要我怎样干我就怎样干。"

（6）起义前夕，贺龙同志召开了第 20 军团长以上军官会议，号召他们参加起义，会上，大家都热烈拥护，于是贺龙同志就当场宣布了起

[①]　此件是周恩来 1957 年为南昌"八一"起义纪念馆所起草，原件现存中国革命博物馆。

义计划。

（7）散会后，贺龙部下的一个姓赵的副营长叛变，他跑到敌人的指挥部告密。

（8）那个姓赵的副营长投敌后，当即被贺龙部下的一个战士发现了。那个战士赶忙跑到贺龙同志指挥部报告了。

（9）贺龙同志根据这情况赶忙到总指挥部报告前敌委员会，会上，经过研究和分析后，决定起义是不能停止和推迟。因此把原定八月一日上午四时起义的时间提前两个小时起义。

（10）七月三十一日晚上，全南昌市宣布戒严，将近半夜二点钟的时候，周恩来、贺龙、叶挺、朱德、刘伯承等同志率领了北伐军三万余人，在南昌举行了武装起义，全城内外响起了一片激烈的枪声。

（11）在起义的战斗里，打得最激烈的是敌人总指挥部，由于敌方事先得到了叛徒的告密，很早就作了准备，因此，敌人利用了优越的地形，用猛烈的炮火封锁了起义军进攻的要道——鼓楼。

（12）在贺龙同志亲自指挥下，起义军就奋不顾身从民房的屋顶爬上鼓楼，居高临下的射击。

（13）这时起义部队用猛烈的火力把敌人的火力压下去了，起义军一部分部队就乘势冲进去了，另一部分起义军从背后小路攀墙跳进去了。

（14）经过三小时激烈战斗后，把敌人压缩在院子里紧紧地包围起来，使敌人走投无路，终于全部举手投降。最后，从俘房中把那个叛徒抓住了。

（15）从八月一日上午二时，到天亮时止，全部结束了战斗，歼灭了敌人一万多人，武装起义宣告胜利结束。

（16）八一起义后，南京和武汉的反动派调集了兵力向南昌进攻。八月五日，起义军分批离开了南昌。南昌人民以深切的依恋送别了起义军。

（17）起义军从南昌市郊会师出发，经江西东部之临川到达壬田市，正遇着敌人钱大钧等部队向我军阻击。

（18）我军和钱大钧等部队大战后，一战攻克瑞金，再战攻克会昌，打得钱大钧部队全军覆没。

（19）起义军胜利后，由于当时领导者没有能够坚持发动广大农民实行土地革命的政治路线而采取单纯军事向南挺进的方针，致起义军部队到达广东东部三河坝、汤坑、汕头地区的时候，在汤坑与广东军阀发生激战，后来敌人越来越多，加以敌人军舰向汕头猛击，结果起义军主力遭到失败。

（20）当起义军向南挺进时，毛泽东同志率领了秋收起义的部队向井冈山进军，创立了土地革命的正确路线，建立了第一个革命根据地。

（21）起义军遭到失败后，于一九二八年初，朱德同志偕陈毅等同志率领起义军及宜章、永兴等五县农民军共一万多人向井冈山前进。四月间在井冈山和毛主席的部队会师。这一历史性的会师在毛主席和朱总司令的亲自领导下，奠定了中国武装革命的基础，抚育了第一支真正能代表人民的军队——工农红军，就是今天强大的中国人民解放军的前身。

第七节　张发奎口述[①]

我（张发奎，下同）是怎样得知贺龙擅自率部回南昌的消息？那是

---

① 张发奎口述，夏莲瑛访谈及记录，胡志伟翻译校注：《张发奎口述自传》，当代中国出版社 2012 年版。

出乎我意料的事。7 月 29 日我同汪精卫一起到达九江。8 月 5 日，汪精卫在武汉国民党中央报告时说："当时是因为知道了 4 军、11 军、20 军内部起了纠纷，同时张发奎总指挥请求中央派人训话，庶使纠纷平息，并且说内部的纠纷不解决，中央无人去，他是不敢到九江去的。"

是否因为我不敢独自去九江，就请求中央派人向我部下训话，提醒他们内部纷争会导致分裂？笑话，说我不敢独自去九江，是荒谬的！然而，也很可能是我要汪精卫去向我的部属解释他的政策。我已经通知在庐山召开第二方面军师级以上军官会议，讨论让共产党员和平离开我部的程序。

1927 年 10 月 15 日，张太雷在中共南方局省委联席会议上报告说："张国焘不主张在南昌动作，是因为他对张发奎有许多幻想。就是临走的前夜也与张发奎作了很长的谈话，而且还说有希望。"实际上我到九江后，张国焘并没有同我长谈，我那时并不认识张国焘。据 1966 年 9 月 25 日张国焘在香港亲口对夏莲瑛女士说，他仅见过张发奎一次，是在武汉的一个大型集会上，但未交谈。

那次庐山会议，叶挺、贺龙、蔡廷锴没有出席，因此会没开成。不过，我并不认为共产党会发动叛乱，所以没有先下手逮捕他们，若要逮捕他们可以说不费吹灰之力。

我打电报给叶挺与贺龙告知 8 月 1 日我会抵达南昌是可能的，因为他们没去九江（按：庐山离九江仅十多公里）。

那时我的部队中，叶挺的 24 师与蔡廷锴的第 10 师在南昌地区，朱晖日第 11 军向南昌地区集结尚未完成，第 11 军的指挥部设在马回岭，26 师驻在马回岭地区；第 10 军与第 4 军的第 12、第 25 师在九江与德安之间；富双英的第 21 师在长江北岸，正对着九江。集结军队是一件复杂的事，我们必须为士兵寻找营房。

　　我想，共产党害怕我们会镇压他们。他们误以为，我和朱培德的部队将会在南昌包围他们。这就是 7 月 31 日午夜至 8 月 1 日凌晨他们在南昌发动暴乱的原因。

　　我是在庐山听到这一消息的。我在 11 军听说蔡廷锴与叶挺贺龙合作，感到非常失望。

　　叶挺无疑是南昌暴动的领导人，他在共产党内拥有很高的地位，并且指挥正规部队。然而，如果没有贺龙与蔡廷锴，他不会具备足够的力量发难；如果他单独采取行动，他一定会失败。我认为，叶挺不能掌控他的 24 师。如果在后方，他的部下会迫使他离开。南昌暴动被称为"贺叶暴动"绝非偶然。贺龙是在会昌战役后，到瑞金一所小学内由周恩来监誓加入中共的。

　　我心中极为忧虑，乃开始制订敉平暴动的计划，一旦暴乱发生，那就绝无和解的希望。此后我一直牢记，要掌控兵权。共产党必然会战斗到底，我必须粉碎他们。

　　我立刻赶到德安，去巡视前线，周士第的第 73 团驻扎在那里，我信任该部的忠诚。我必须视察部队，保持信心。我什么也不怕，毕竟是我把周士第安插到 73 团团长的位置上的。

　　我建议保罗、涅吉丁和另一位俄顾问同我一起去德安观察形势，他们同意了。他们对南昌暴动也感到非常惊奇。当然，我不知道他们是否故作惊诧。

　　我和这三位俄顾问、几位同事军官以及翻译员们坐上了一部守车，由机车驱动开往德安。当我们停在马回岭时，朱晖日与李汉魂在车站迎候。在我准备下车、他俩想上车之际，我听到两声奇怪的枪响。显然，至少有一个共产党已经劫持了机车，强迫司机开车。我身边只有十名卫兵，于是我跳车了，部分卫士也跟着跳车。另据张国焘在《我的回忆》

一书中说:"中共将有暴动,似为张发奎所察觉。7 月 31 日张发奎从九江乘南车赶往南昌,但他到达马回岭站附近即被阻隔。据在当地指挥暴动的负责人聂荣臻向我描述当时的情况说,张发奎到马回岭时,因为交通已断,即下车向正在移动的部队警告:'你们向何处开动?奉了何人命令?'并宣称'我是张总指挥,我命令你们停止前进!'这时聂荣臻深恐军心动摇,便指挥同志架起机关枪,向张发奎来的方向作示威式的扫射。张见情形不对,便被逼不再指挥他的部队了。因而聂等也就指挥军队破坏铁路……"我(张发奎)把马回岭交给朱晖日,返回九江。俄顾问和其他官兵来不及跳车,乃去了德安。

那天我步行踏着南浔铁路一条一条枕木踅回九江。回到九江后,我召集了师长和师政治部主任以上军官开会,向他们解释中央的分共命令以及我已制定的对付共产党暴乱的方案。我要求他们回到各自的部队,命令所有的共产党员到九江来。

……

我猜忖,朱德、叶挺、贺龙那一伙人在暴动翌日召开的革命委员会常委会上建议利用我的名义。据张国焘回忆:"暴动的临时政府'中国国民党革命委员会'由 25 人组成,其中宋庆龄、何香凝、邓演达并未到场。他们的名字被列进去,这是利用国民党招牌所必需的。至于张发奎那时正与南昌暴动处于对立的地位,中共仍将他的名字列入,一面表示拉拢,一面借此维系第 4 军军心。参加南昌暴动的国民党左派人物,只是一些中下级干部。因此,这个革命委员会,用的是国民党的招牌,事实上完全由中共所操纵。"他们仍然称我(张发奎)为总指挥。他们都很了解我,特别是叶挺。回想起来,我相信,因为我信任共产党,加伦等俄顾问以及中共党员都在我身上寄托了很大的希望。共产党希望利用我的名义去团结民众,消除他们的疑虑,减轻他们的痛苦。民众很清楚，我张发奎不是共产党……

共产党以为，如果我同意入伙，我的第二方面军会回到他们所称的革命策源地——广东。我的部队可以对付来自南京或武汉的攻击。他们想不到南京与武汉会联合起来"剿共"，因为他们估不到蒋先生会下野。

第八节　有关南昌起义的几个概念

一、北伐战争

1926 年春，湖南爆发驱赶军阀赵恒惕的运动，反赵军领导人唐生智先胜后败，退守衡阳，并向广州革命政府请援。广州国民政府认为举行北伐的条件已经成熟，为实现孙中山先生"统一中国"的夙愿，决定举行北伐。1926 年 6 月 5 日，广州国民政府通过了"兴师北伐案"。7 月 1 日，国民政府军事委员会颁布北伐总动员令。7 月 4 日，在广州，国民党中央临时全体会议通过《国民革命军北伐宣言》。7 月 9 日，蒋介石就职国民革命军总司在广州举行盛大的北伐誓师典礼。

国民革命军 8 个军 10 万余人，蒋介石任总司令，李济深任总司令部参谋长，白崇禧任参谋次长代理参谋长，邓演达任政治部主任，郭沫若任政治部副主任。何应钦、谭延闿、朱培德、李济深、李福林、程潜、李宗仁、唐生智分任第 1 军至第 8 军军长。国民革命军总司令部在加伦将军为首的苏联军事顾问建议下，根据敌我双方军事力量对比和军阀之间的矛盾，制定了集中兵力、各个击破的战略方针，首先消灭吴佩孚军，然后歼灭孙传芳军，最后消灭张作霖军。北伐军首先部署以主力进军湘、鄂，进攻吴佩孚，接连取得汀泗桥战役、贺胜桥战役胜利，进

图 2—3　八一南昌起义纪念碑浮雕

围武昌，一部绕道攻克汉阳、汉口，前锋进逼武胜关。10 月 10 日，攻占武昌城，吴佩孚部基本被消灭。9 月上旬，国民革命军分三路东进江西，讨伐孙传芳。1927 年 3 月 24 日，北伐军占领南京，孙传芳主力被消灭。

1926 年 12 月，国民政府由广州迁都武汉。1927 年 4 月 12 日，蒋介石在上海发动"四一二"反革命政变，逮捕并屠杀中国共产党党员和国民党左派。4 月 18 日，蒋在南京另立南京国民政府，与武汉国民政府对峙，宁汉分裂。7 月 15 日，以汪精卫为首的武汉国民政府公开反共。8 月 13 日，蒋介石以退为进宣布下野。9 月，南京国民政府同武汉国民政府合并，成立南京国民政府。

1928 年，国民党蒋介石联合冯玉祥、阎锡山和李宗仁发动对奉系军阀张作霖的战争。因国民党自称这次战争是第一次国内革命战争的继续，故称这次战争为"二次北伐"。1928 年 4 月 7 日，蒋介石在徐州誓师北伐。在击败军阀张宗昌后，奉系张作霖被迫撤回东北，途中被日本关东军炸死于皇姑屯，其子张学良宣布东北易帜，南京国民政府在形式上完成了国家的统一，北伐战争结束。

北伐战争是在国共合作的基础上进行的，在战争的第一阶段，国共两党广大将士紧密合作，共同奋斗，浴血沙场，留下了许多可歌可泣的感人事迹。此后国民党右派势力叛变革命，背弃孙中山先生"三大政策"，血腥屠杀中国共产党领导下的工农群众，国共合作破裂。国民党右派建立的南京国民政府，依靠国共合作时期确立的战略优势，继续北伐，最终结束了北洋军阀在中国的统治，实现了国家形式上的统一。从军事意义上看，北伐战争是一场成功的统一战争，实现了既定的战略目标。

二、大革命

大革命是指中国共产党从 1924—1927 年领导中国人民与中国国民党合作，进行的反帝反封建的革命斗争。在中共党史中被称为"大革命"。

1924 年 1 月，在中国共产党人的参加和帮助下，孙中山改组国民党，召开中国国民党第一次全国代表大会，重新解释三民主义，第一次国共合作建立。之后创办黄埔军校，建立国民革命军，组织国民政府。进行东征和南征，平定了反革命叛乱，推动革命迅速发展。在中国共产党的领导下，五卅运动和省港大罢工爆发，掀起了全国的群众革命高潮。1926 年 7 月，国民革命军出兵北伐，攻占了长江流域和黄河流域部分地区。在全国范围内出现了大革命高潮——北伐战争。

在革命形势迅速发展的情况下，帝国主义加紧干涉中国革命，国民党右派加紧勾结帝国主义，篡夺革命领导权。中国共产党内陈独秀右倾投降主义占据领导地位，一味妥协退让。

1927 年 4 月 12 日，蒋介石在上海发动反革命政变。7 月 15 日，汪精卫在武汉亦发动反革命政变，血腥屠杀共产党人和工农群众，大革命遂告失败。

三、南昌起义为何打出国民党旗帜？

1927 年 8 月 1 日凌晨，南昌城中爆发了由共产党领导的起义。由于起义军兵力相对集中，且准备充分，战斗只进行了几个小时，起义便宣告成功。当天南昌的《民国日报》上，发表了一篇阐释这次起义意义的《中央委员宣言》，这里的"中央委员"，是指部分国民党中央委员。其中也有数位如谭平山、毛泽东、吴玉章、恽代英、高语罕、邓颖超等共产党员的名字，可此时，他们只是以跨党的国民党员的身份列入的。宣言清楚地写道：

> 同人等受全国同志之重托，经第二次全国代表大会（国民党第二次全国代表大会）选任为中央委员以来，根据本党主义政策与总理遗教，为国民革命前途奋斗，赖全国同志之协同努力，虽历经党国危机时期……

文中"总理"，当然是孙中山；"本党"、"国民革命"，自然是国民党的特别用词。也就在 8 月 1 日当天，在南昌召开了中央委员各省区特别市海外各党部代表联席会议，选举宋庆龄同志等二十五人组成中国国民党革命委员会。8 月 2 日下午，革命委员会在南昌贡院举行委员就职典礼。会场悬挂着国民党党旗和孙中山遗像。

八一南昌起义，完全是由共产党员领导，中共中央同意并部署，并组成周恩来为首的前敌委员会负责具体领导和策动。这便出现了一个问题，既然如此，为什么还要扯起一面国民党的旗帜呢？这一点在《贺龙告全体官兵书》[①] 中便可清楚的说明当时的情况。当时情况是：一方面，国民党反动面目已经暴露，必须与其坚决斗争；另一方面，必须认识到国民党的力量还相当强大，并且内部并非统一，这是可以利用的。反对国民党反动派背叛革命的行径，团结争取国民党左派革命力量，是共产党人的普遍共识。毕竟共产党当时还没有更大的力量和更广泛的群众基础，更不可能独立开展反帝反封建的北伐战争。所以，当时打出国民党的名义，有利于汇聚军队和民心，有利于起义顺利进行，这是基本的客观事实。

四、南昌起义是胜利的起义

在很多当年的文献报告，以及现在党史教科书中，有个惯用的提法"南昌起义失败以后"或是"南昌起义南下失败以后"。南昌起义失败了吗？

全世界没有一个国家会把一个失败的军事行动定为自己国家的建军节。我们国家也是一样。

南昌起义的任务是什么？按照史学界的说法，南昌起义打响了武装反抗国民党反动派的第一枪，开始了以革命的武装反对反革命的武装斗争。这个任务完成的非常好，所以这是一次成功胜利的起义。

从军事角度来看，起义之后占领了南昌城没有？假如朱培德一直在南昌，我们就不能宣布起义胜利了。从 8 月 1 日开始到 8 月 5 日全部起义军按计划有序撤出南昌城，而不是被国民党军队赶出南昌的。我们整

[①] 原文参见本书第三章第三节。

整占领南昌城 5 天。

南昌起义之后起义军的主要指挥员没有出现牺牲或被俘的情况。起义部队领导和革命委员会领导安全转移。部队有伤亡、有溃散正常，最重要的是毛泽东领导的秋收起义部队和朱德领导的南昌起义在三河坝的部队，在井冈山会师，星星之火开始燎原。

起义失败的说法是怎么提出的？党内受共产国际和苏俄模式影响，对起义一直就有分歧。南昌起义后，周恩来因为起义的原因受到党内警告处分就很能说明问题。还有，当时部分意志薄弱者散布了大量悲观情绪。所以当时出现了所谓"失败"的论调。

五、南昌起义主要完成的是政治任务，不是军事任务

贺龙在北伐之前打过很多的仗。相比之下，南昌城一仗压力并不大。

南昌起义时，起义军有 2 万多人。国民党武汉政府的第五方面军（总指挥朱培德）第 3 军主力位于樟树、吉安、万安地区，第 9 军主力位于进贤、临川地区，第 6 军主力正经萍乡向南昌开进；第二方面军的其余部队位于九江地区；南昌市及近郊只有第五方面军警备团和第 3、第 6、第 9 军各一部共 3000 余人驻守。

南昌城外围有 12 万敌军。长期占领是没有可能的。所以 8 月 1 日起义，任务完成 8 月 5 日全部撤离。南昌起义的目的是举起反对国民党反动派的革命旗帜，开启新的革命行动，而不是占领南昌，因此南昌起义是政治上的宣誓，宣告中国共产党人与国民党反动派分道扬镳。

第三章　贺龙是个什么样的人

第一节　贺龙出身于一个具有高贵家族传统的家庭

家庭教育和生活环境对一个人的成长是非常重要的。要想真正了解一个人，必须要到他出生的地方去看看。

一、堂曾祖父贺廷璧与堂曾祖母刘氏

贺龙出生在 1896 年。从 1840 年英国发动鸦片战争，到 1901 年列强和清政府签订《辛丑条约》，半个多世纪以来，中国从一个封建大国沦为半殖民地半封建国家。

在这半个多世纪里，为了反对列强侵略和清政府的压榨和盘剥，中国大地上发生了不计其数的起义，其中规模最大的是太平天国运动。

与太平天国同期在湘西出了一位大英雄，他是贺龙的堂曾祖父贺廷璧。湖南湘西吉首自治州有个永顺县，离桑植 83 公里。永顺县志记载："咸丰四年（1854 年）桑植乱民滋事。是年九十月间，众遂公推彭土司后裔南者为之长，涂正洛为次长。同时起义。桑植李晖、覃序寞、贺廷璧遥为声援，既承众戴。深念民艰，慨然兴军，用张光复之旗，誓打腥

膻之秽。"另外桑植县志记载:"己卯(1855 年)春,(清军)班师回部,解匪首三十余人……刘氏仗义兜头。"

太平军大败湘军攻占岳州、常德前后,湘西大旱一连几个月不见一滴雨,骄阳似火,地里庄稼全都被烤焦,颗粒无收。农民们无粮充饥,有的人家甚至吃树皮为生。官府不救灾安抚百姓,还逼交皇粮。这种情况下,贺廷壁揭竿而起聚集了上千人,惩处贪官污吏、土豪恶霸,开仓济民。他与李晖等人一起带领义军,攻下桑植和附近数座县城,起义坚持了 3 年。最后起义惨遭失败,贺廷壁在桑植英勇就义。

行刑之日,贺廷壁的夫人刘氏一路陪着送到桑植县城东关的法场。她双手撑着衣襟面对贺廷壁跪下说:"我不会让你人头落地。"贺廷壁慨然洒下两行英雄泪,全场百姓同情刘氏,喊声震天。狗官土豪劣绅吓得惊魂魄散。

最后刘氏抱着丈夫的人头走回洪家关,葬在桑植城东北 10 公里鹰嘴崖最高的一座山峰上了。与贺廷壁一起就义的还有他的儿子。

贺龙从小家境贫寒,吃不饱饭、穿不暖衣、寒冬腊月打赤脚,饱尝清政府大小官员和地方衙役的盘剥和欺负。前辈的这些故事对他影响极大,受压迫就要反抗的精神在他身上体现得非常强烈。

贺龙是共产党内在民国时期军队中官职最高的人。1925 年任湘西镇守使,1927 年任国民革命军第 20 军军长,但在他的骨子里,仍旧是个农民。

二、贺廷宰、贺良仕修永安桥

贺式宗族老祖屋背靠鹰嘴山面对玉泉河,在一块"三水绕门,五龙捧圣"的风水宝地上。康熙十年,贺姓在湖北的祖先贺崇先带家人从湖

图 3—1　贺廷宰、贺良仕募资捐修的永安桥

北安陆到慈利九溪定居。乾隆初年又因战乱，贺崇先的儿子贺应贵带全家大小，再次迁移定居桑植洪家关，从此贺龙家族世居桑植。

贺氏家族门前不到 10 米远的玉泉河上有座白族风格的瓦屋桥，桥长 40 米、高 8 米、宽 7 米，以石为桥墩，以木为桥梁。这是两岸陆路交通的必经之地。这座桥是贺家第五代传人、贺龙曾祖父秀才贺廷宰和乡亲们一起捐资修筑的。

贺廷宰的儿子贺良仕墓碑上刻着"廷宰公丰于财，宅旁有溪，自木峡口逶迤曲折而来，郁三十里，经此一泻，奔流湍疾，道路为梗。公首倡鸠工，费用不赀，至斥腴亩以偿其负。"

贺廷宰乐善好施修桥筑路，乡亲们在他的带动下，捐石板、木头，出义工，修成了这座桥。修桥之举耗尽了贺廷宰并不富裕的家产，贺家开始衰败。

贺龙的祖父贺家第六代传人贺良仕是位武秀才，与他父亲一道修桥筑路，玉泉河上的瓦屋桥是在他这一代最后完工的。他是一位"生而绚齐，少读书不成，转而肄武，驰怒马，挽强弓，意气洸洸，力屈等夷，遂附县学。然其度量渊涵，语言娴雅，大有文人襟期。论者叹为无愧儒宗世第。生平不妄受人请托，亲戚或屈之在座，闻其理直则喜，否则拂衣而去，不复干涉。故自少至老，除考试外，遗迹不入城门，亦无一字呈长官"的人。

贺龙谈到他的祖母罗氏夫人时，总是说："在家里我谁都不怕，就怕我奶奶。我做错事以后她不打我，也不骂我。她把我搂在怀里慢慢摇啊摇啊，讲道理，你就得听她的话。"其实贺龙不是怕而是最爱她的奶奶。她不仅贤惠善良，而且通达情理，帮助丈夫修桥筑路。罗氏 83 岁去世。

贺龙母亲王金姑去世两年以后，中国爆发了反帝反封建的五四运动。贺龙做了靖国军驻桑植独立营营长。他和先辈一样捐钱修路整顿陆路交通，地方乡绅在他的带动下也纷纷捐款。他把桑植城东到三百蹬、空壳树、芙蓉桥，北至洪家关，西至泥糊塔的土路筑成了石板路。

1935 年 11 月 19 日，贺龙带领红军长征前，回家和乡亲们告别就在先辈修筑的永安桥上。当时他向乡亲们许下诺言，革命成功一定回家来。乡亲们从此把这座桥亲切称为"红军桥"，并把这三个字重重的刻在大梁上。这座桥和贺龙一样经历了血雨腥风。20 世纪五六十年代只要家乡人到北京看望贺龙，他都要问问桑植的路修的怎么样？

贺家两代人乐善好施倾尽家产修桥筑路，留给贺龙的是贫穷，收获的是大爱之心。

三、贺士道与王金姑

贺龙的父亲贺士道，母亲王金姑。

贺士道成为贺家掌门的时候，因为前人修桥"屡筑屡圮，讫难尽工"家境中落，祖上留下的薄田难以养家，贺士道只能间做裁缝补贴家用。贺龙小时候便会盘纽扣、缲边，给父亲当小工。父子俩经常坐在那间阴暗的小屋子里给人做衣服。

贺龙讲过"家穷又是外乡人，我们的发言权都在拳头上。所以贺家的男男女女都习武。"贺士道从小和他父亲学得一身好功夫。

贺龙八九岁那年，洪水成灾，家里揭不开锅。贺士道带儿子进县城买"义仓"平粜米。县衙门的狗官狗腿子用鞭子抽打拥挤的饥民。贺士道出来替大家讲了几句公道话，狗腿子一鞭子抽过来打在儿子身上，气火了贺士道。他抱起儿子挤出人群，把儿子放在一个土坡上，对儿子说："别管我自己回家去"。而后，转身又冲进人群和狗腿子打了起来。

儿子在土坡上看着父亲痛打狗官、狗腿子，最后势单力薄被他们抓了起来。贺龙从此立志："将来我长大了，一定要做一个打保长的人。"贺士道是他的父亲也是他的老师。

贺龙的母亲叫王金姑，是五道水过去湖北鹤峰太平镇的人。王金姑祖上是云南大理洱海海尾子王家的白族。王金姑是位伟大的女性、英雄的母亲。

她和贺士道有 7 个孩子，贺民英、贺戎姑、贺凤姑、贺文常、贺满姑、贺浓姑、贺文掌，其中两男五女。贺龙行四，上面三个姐姐，下面两个妹妹一个弟弟。在这样一个贫穷的家庭里，要养育这么多孩子是非常不容易的。孩子们长大了，母亲的身体也拖垮了。在贺龙两把菜刀起义的第二年，53 岁的王金姑在桑植病逝。

王金姑和贺士道生活了 32 年，她去世那年大女儿 31 岁、小儿子 12 岁、贺龙只有 21 岁。她是一位普普通通的农村妇女。她把白族人善良、正直、吃苦耐劳教给了孩子们。生活虽然艰苦，但孩子们在那三间茅房里享受着母爱的温暖。

四、贺文掌

贺龙的弟弟贺文掌。1920 年 5 月，靖国军要发展需要枪支，贺士道带着贺龙的弟弟贺文掌和 70 多位乡友一起去澧县筹措。他们走到竹叶坪三声潭遭到土匪偷袭，贺士道中弹牺牲。贺文掌被土匪放在蒸米饭的甑子里活活蒸死，连尸体都收不回来。贺士道当年 57 岁，贺文掌只有 15 岁。

贺龙爱憎分明敢于斗争的精神是在亲身经历中历练出来的。在中国不了解农民是无法搞懂革命怎么革法？贺龙出身农民家庭，他恰恰最懂共产党的主张，越来越喜欢"布尔什维克"运动。

第二节　贺龙的性格

1949 年底，中国四大名旦之一程砚秋先生与贺龙第一次见面。程砚秋对贺龙的印象是这样的："不管什么事，都要自己看看才行，不要听信传言。没有见到贺龙将军之前，我想这位久经沙场的大将一定是位大花脸的角色，不料会面时却是一位靠背武生①的样儿，真有趣。他是那么诚恳热情，和蔼可亲，完全是长者风度。我在旧社会会过各色各样

---

①　京剧中武生分成两大类，一种叫长靠武生，一种叫短打武生。长靠武生都身穿着靠，头戴着盔，穿着厚底靴子，一般都是用长柄武器。这类武生，不但要求武功好，还要有大将的风度，有气魄，工架要优美、稳重、端庄。

的人物，上至达官贵人，下至平民百姓，在新社会认识这些名闻中外的将军，都是那么诚恳直率，平易近人，一点架子也没有，我们一见就投脾气，说得到一块去。"贺龙就是这样一个爽朗朴实的人。

一、敢作敢当扣"宜阳丸""云阳丸"

1923 年 6 月，孙中山任命熊克武为四川讨贼军总司令。7 月，四川南北战争开始，杨森部、北洋军和黔军在隆昌一战被讨贼军战败后，援川北洋军撤守万县，杨森、邓锡侯等则以重庆为据点，靠吴佩孚以长江运输线接济饷械以图固守。讨贼军乘胜分中、左、右三路紧逼，对重庆形成包围。8 月，贺龙旅及汤子模师、周西成师攻战川东重镇——涪陵，切断杨森的长江交通，组织万县援军西上，对重庆构成威胁。时贺龙旅部驻涪陵县商会。

9 月 5 日晚，贺龙部副官贺植卿、瞿伯魁从汉口到涪陵，向贺龙报告了一个紧急情况：这次在宜昌搭日清汽船公司的云阳丸返涪时，船泊万县陈家坝码头，后又向上移动了十多里。此时宜阳丸也开来一起上货，我们观察所上货物，很可能是子弹和枪支。当晚，船在清溪场上面黄鹄嘴抛锚停泊，不许旅客上岸，两人以上岸买东西为由，好说歹说，才下了船，跑步赶回旅部报告。

贺龙听了情报，决定截住两轮所运枪械，并立即与川东边防军前敌总指挥部副总指挥汤子模、师长周西成以及汤部参谋长邱翥双开会商量。大家听了汇报，认为情报可靠，马上做出对日船进行利诱和威截的方案。为了不让船主看出破绽，仍叫贺、瞿火速回到船上。

日本船主一向利欲熏心，即使船已为货主所包，也要仗势搭客，因此利诱可能实现。于是在 6 日拂晓，贺龙率 300 名官佐士兵扮作乘客搭"宜阳丸",周西成部副官杨寅亮带 200 人搭"云阳丸",上船后择机搜查扣留,另派步兵一连,炮兵一排至城西龟龙关口埋伏,万一船不靠岸,强行闯关,便用武力阻截。

根据方案,涪陵城西无祀坛都堂嘴码头已有四五百名"乘客"等候,见两轮冒烟破浪而来,各自挥帽舞巾,呼喊搭船。两轮见周围无异状,"油水"又十分可观,便自动靠岸抛锚。但他们还是狡猾,并不靠拢码头,只用小船接乘客。

两轮刚下完锚,早有"乘客"登上小船向日轮划去。贺龙与堂弟贺锦斋(时任贺部营长)迅速行动,飞快登上宜阳丸,按预定分工,一部分进机舱,一部分到船头,贺龙则直奔领江台。宜阳丸船主见"乘客"来势不对,拔枪射击。贺龙下令还击。船主及领江台执行任务的日本人当即毙命。贺龙进而命令将船上的人全部扣留起来。杨寅亮所部因布置不周,让云阳丸逃回了万县。

在被扣的宜阳丸轮上,果然搜出"六八"子弹 130 万发,并活捉了吴佩孚的军械处长张运玑(又名张介一)。他是押运这批军火的负责人。经审问证实:云阳丸装运的是步枪 3000 支。汤子模和贺龙以川东边防军前敌指挥名义下令没收宜阳丸全船货物,拆下船上主机,并将船上的两名日本人和张运玑扣押,作为向日方索赔的人质,日船公然违背国际法,私运军火,而且先行开枪,抗拒检查。随后,又向有关方面发出"快邮代电",披露真相。

扣船后不久,即有日本驻重庆领事贵布根等来说情,要求放还扣押的两名日本军火商人,但竟没有一人来为张运玑说情的,连信也没有人写一封。这引起了贺龙的愤恨。贺龙并非同情张运玑本人,而是气愤帝国主义对中国人民的轻视,北洋政府也不把自己人当人看待。9 月下旬,当部队开到重庆南岸黄角垭作战时,根据贺龙的提议,开释了张运玑。

此后，日方通过各种渠道，接连请了很多"大脑壳"来说情，贺龙坚持原则，日方必须赔偿和道歉，然后才能放人。1925 年春，日方又通过常德商会到军中谈判，日方见面即道歉，并承认赔偿损失，这两名被关了一年多的日本商人才被释放。

两个日本人在释放前，再三要求"要面见贺龙将军"，贺龙同意了他们的要求。一见面，两名日本人似乎还不服气，问道："请问贺将军，我们究竟是犯了什么罪？"贺龙斩钉截铁地答道："什么罪？砍头的罪！你们犯了私运军火，助长内乱的罪！"这两名日本人连连点头，恭恭敬敬地回答说："是的，是的，砍头的罪！"释放时，贺龙给他们发了路费，这两名日本人再三鞠躬感谢。

二、两位美国人的一生回忆

很多人都说，只要见过贺龙一次，就能记他一辈子，这就是贺龙人格魅力的力量。被贺龙魅力所吸引的还有两个外国人，传教士史密斯先生、医生施美利先生。

1976 年，薛明同志接到对外友协的电话说："薛老，我们这里来了一位客人。他说他是传教士爱华德·史密斯的儿子。他父亲 1934 年 5 月在四川彭水被贺龙将军扣押。几个月后，贺龙发给他充足的路费，派人将他送到酉阳龚滩上船，顺利抵达武汉与亲人团聚，然后回到美国。这次来中国，他父亲让他一定要找到贺龙将军的家人，一定要拜访贺将军的夫人……"通过友协的联系，薛明同志和史密斯在北京饭店见面了。当天晚上史密斯和他父亲通话，史密斯详细向他父亲描述了会见的情况，42 年后老史密斯先生了却了心愿。这位传教士和贺龙将军率领的红军在一起仅仅几个月，又是不同国籍、不同语言、不同信仰，却令

NEWARK EVENING NEWS, TUESDAY, MAY 15, 1934

Ho Lung's Captive Safe, Says Man Who 'Knows'

East Orange Doctor Was Held by Chief's Gang in China, Too

No harm will befall Rev. Howard Smith of Washington, Pa., former Newark resident, kidnaped and held for $33,000 ransom by Chinese bandits under command of General Ho Lung, in the opinion of Dr. E. W. Smalried of 167 North Grove street, East Orange. Dr. Smalried, during seven years' service as head of a mission hospital in Tungjen on the border between Szechwan and Kweichow provinces, became closely acquainted with General Ho Lung and was himself once held forty days for ransom by one of the renegade general's sub-chiefs.

One of the East Orange man's most prized possessions is a photograph of General Ho Lung, inscribed with the general's signature and "best wishes" given Dr. Smalried when he left China in 1926. Dr. Smalried believes it is the only picture of the bandit chief in existence outside of those that the general has himself.

"I do not believe this renegade general will knowingly permit any harm to come to Mr. Smith," Dr. Smalried said today. "General Ho Lung is a man of education, unusual make-up and some culture. He has a sense of honor on which he particularly prides himself. And I can vouch personally for the fact that he is a man of wealth."

The doctor, who is acquainted with Mr. Smith, added that the bandit chief is not bloodthirsty nor in the habit of killing off white people just for something to do. "General Ho Lung is above reproach in his treatment of white men," he said. "He sensed keenly the contribution that Western civilization has given China."

Rules Wide Area

Dr. Smalried exhibited a certain admiration for the renegade (as a man, that is) who holds sway over an area about half as large as New Jersey, home of some 6,000,000 persons, and whom he called "one of the most notorious characters in Western China." "To us," he said, "the word 'robber' has a ferocious meaning. To call General Ho Lung a robber seems incongruous."

Reading of the story in yesterday's issue of The Newark Evening News about Mr. Smith's capture by the bandits brought back vivid memories to Dr. Smalried.

"General Ho Lung, who represents the present day renegade war lord, commanded the area in which my hospital was located," he stated. "We used to 'treat' his men and as a matter of diplomacy I used to entertain him in my home there. Those men feel free at any time to walk in and examine a person's belongings. The general, for example, used to find delight in getting in our Western bed and jumping up and down on the springs.

"One day in 1924 Mrs. Smalried and myself and our party were returning from the hospital, one of General Ho Lung's sub-chiefs and his men swooped down upon us and captured me.

"I was the only one taken. The bandits told Mrs. Smalried not to worry and provided her, and the rest of the party with an escort of

One on Ho

"The bandits forced me to accompany them to their hideout, where they held me for $100,000 ransom, finally reducing this sum, after several terrifying scenes, to $20,000 and eventually to $9,600. I had to pen notes with a Chinese quill on pieces of parchment that under pain of death nobody approach the lair. After I had been held forty days, the $9,600 was paid in silver dollars—the bandits will accept only silver. The money was raised by townspeople in the hospital vicinity. General Ho Lung himself, who did not know at that time that it was his men who held me captive, engineered the raising of the funds and deputized his lieutenants to pay it off.

"As soon as General Ho Lung found out his men had done the job and as soon as I was freed he went down there with field guns and blew the whole lair out, killing all of the sixty-five men in the band except two."

"When I left China in 1926 to return to the United States, General Ho Lung, as a parting gift, gave me his photograph and since my couple within a safe distance of the hospital base, whence they were allowed to continue the homeward journey.

pounds of exquisite Chinese tea which he had purchased himself. He told me he wanted the picture to be a remembrance of him. He also furnished us with a troop of 200 soldiers to guard us out of the danger zone to a safe point on our way to Shanghai.

U.S. Intervenes To Aid Captive

NANKING, China (AP)—The Chinese government ordered Szechwan provincial authorities today to do everything possible to accomplish the release of Rev. Howard Smith, kidnaped American missionary.

The order was issued in response to representations made by the American Legation.

Bandits under command of the renegade General Ho Lung seized Mr. Smith May 4 near Penghsien. The missionary is a former Newark resident.

The outlaws have demanded $33,000 and $3,500 worth of medical supplies as ransom.

East Orange Man Held As Tipsy After Crash

Charged with drunken driving and not having registration or driver's licenses in his possession, H. M. Brinckerhoff Jr. of 174 Harrison street, East Orange, was arrested after an accident last night at Central avenue and Harrison street.

His auto struck the car of Mrs. Beatrice Ward of 368 Turrell avenue, South Orange, which was not moving. Brinckerhoff backed away and started to drive off. Mrs. Ward jumped on the running board of his machine and he drove over the curb damaging a traffic signal. Patrolman Gilman was nearby and also jumped on the run board and pulled on the emergency. He arrested Brinckerhoff, who was declared unfit to drive by Police Surgeon Stevens.

Fire Razes CWA Shack

Fire, blazing up in a kerosene lamp that was being filled by a night watchman, destroyed a CWA shack in Halsted street, near Rhode Island avenue, East Orange, last night. The shack housed tools and materials.

施美利先生惠存

贺龙赠

Dr. E. W. Smalried's photograph of General Ho Lung, with signature and best wishes in inscriptions on sides.

图 3—2

《纽亚克晚报》1934 年 5 月 15 日星期二，关于红军俘美传教士的报道这位异国的老人铭记了一辈子。

史密斯先生还给薛明同志带来一张 1934 年 5 月 15 日《纽亚克晚报》。晚报刊登史密斯被扣押后，各界舆论担心史密斯的安全。第二天报社来了一位老先生，他叫依·维·施美利，是一位医生。他向报社讲述了一个故事，为了证明故事的真实性，他出示了一张贺龙送给他的相片。

依·维·施美利医生是东粤蓝图·格罗夫北街 167 号的居民。施美利医生曾在川黔边境的铜仁开设过一个医院，并维持了七年之久。他和贺龙将军很熟悉。

这位东粤兰图人最有价值的信物是贺龙将军的一幅照片，上面有将军的亲笔签名和祝词。这是施美利医生在 1926 年离开中国时贺龙的礼物。

对于报道中传教士史密斯的安危，施美利医生告诉报社记者："我不相信这叛逆将军会示意对史密斯先生加以任何伤害。"施美利医生口中，贺龙将军是一位有教养、性格非凡、修养有素的人物。

施美利说："他（贺龙）具有引以为自豪的荣誉感。我本人可以担保，事实上，他是一个很富裕的人……土匪头目部嗜血成性，杀白人而从中取利。但贺将军对待白种人那是无可非议的……他深刻体会到西方文化对中国可以做出的贡献。"

施美利颇为欣然的列举，说贺将军统而治之的地域，其广袤犹如新泽西州那样大小，拥有人口 600 万，在华西地区是声势赫赫有名。施美利说："对我们来说，'土匪'意味着凶狠残暴。要把贺龙将军称之为土匪看来是不恰当的。"

施美利对于《纽亚克晚报》上登载关于史密斯先生被"盗匪"俘虏的消息，他描述了与这位"盗匪"相处的经历。

　　贺龙将军今天是一个军阀的叛逆者，我的医院就在他所管辖的地区。为了便于交往，我们经常"治疗"他手下的人员。我也常常在住处款待他本人。他们随时可以自由来往，检查行装。例如，将军本人对我们的西式病床很喜爱，在弹簧床上跳上蹿下。

　　1924 年一天，我夫人和我及随从一行，在旅游后回医院，装载了 6 只小船用了 50 个纤夫。在离医院尚有两天路程的地方，有一名贺龙部下的首领，跃身上船，将我掳去。

　　被掳的仅有我一人，盗匪告诉我夫人叫她不要担心，并护送她和随从一行到邻近医院的地区，让他们继续回家。

　　盗匪迫我随他们进了藏身之处，要我出 10 万元赎金。后来经历了几次惊险的场面，降到两万元，相当于美金 9000 元。我在一张皮纸上用毛笔签下字据。死亡临头，谁还会来这匪窟。我被拘禁了 40 天，交出了 9000 银圆，盗匪只收取银币。这笔款子得之于医院一带的居民。

　　贺龙将军他本人那时不知道他的部下对我拘捕，更不知道策划勒索这件事。他知道后立即叫他的副官归还赎款。

　　贺龙将军查出肇事人之后，待我一旦释出，他就带了野炮到摧毁了匪穴，肇事者几乎全部被处决，仅有两名幸存。

　　1926 年我离开中国回美国，贺龙将军把他的照片送给我作为纪念，此外还有他给我买来的两磅精细茶叶。他对我说，希望这张照片是一种留念，他又派二百名士兵送我们出危险区域，到达可去上海的安全地段。

第三节　贺龙早期的治军与安民

本节内容选自 1925—1927 年 9 月间，12 份贺龙的讲话、布告、电报。从这些文件里可以体现出贺龙的政治倾向和理想。

一、在军官教导团开学典礼上的讲话[①]

（一九二五年一月十日）

今日本旅军官教导团成立之期，学员军士济济一堂，诚盛事也。本旅长躬与斯役，幸际良晨，不可无一言以告我军士。当此列强竞争之世，内政不修之时，欲冀国防之巩固，政治之刷新，其必以军事为前提固矣。夫兵事为儒者之至精，非可侈口率谈。从来节制之师，简练精实，每能以小敌大，以少胜众，如周武以三千人为一心，卒胜亿万之众是也。不见西雄，国崇此意，按籍征召，更番退补，先有教育之军官，遂练强武之军队，率之称霸全球，雄视宇内。盖练兵之道，首在教育，无古今无中外皆一也。本旅成立为时已久，只以频年转战，万里驱驰，日栖息于金戈铁马之中，遂于教育一端，无不稍缺。于是应战虽力，造就未宏，设官教育，实难再缓。尔军

---

① 贺龙担任四川讨贼联军第一混成旅旅长时，于 1924 年 12 月 2 日占领酆州。为提高原部队及新收编部队素质，于酆州开办军官讲习所，挑选有文化的 300 名军官入学，每期学习 3 个月。1925 年 1 月 10 日，改为军官教导团，在酆州开学。贺龙在开学典礼上讲话，原载湖南《大公报》中华民国十四年一月十九日。

士从余奔走，具有勤劳，兹经选擢，职责已重，尚望乘有用之时，先鼓方刚之膂力，精练深造，简练揣摩，勿始勤而终怠，勿见异而思迁，努力前进，用底于成。将来分任军职，发扬蹈厉，内弥伏莽之忧，外消思起之衅，本旅长有厚望焉。

二、大庸安民告示[①]

（一九二五年五月）

照得大庸山区，匪患频仍，军队流扰，未得休养生息，人民负担日渐加重。"特捐"既巧立名目，"附加"又过于正供，种种繁苛，不胜枚举。本镇守使提兵前来，出民水火，秉明媚之春光，歌太平之盛世，则豆棚瓜下，共话桑麻，本镇守使有厚望焉。切切此布。

湖南澧州镇守使　贺龙

三、就澧州灾情请施救济致湖南省政府电

（一九二五年七月三日）

九澧[②]各县，痛苦尤甚，连年被唐逆敛剥，间阎萧条，民生憔悴，不可名状。兹值军兴之后，益以旱魃为虐，当此青黄

---

①　1925 年 3 月 24 日，贺龙被广州大元帅府任命为建国川军第 1 师师长，奉命北伐。4 月 15 日出任湖南澧州镇守使。5 月 1 日始进攻大庸，9 日进驻大庸县城后颁此告示。原件存今大庸市政协。

②　九澧，指湖南省澧水流域的龙山、永顺、大庸、慈利、桑植、石门、澧县、临澧、安卿 9 县。

不接，室无隔宿之储，而又秋收无望，人怀饿莩之痛，易子折骸，惨何忍睹……伏恳悯此灾黎，鸿施救济，俾数万待毙之子，速获昭苏而庆更生，则天高地厚，莫喻仁慈。

四、肃清匪患布告[①]

（一九二五年七月二十九日）

照得郅治保民，首在去莠安良，敦风励俗，必使乡为礼让之乡，里为美仁之里，士勤学业，农力田畴，商迁有无，工专制作，人守职业，不事游闲，盗贼无自而生，匪类无自而起。庶治得其道，而民安其居。近州人心日坏，习俗日离，各弃固有之恒业，以图侥幸之横财。或以作奸犯科为得计，或以效僻邪侈为本能。久之戚族不容，乡党忌恶，愈演愈烈，流为匪盗。或杀人越货，或劫舍打家，或结伙为啸聚之行，或拦途为劫掠之举。凡此穷凶之辈，皆属不赦之徒。古人云：治乱用重典。盍不如是不能绝匪盗之根株，苏闾阎之憔悴。本使恭承简命，忝镇乡邦。曩因军事方殷，以致疏于吏治。眷怀父母之邦，极目萧条之状。年来人祸天灾，纷乘迭起，军事甫定，荒象又呈，秋收无望，民食堪忧，况又在有遍野，伏莽潜滋，全境骚然，言之悲痛。本使捍卫有责，义岂容辞。午夜彷徨，渊滋内疚。兹规定清乡治匪条例，除分令各部长官及驻地各县知事合力同心，分途并进，限期肃清匪患，以安民生外，合亟布告驻地人民一体知悉。须知本使此次办理清乡，原为地主永久

---

① 　原载湖南《大公报》中华民国十四年七月二十九日。

安宁，故务刻除根蒂。凡尔奉行不法之辈，及一时误入迷途之俦，望各父诰其子，兄勉其弟，从此革面洗心，其循正轨。我省若同胞与为怀，未尝不可一视同仁。若其怙恶不悛，则律有明刑，不容假借。本使奉令治匪，言出法随，望各凛遵。切切此布。

五、退出澧州"快邮代电"[①]

（一九二五年十月十二日）

吾湘不幸，变乱频仍，民喘未苏，兵戎又见。此中经过，至极复杂。上春湘西战役，川湘两军，势本相等，政府迫而用兵，实慑川军威势。惟时龙以一身，关系战争全局，不忍以爱乡者转而祸乡。于是毅然还湘，冀灭战祸。并一面进攻石、慈，扫除唐荣阳等。不旬日间，连克石、慈、庸、永、澧等各城，战事遂告结束。及还乡以来，适值凶年，抚宇未遑，何忍用兵？以故绝对服从政府，敦睦友军，所有掳获之大炮、炮弹及造枪机械等件，先后缴呈政府，表示缩减军备诚意。乃不意

---

① 1925 年 3 月 12 日，孙中山逝世后，湖南督军（省长）赵恒惕一改敷衍广东政府及北伐军的态度，公开担当了北京政府的急先锋，下令北伐途中的四川建国军全部出境。贺龙支持长沙"雪耻会"（声援"五卅"运动）和抵制日货的行动，激怒了赵恒惕。10 月 10 日，赵在长沙召开湘军首脑会议，决定讨伐贺龙，任命师长叶开鑫为"讨贺"前敌总指挥、师长贺耀祖为中路指挥、师长刘铏为左路指挥、湘西巡防统领陈渠珍为右路指挥，并联络湖北督军肖耀南部各师择要防堵，企图将贺龙部一网打尽。10 月 12 日，赵部兵围澧州。鉴于兵力对比悬殊，为避免不必要的损失，贺龙决定退出澧州，并通电全国，阐明是非。遂率部进入四川秀山、贵州松桃地区。此"快邮代电"，现藏南京第二历史档案馆。标题为编者所加。

驻防常桃之一、二两师，贺师长耀祖，刘师长铡，竟于凶年饥馑之时，不听政府命令，不顾地方糜烂，协而谋我。日来迭据报，该两部军队纷纷向澧属进迫，并以精锐进攻慈利，截我防线。似此不顾大局……湘军来围，本不难缴，我部本当予揆以痛创。唯以政府之令未颁，人民痛苦过甚，揆以还湘本旨，断不忍重苦吾民。除一面飞电赵省长①，请求核示并严令制止外，爰于本日率部退驻慈、庸待命。倘再不顾大局，无故进逼，则衅自彼开，糜烂地方，自有负责之人。龙虽不敏，亦惟有悉率，权与周旋也。

六、回湘北伐严禁所部沿途扰民电②

（一九二六年四月十九日）

铜仁贺行营

晃州、沅州、洪江转会同、靖县、麻阳、溆浦、辰溪、秀山转酉阳、铜仁转江口、青溪、松桃各县县长鉴：

此次湘变发生，本使派兵回湘，原是除暴诛乱，惟靖地方而安人民之故。对于出发各军，早经严令，不准强拉民夫，以及驻扎民房、滋扰民宅等事。值兹春耕时期，民食关系自

---

① 赵省长，即赵恒惕。

② 1926年春，广州革命政府准备出兵北伐，贺龙立即派代表赵德请示方略，誓师返湘。4月，直系军阀吴佩孚与奉系军阀张作霖组成"讨贼联军"，声称"讨赤讨粤"，举兵3路进攻湘南。贺龙立即率部取道铜仁赶赴湘西。这是进军时致沿途各地通电。电文据新晃侗族自治县县志办公室和榕江县党史办公室存件。标题为编者所加。

切，万一垅亩辍耕，后患何堪设想。除陷申禁令严伤各部遵照外，合行电令，仰该县长即便录电布告所属人民，务各安心工作，毋废作耕。倘有不良官兵，不遵禁令，敢于骚扰者，准各该县被害人民由邮密告。行署一经查觉，实行惩处捕办，以示本信，不迁辱时之固，仰即遵照。

湖南澧州镇守使、川黔边防军第五路司令贺龙印

七、就任国民革命军第 9 军第 1 师师长参加北伐通电 ①

（一九二六年八月六日）

案奉国民政府革命军第 9 军军长彭 ② 委任令开：委任贺龙为本军第一师师长，杨其昌为本军第二师师长，毛鸿翔为本军第三师师长，并刻制木质印信各一颗，文曰国民军第 9 军第一、二、三师师长，着即分别具领，克日就职启用，以昭信守。仍将视事日期具报备查。除电请国民政府加委颁印外，合行令仰即遵照。等因奉此，龙等遵此令在常德师部就职，并启用师印，分别呈报在案。窃龙等投笔从戎，浑忘寒暑，挥戈革命，备历艰辛，深知救国良漠，不外三民主义。是以训兵励己，悉遵先总理遗训，启聩震聋，足以光大中华国运。无如韶光荏苒，国事蜩螗，龙等正叹髀肉复生，吴贼 ③ 适搏湘波过

---

① 这是贺龙与杨其昌、毛鸿翔联名发表的就任国民革命军第 9 军第 1、第 2、第 3 师师长，参加北伐通电。原载湖南《大公报》中华民国十五年八月十日。

② 彭，即彭汉章。

③ 吴贼，即吴佩孚。

境，危及西南，戡乱救国，义不容辞。爰遵层命，东下缨冠，师次鼎川，荣膺待命。经武整军，虽副吾侪夙愿；锄残去暴，仍虞孤掌难鸣。至乞笠车旧友，袍泽新交，抒发精神，共同奋斗，并恳南针时赐，敝师攸赖。

八、就任国民革命军第 9 军第 1 师师长布告[①]

（一九二六年八月十日）

窃龙奔驰革命，寒暑迭更，师徒皆百万精夫，趋向三民主义。所有殃民军阀，与依仗帝国主义妖魔，非漆其头颅以为溺器，必投畀豺虎或放蛮荒。师兴六月，奋斗有子弟八千；气吐长虹，雄心在云梦八九。将使青天白日树诸黑水黄河，以慰先总理在天之灵，借尽大丈夫分内之责。岳武穆报国精神，誓诸天日；祖士雅中流击楫，志在澄清。特此布闻，俾众知悉。

九、就任国民革命军独立第 15 师师长通电

（一九二七年三月二十二日）

窃龙戎马半生，驰骋万里，为党国而奋斗，唯主义之是从者。今番酾酒临江[②]，适奉督师新命，必锄非种，誓戕封豕长蛇。弟履海知深，戴山觉重，当率艰难之众，不无陨越之

---

① 此布告颁于常德，原载湖南《大公报》中华民国十五年八月十六日。

② 苏轼《赤壁赋》："酾酒临江，横槊赋诗。"宋时苏轼游赤壁（今湖北黄冈县西北江浜），误以为是三国赤壁之战处，作有前后《赤壁赋》及《赤壁怀古·念奴娇》等。贺龙通电之时正驻黄冈一带。

虞。尚祈新交旧好，时赐箴言，俾免瞎马盲人，或时论骨。电谨驰陈，统希查照。国民革命军独立 15 师师长贺龙叩梗。

十、国民革命军独立第 15 师布告①

（一九二七年五月初）

照得河南红会，本系人民团体，

农民武装自卫，实合本党目的。

本军奉命北伐，为谋民众利益。

凡革命军所到，军纪格外严明，

免除苛捐杂税，土地全归农民。

乃有不肖匪徒，私通张逆作霖，

无故造谣生事，诬人共产公妻；

唆使红枪会员，妨碍北伐进行，

擅敢毁路折桥，种种不法情形。

现奉政府命令，扫除不肖匪人。

倘有被迫良民，准予自新投诚；

或有迷惑不悟，执法决不徇情。

特此剀切示谕，其各安堵无惊。

---

① 这是贺龙率部从武汉出师北伐，途中奉命为解除北伐军后方威胁，肃清豫南红枪会时，和政治部主任周逸群颁发的布告。

十一、兼代国民革命军第二方面军总指挥贺龙告全体官兵书①

（一九二七年八月中旬）

本方面军全体官兵同志：

八一南昌举义，本方面军多数同志都能鼓其勇气，对于革命的行动及意义，深深谅解。不过，经过这十几天的行军，依我的观察和见闻，还有一些同志，不甚明了。为此，兄弟不惮烦劳，特为我全体同志一略言之：

（一）这次南昌举义，实在是一种伟大的革命行动，是真正拥护总理的主义和政策的革命行动。因为我们国民革命军第一次北伐，变成了蒋介石个人的胜利。今年三月间的党权运动，又被唐生智利用。第二次北伐，也变成冯玉祥、唐生智的胜利。南京的中国国民党中央党部和政府，是蒋介石个人的工具，而吴稚晖、蔡子民一辈人，作了他的装饰品。所谓武汉中央党部和国民政府，原来还有三分人气，大家所公认的领袖汪精卫，初回国时，志气甚豪，劈头告诉我们道："中国不解决土地问题，国民革命绝无成功希望。"他又起草土地问题决议案，规定"肥田五十亩、瘠田百亩以上一律没收"。但是，他听见唐生智、何键那些野蛮的武人哼了一声，便骇得魂不附体，把他所起草的决议案，藏在荷包里，不敢发表。许克祥以一个团长，在长沙等处，杀了一万数千工农群众及各级党部服务同志，汪精卫所领导的中央党部、国民政府，竟以记过

---

① 原件无时间，似为 1927 年 8 月中旬颁发。

了之，不久许克祥却又升了师长。这不是明明白白地奖励军阀做反革命、反农工、叛党叛国的勾当吗？这样的党，这样的政府，这样的领袖，要他何用！所以，我们为保持孙总理的主义政策，拥护革命的胜利，不能不毅然决然地服从多数在南昌的中央委员和各省党部负责同志所组织的革命委员会的命令，在南昌举义，以为吾党革命同志及全国有志之士倡。这种行动，完全是站在党的观点上的行动，绝不是我贺龙和叶挺军长想谋叛长官，希图权位。这是各位同志应该明白的第一件事。

（二）有人怀疑道："我们现在离开了党，离开了政府，又离开了政治领袖——汪精卫——离开了军事领袖张发奎，我们将何所依据？"像这样小孩子离了娘似的可怜状态、怯懦心理，我们每一个同志，尤其是武装同志是万不应该有的。我们自然要个革命的党、革命的政府、革命的领袖来领导我们。但是，所谓武汉中央党部、国民政府，所谓汪精卫，已经成了失灵之木偶，已经变成了唐生智、何键一班新军阀的工具。我们要他作甚！革命委员会的组织，是孙总理在日应付商团事变非常组织；此次在南昌各中央执监委员及各省党部负责同志秉承总理遗教，恢复此种制度，以救党国的危机，汇集党务政治军事各大端于一处，以应非常之变。只有革命委员会才是我们革命党的指导机关，只有革命委员会，才是我们革命政权所寄托的地方，只有革命委员会的各委员、各主席，才是我们革命同志的领袖。这是各位同志应该明白的第二件事。

（三）中国的国民革命，第一个使命就是要实行土地革命。所谓武汉中央党部，既然欺骗民众，违背中央委员第三次全体会议决议案，献媚军阀，我们革命委员会却下了决心，首先实现第三次中央委员全体会议关于土地问题决议案，完成土地革命。我们的下级官长尤其是士兵同志，十有八九都是贫苦的农民出身。我们此次革命的行动，既是为实行土地革命，解决农民问题而奋斗，自然就是为解决我们自身问题而奋斗。既是为解决自身问题而奋斗，那末，我们吃苦，我们牺牲，我们忍饥受暑，都是应该的。这是各位同志应该明白的第三件事。

（四）在这个炎天烈日之下做长途的行军，各位同志一定会有些病的，甚至于因病而死的，我和叶军长自然抱着不安。但是这种痛苦，都是谁给我们的呢？第一就是唐生智、何键。因为他们背叛了革命，背叛了党，抢劫中央银行现金，使中央纸币一落千丈。第二就是朱培德，他把江西银行现金二百万强行提出，饱其私囊，致江西纸币价格陡跌，至民间拒绝使用。我们第二方面军得不着现金，所领饷银全系纸币，不能采办粮秣，致使我辛苦百战之武装同志，当疲惫之余，无以疗饥过活。汪精卫还在那儿天天要蛊惑张发奎拆散我们第二方面军整个的革命军队，以快唐生智之心，而苟延其无耻的政治生命，致使我第二方面军分崩离析，颠沛流离。我们感受到痛苦，便会想到使我们痛苦之敌人是唐生智、何键、朱培德、汪精卫，我们便要鼓起勇气杀到广东去。到了广东，方可以保存我们真正革命的力量，发展我们真正的革命力量，建设革命的新根据地。我们到广东，不是消极的，是积极的；不是送广东同志回家乡，是集中各省革命同志，准备第三次北伐，实现总理的三大政策，实行总理的三民主义，打倒一切新旧军阀及卖党苟活的汪精卫等等。这是各位同志应该知道的第四件事。

（五）我们既然明白我们是为自己革命，为自己牺牲，我们对于民众，尤其是对于一般贫苦工农大众，应加以保护，反对拉夫，对于商民也应该切实保护，不应该强行买卖。不然，我们便不是革命党，我们乃是和新旧军阀一样的战争，乃是同蒋介石、唐生智以及其他攘夺地盘的战争了。其事是反革命的行动，其结果是违反人民的利益。这是各位同志应该明白的第五件事。

本总指挥治军素来不喜多言，但是说了，必定要做，彼此同受党纪军纪的约束。以上五事，我们革命同志必须遵照执行，革命成功，定在不远，愿与诸同志共勉之。

十二、兼代国民革命军第二方面军总指挥贺示[①]

（一九二七年九月二十四日）

照得本部各军富于革命精神

此次南昌起义原为救国救民

转战千里来粤只求主义实行

对于民众团体保护十分严谨

对于商界同胞买卖尤属公平

士兵如有骚扰准其捆送来营

本军纪律森严重惩决不姑徇

务望各安生业特此郑重申明

---

① 这是贺龙以兼代国民革命军第二方面军总指挥名义，在参加南昌起义部队转移中向沿途人民群众颁发的布告。

第四节　努力建设高素质的革命军队

中华革命党是中国国民党的前身。1914 年 7 月 8 日，孙中山为推翻袁世凯专制独裁统治、建立真正的民主共和国在日本东京成立了中华革命党。同年贺龙在桑植加入了中华革命党，并积极完成中华革命党交办的各项任务。

中华革命党把武装讨袁放在首位，曾先后发动过大小武装起义四十多次，组织刺杀龙济光、郑汝成等四次暗杀活动。护国战争爆发后，展开军事讨袁活动，在全国范围内牵制了袁世凯的军事力量。

1916 年 3 月，贺龙在护国运动的影响下，两把菜刀起义，开始了他的革命军事生涯。他一辈子从戎习武，重视军人素质培养，努力建立一支现代化高素质的革命军队。

1918 年 9 月，贺龙 22 岁任靖国军第 5 军营长，部队驻防桑植县，为了提高部队的素质，在城内旧书院创办讲习所，选拔部分官兵并招收有志报国的青年进行训练，这是他办的第一所学校。

这个学校以孙中山的三民主义为宗旨，吸收国内军校办学的成功的经验，把军事训练和文化学习结合起来。每期 3 个月。第一期学员 120 余人，分为军士和普通两队，每天"三操两课"（即三节军事课，两节文化课），学习课程为：战术、兵器、地形、战史和文书等课。贺龙兼讲习所主任，聘请军校毕业的周敬新主持教务，并聘请求学于长沙、常德等地的谷纯如、陈少南、钟慎吾、贺连元等桑植人士任教官。

在开学典礼上，贺龙讲话，鼓励大家学军事、学文化，把救国救民的重担挑起来。他说："大家到讲习所来，一是学军事，二是学文化。我们的国家像个桑叶，被帝国主义蚕食。我们军队缺人才，大家要努力学习，将来都可以管理国家大事。"

贺龙在第一期学员毕业典礼上讲话说："……我们要用枪杆推倒世上不平等的事，建立孙中山革命党人所说的大同世界，这就要靠我们有真本事……"第一期结业后，由于湘西内战重开，局势动荡，讲习所中断。

1923 年 4 月末，为了培养军事人才，贺龙派所部贺子林、余愿学等 20 余人去云南讲武堂速成班第十八期深造，半年结业。

11 月 25 日，孙中山委任贺龙为四川讨贼军第一混成旅旅长。

1924 年 12 月 16 日，贺龙命令部队回澧州城，各守原防。24 日，贺龙在澧州召开军事教育会议，决定开办军官教导团，委任吴有松为教育长、教员袁对明、军需陈丹书等。由各营连挑选文理清顺之官佐 300 名入学，每期三个月，仿效近代化军官学校教授方法，下设军官、军士两个大队，专门培训营连以上军官。

1925 年 1 月 10 日，军官教导团在澧州红庙隆重开学，贺龙携全体军官出席了开学典礼，并发表讲话①。

2 月，黄埔军校成立青年军人联合会。贺龙亲友中有到广东入黄埔军校，他们给贺龙写了很多谈广东和军校情况的信，还寄来青年军人联合会的简章、宣言和进步书刊。贺龙反复地阅读学习，他对青年军人联合会指出的："我们的敌人就是军阀和帝国主义"极为赞同，从而使他反帝反封建的思想和信心更加坚定，更重视部队的教育，重视提高部队爱国爱民的思想和战斗力。

3 月 24 日，广东大元帅府任命贺龙为建国川军第 1 师师长，贺龙任用日本士官学校毕业的王操如为参谋长。

---

① 原文见本书第三章第三节。

5 月下旬，贺龙就任湖南省澧州镇守使。

7 月 7 日，贺龙批准，所部各营下级军官开办军官讲习所，限三个月毕业，专重学术两科。

8 月 1 日，军官教导团继续举办，又一批学员入学。聘请查荷生任教育长。

1926 年 1 月，贺龙率部驻贵州铜仁，为了培养军事人才，续办军官学校，招收随营军官学生 160 名。5 月 30 日，在铜仁招收的随营军官学生队 160 人赴沅陵，除选派去广州黄埔军官学校 40 名外，其余仍在沅陵设军官教导队。①

7 月，唐生智任命贺龙为国民革命军第 8 军第 6 师师长。17 日，委任贺龙兼任湘西镇守使。

8 月 6 日，进驻湖南常德。在常德期间，接见进步学生代表滕代远、谢世钧、李仲奇等人，资助共产党办《湘西民报》。据李仲奇回忆，贺龙在接见时对他说："北伐战争是打土豪劣绅、打军阀、打外国强盗的，是谋求中国统一的，这正合乎我的心意，所以我的部队参加北伐战争"。

8 月上中旬，在湖南常德开办国民革命军第 9 军第 1 师政治讲习所。

这一年夏季，北伐军从广东出发前，共产党选派了大批优秀党员到军队工作。当时北伐军总政治部为了加强第 9、第 10 两军的政治宣传工作，由总政治部宣传科中校科长周逸群（共产党员）带领 30 余人的宣传队，到贺龙第 9 军第 1 师的司令部，受到贺龙的热烈欢迎。经秘书长严仁珊介绍，贺龙得知周逸群领导青年军人联合会，并联想到黄埔军校中共产主义思想盛行，认为周逸群必定是共产党员。因此，周到 9 师

---

① 参见湖南《大公报》，1926 年 6 月 7 日。

司令部不久，贺龙就坦率地向周提出要求参加共产党，并让周帮助改造部队和创办学校。周逸群高兴地回答说："共产党是不会关门的，只要够条件，一定有人找你。"关于改造部队问题，周建议"应该马上招一部分学生，从部队选拔部分青年军官，开办一个青年军官政治讲习所。"贺龙听了周逸群的话受到很大鼓舞，对加入共产党满怀信心，对开办政治讲习所非常赞成，决定在原随营军官学校的基础上，开办国民革命军第 9 军第 1 师政治讲习所。

为了办好政治讲习所，贺龙请周逸群任所长。后因战事紧急，改任严仁珊为所长。第一期讲习所校址设在常德的西观街古庙的"玄都观"。从此，国民革命军第 9 军第 1 师政治讲习所的招生简章，遍及湘西北各大城镇，它吸引了大量爱国青年为投奔贺龙部队，报考政治讲习所。先后有 800 余名爱国青年来常德报名考试。考生中有左翼部队的青年军官，有来自两湖两广和云贵川省的青年学生，还有一些外省市地方报刊的新闻记者。当时长沙《大公报》（1926 年 10 月 6 日）就此事报道说："第 9 军 1 师师长贺龙……师部内设政治讲习所，委任严仁珊为该所主任，选营连部分人员入所讲授，昨特电告省，请总政治部与省党部将宣传品各寄一份，以资借鉴。"

贺龙为了办好政治讲习所，四处奔走请援。应贺龙的要求，在中共湘区省委的支持下，由中共湘区省委委员、国民党省党部执行委员双重身份的陈昌甫带领，又一批共产党员和黄埔、保定军官学校出身的军政教官来到常德政治讲习所任教。

讲习所第一期开学时，贺龙已率部出征，特委托周逸群代表他向学员讲话。讲话后还教唱《工农兵大联合》《打倒军阀》等革命歌曲。该所所长由严仁珊兼任，主要由陈昌甫负责主持全面工作，下设总教官（即教育长）由贺澍担任，又分政治教官、军事教官两部，政治教官由陈昌甫负责，武文元（曾担任过湖南省工会副主席兼工人纠察队长）等人任教；军事教官由共产党员张子清（后随毛泽东同志开辟井冈山苏区）负责，有毕业于黄埔军校的郝白水等人任教。在讲授方法上，是理论与实践结合，讲堂与操演结合。在课程设置上，政治课方面设有：《中山主义大纲》《社会主义大纲》《世界革命史》《经济学》《资本论入门》《哥达纲领批判》等八门课程。军事课分"小教程"和"大教程"两类。小教程包括《步兵操典》《阵中要务令》《射击教程》；大教程包括有：战略、战术、战斗指导，还有步、骑、炮、工、辎各兵种协同作战，以及兵器、筑城、防空等。另外，还有制式教练、野外演习、实弹射击、夜间集合列阵等。

9月初，贺龙率部攻克湖南省澧县，周逸群任第9军第1师政治部主任。政治讲习所由周逸群带队，从常德转移到澧县。

1927年2月19日，国民革命军总司令部因第9军第1师师长贺龙两次攻击鄂西颇著成绩，提升他担任独立第15师师长，直接受总司令部指挥。

3月，贺龙所部驻防武汉以东的鄂城，担任保卫革命中心武汉的任务。政治讲习所随部队迁往鄂城县城内的寒溪中学。学员在师政治部领导下，经常上街查扣日货，宣传打倒帝国主义和封建军阀。

讲习所最后一期的毕业典礼在寒溪中学举行。贺龙和周逸群分别讲了话，贺龙并向每个毕业生赠送了一张亲自签名的照片，作为纪念。政治讲习所办了多期，为北伐军左翼部队培养了近2000名基层军官，其中有800多人在贺龙部队工作，很多人担任了排、连长和政工干部。此后，政治讲习所就按照北伐军统一番号改名为军官教导团，周逸群兼任团长。

6月15日，贺龙所部独立第15师为北伐军的先锋部队，挺进中原，讨伐奉系军阀。由于贺龙指挥机智灵活，勇猛善战，战绩辉煌，武汉国民政府决定将独立第 15 师扩编为军，授予国民革命军第 20 军番号，贺龙为军长，周逸群升任军政治部主任。不久，奉命回师武汉，军部驻武汉，部队驻黄石港等地。

7 月初，贺龙在武昌督军署礼堂举行就任国民革命军第 20 军军长的典礼。第二天汪精卫秘密召集非共产党的将领开会，贺龙也参加了会议。当汪精卫提出同共产党分家，并要求各将领防范军中的共产党员时，贺龙挺身而起，当场驳斥汪精卫说："没有共产党，没有工农的援助，我们的革命能够得到今天的胜利吗？我反对分家，谁分家，我就同谁干。"贺龙表态义正词严，铿锵有力。得到很多人支持，弄得汪精卫会开不下去了，只好散会。

同时周恩来在周逸群的陪同下，拜会了贺龙，两人一见如故，进行了坦率地交谈，贺龙向周恩来表示："我听共产党的，决心同蒋介石、汪精卫这班子人拼到底。"

汪精卫召开"分共"会议之后，反动派更加猖狂，他们解散了共产党领导的工人纠察队、工农自卫军，一时搞得革命者无立足之地。就在 7 月 5 日前后，贺龙的 20 军军部，在武汉三镇公开贴出《国民革命军第 20 军招收学兵、工兵章程》的布告，章程规定：7 月 6 日起，在武昌圣约瑟第 20 军军部和汉口鼎丰里第 20 军汉口办事处报名，7 月 10 日在武昌纺纱局举行考试。这样一来，凡稍具文化知识的青年和原工农武装人员，都可以通过公开报名考试，正式录取招收。这样做是属于军队扩编，有根有据，合理合法。同时，经贺龙同意，中共中央将鄂城、大冶等地的工农武装，编入 20 军，还接受了一批来自武昌中央农民运动讲习所学员。这批学员中有的还带着枪支。贺龙高兴地说："我带兵多年，从没有哪个给我补充队伍和武器，现在不同了，有共产党给我补充，工农群众愿意到我这里来。"

贺龙对这些人的工作，做了安排，有的还担任了重职重任。如原任武汉三镇保安总队长的侯镜如（共产党员）担任了军官教导团团长，很多人编到军官教导团。军官教导团下辖四个总队，有两个总队的学员是来自两湖的工农武装和青年学员。

7月15日，汪精卫继蒋介石叛变革命后，又公开背叛孙中山所制定的国共合作政策和反帝反封建的纲领，宣布反共。宁汉两地国民党右派公开合流，走上了与人民为敌的道路。他们大规模逮捕屠杀共产党员和革命群众，大革命遭到失败。

7月17日，贺龙召开连以上军官会议，表示坚决跟着共产党革命到底，反复强调要求全体军官，在革命的紧急关头，要站稳立场。贺龙到黄石港看望军官教导团时说："蒋介石、汪精卫叛变了革命，今后还会有人要叛变的。不用怕，他们不是什么三头六臂，没有什么了不起。只要我们团结一致，全力以赴，就可以把蒋介石、汪精卫打倒，把一切反革命都打倒。"会上群情激昂，贺龙还和大家一起高唱《北伐战歌》。

8月1日，贺龙率20军将士和军官教导团，参加了震惊中外的"八一"南昌起义。

第五节 贺龙是一位伟大的教育家

贺龙非常重视教育工作，早在湘西时便努力发展教育事业。

1921年11月，贺龙奉命率部到湘西辰溪浦市（今泸溪县）驻防。当地教育界知道贺龙关心教育，因此聘请他担任该市女子小学名誉校长。他除鼓励学生"抬起头，挺起胸"努力学习，还资助女校银洋300

元。

1922 年 8 月，贺龙驻防四川省彭水县时，邀请该县知县和教育科长，商议发展彭水女子教育的事。他主张办一所女子学校，并捐银洋400 元，作为女校开办费。1925 年彭水女子学堂正式开学。1935 年红军长征时，贺龙还特意探望了彭水女子学堂。

此外，贺龙还巡视该县城南小学，勉励学生学好本领，为国效力。他提倡学生要锻炼身体，并说，外国人诬蔑我们是"东亚病夫"，我们要进行体育锻炼。并捐 600 串铜币给穷苦学生缝制衣服，400 串铜币做开办费。当地群众感谢贺龙支持教育事业，献给他一面锦旗，上面写着："经文练武"。

1925 年，湖南常德声援上海"五卅"惨案的爱国运动达到高潮。大批爱国学生高呼"同胞急起，抗日抗英"等口号。游行队伍遭到驻常德日军的公然殴打，学生工人十余人受伤。贺龙闻讯赶往常德，在武陵花园酒家宴请学生代表，对他们的爱国行动表示慰问和支持。贺龙说："我听说，你们当中有人竟敢赶跑了在常德街上动手打挑粪农民的外国人，这真了不起!"大家指着常德湖南第二师范学校的进步学生彭玉珊、朱茨堂说："追赶洋人的，就是他们!"贺龙高兴地站起来说："赶得好，有志气! 这就是中国人的志气。来! 我敬你们一杯。"大家热烈鼓掌。

宴毕，贺龙提出了为什么我们国家不太平? 怎样才能使国家太平、国富民安等问题，表示向大家请教。彭玉珊慷慨简要地回答说："这是由于内有军阀混战，外有帝国主义列强的侵略，挑动内战……要想天下太平，国富民安，重在制止军阀混战，贵在坚持孙中山先生的联俄、联共、扶助农工三大政策……"贺龙听了，认为彭是个人才，带头鼓掌，称赞他有志气，有见识。宴后摄影留念时，特意和彭并肩共座。彭当时是共青团员，后来因此被校方无理开除。贺龙知道后，资助 100 块银洋，送他去广东进了共产党人毛泽东、李富春开办的政治讲习所，彭玉珊在那里参加了中国共产党。

1925年8月25日，贺龙在澧州召开澧属各县救灾赈荒善后会议，会期五天。主要解决这年夏秋之交，澧州地区遭受十年未有的大旱，物价上涨，饥民流离失所的问题。贺龙在亲自下乡视察，具体指导救灾工作的同时，除向湖南省府发出请求救灾赈荒的急电外，还准备四个议案，提交这次会议讨论。在这四个议案中，第三个就是"维持教育经费案"，指出："教育是开发民智的根本。现在的学校，不能不整顿。否则高小毕业生和高初中毕业生要升学，一个也考不上。"他还说："初小是升学的初步，尤其应当注意。"他还就教育经费问题，向省府发了专电。电报说："职奉命守澧，于滋半年，防内各男女学校一切维持整顿，凡力所能及者，惟力是视。"并通电各部及澧属各县："嗣后无论如何困难，绝对不得提借教育经费！"

为了使澧属各县教育得到保证和提高，他在这次善后会议上，提出了三条具体整顿意见：第一，要"严格选择教员，免误青年"；第二，学风不正，"皆由校长因循所致，对校长尤须严格考查"；第三，"教育经费之困难，大都由专管人亏空。以后对亏空学款者，无论何人，逃往何处，须通缉追缴严办，若发生障碍，龙自当负完全责任。"

会议期间，还责成慈利县劝学所所长及各县推举一人为代表，组成学务委员会。根据贺龙提出的整顿意见，详细讨论整顿教育的办法，并拟定具体方案。

会议前，他经过调查了解，查办了贪污教育经费的澧县劝学所所长李原采，并责令其退回贪污的4万串铜钱。

会议后，敦促澧县县长贺寿文专程下乡视察县属各个学校，并主管整顿县属师范和中学，从李原采交回的贪污学款中抽出2100串铜钱补发各学校作为津贴。贺龙对贺寿文说："你别小看这些娃娃，那才是真正的活菩萨哟!"由于贺龙重视教育，石门县县长谷建也拨款 3000 元，兴建石门中学。

贺龙还亲自委派专人，加强和充实了澧县师范学校的领导，主持该校日常行政教学工作。贺龙本人也经常参加学校的篮球比赛，定期组织学校运动会，开展爬山竞赛、郊游、歌咏比赛、演讲比赛等课外活动，深受师生欢迎。这些办法切实可行使澧属各县的教育事业得到了发展和提高。

贺龙从 22—70 岁，也就是从 1918—1966 年，48 年间共参与、主持和出资创办了 1890 所学校。

表 3—1　贺龙参与、主持和出资创办学校统计表

1914—1927 年 办学校 7 所	
1918 年 9 月	桑植县城旧书院创办讲习所
1925 年 1 月	澧州军官教导团
1925 年 8 月	四川彭水县办一所女子学校
1925 年 7 月	澧州营下级军官开办军讲习所
1926 年 1 月	贵州同仁续办军官学校
1926 年 5 月	沅陵军官教导队
1926 年 8 月	湖南常德国民革命军九军一师讲习所
1928—1937 年 6 月 办学校 14 所	
1929 年 6 月	桑植军政干部训练班（有的材料称教导队）
1929 年 6 月	桑植协助创办贫民小学
1930 年 3 月	鹤峰县曾办军政学校（洪湖军事政治学校）
1930 年 5 月	洪湖苏区（监利县）洪湖军政学校
1930 年 7 月	湖北公安县军医讲习所
1932 年 1 月	洪湖军校改名中央军政学校二分校
1934 年 6 月	四川省酉阳县干部大队（教导大队）
1934 年 10 月	枫香溪干部大队（随营学校）
1934 年 12 月	永顺红六军团红六分校

1928—1937 年 6 月 办学校 14 所	
1935 年	桑植县城红军学校六分校
1935 年 11 月	湘鄂川黔边长征二军团成立教导营六军团成立教导团
1936 年 7 月	四川甘孜整编成立教导团
1936 年 9 月	甘肃省徽县与红四方面军合并创办 红军大学
1937 年 6 月	陕西富平干部大队扩编教导团
1937 年 9 月至 1945 年 10 月 办学校 7 所	
1937 年 9 月至 1941 年	八路军 120 师教导团
1939 年 11 月至 1940 年 2 月	八路军 120 师高级干部马列主义学习班
1941 年 7 月至 1943 年 3 月	抗日军政大学七分校（晋绥）
1943 年至 1945 年	晋绥军区教导大队一教团
1943 年至 1945 年 10 月	抗日军政大学二分校附中
	晋冀鲁豫军区（太行、太岳）陆军中学
	抗日军政大学七分校（陇东）
1945 年 9 月至 1950 年 3 月 办学校 21 所	
1945 年 9 月至 1946 年 6 月	陕甘宁晋绥联防军驻晋随营学校
1946 年 5 月至 1948 年 10 月	陕甘宁晋绥联防军步兵学校
1946 年 6 月至 1948 年 8 月	贺龙中学
1946 年 6 月至 1949 年 9 月	晋绥军区青年干部学校
1945 年 9 月至 1947 年 11 月	贺龙中学二部
1946 年 8 月至 1946 年 11 月	贺龙中学三部
1946 年 11 月至 1949 年 1 月	晋绥军区军政干部学校
1948 年 8	西北军政大学附属贺龙中学
1948 年 8 月	西北军政大学
	晋南军区青年干部学校
	晋绥军区后勤部工业学校
	西北军区后勤学校
	西北军政大学财经学院
	西北军政大学艺术学校
	西北人民艺校二部
	西北军政大学军政学院
	西安陆军学校
	西南人民革命大学成都分校
1949 年 1 月至 1950 年 1 月	西北军区军政干部学校

1945 年 9 月至 1950 年 3 月 办学校 21 所	
1949 年 2 月	西北军政大学浦城分校
1949 年 1 月至 1950 年	西北军政大学绥蒙学校
1950 年 4 月后办 5 所学校	
	四川省财经学院
	西北艺术学校
	四川外语学校
	西南空军预科总队
	中共四川省委党校
1953—1954 年全国已建 6 所体育学院	
1954—1960 年全国已建 30 所体育院校	
1960 年末全国共建 1800 所青少年体育学校	

第六节　严肃军纪秋毫无犯

军纪严明是一支军队最起码的素质。它是保证军队战斗力的基础条件。最高指挥官平时对军队的管理能力和战时对军队的指挥能力同等重要。纪律就是军队管理能力的具体体现。仅从 1921—1927 年看，贺龙治军始终军纪严明爱民奉公。

一、1921 年

12 月，到浦市后，一面派队下乡剿匪，一面在浦市街上巡逻，抓到强盗土匪便在清水坪公审，轻者教育罚款，重者杀头。贺部军纪严明，官兵不准骚扰百姓，不准随便遛街，买东西照价付钱，军事训练也很刻苦。

二、1922 年

春，贺龙率湘西巡防军第二支队驻防浦市，因连年灾荒，饥民载道，贺龙同情灾民疾苦，指定 12 家大户出粮出钱在街头煮粥施舍饥民。有一户财主阳奉阴违，在稀饭中多掺明矾，有灾民中毒致死。贺龙严惩了这户财主，还亲自在街上煮粥，分发灾民，深受灾民称赞。贺龙还与浦市开明绅士姚怀森创办救济院，收养流离失所的饥民儿童。

夏，贺龙与汤子模部在涪陵与杨森部队作战，缴获了一部分枪支，并以川东边防军警卫旅颁布《巡查守则》：穿着军服士兵乘坐人力车者立即禁阻之、酗酒滋事者责罚、与人民口角者查究之、服装不整者纠正之、聚赌者责罚、占借民间物品者责罚、擅拉民夫者责罚。以上规定各部官兵如有违犯者，当场处分。

贺部军纪严明，不偷不抢，只向大户派捐。百姓夜不闭户，开明士绅曾为贺龙立碑赞颂"德媲宗韩"。

三、1923 年

9 月 5 日夜，贺龙所部副官贺植卿和参谋徐伯魁，从汉口到涪陵，途经青溪场时发现日轮"云阳丸"、"宜阳丸"载有大批吴佩孚的军火从武汉驶来。前敌总指挥部决定，截扣两轮。

9 月 6 日拂晓，贺龙率部在涪陵青溪场河边截扣日船宜阳丸，查获吴佩孚为赵荣华运送的子弹 82 万余发，捕获吴部军械处长张运玑和两名日本军火商。

四、1924 年

11 月 17 日，午后 4 时，贺龙乘马率步兵 1000 余人入常德城，各商户悬旗鸣鞭炮欢迎。贺龙出示布告："本旅士兵不许进茶楼、酒馆、戏园、妓院，如有查出，唯该团长官是问。"

11 月 22 日，在常德行营发出命令："本军大部驻在常城，所有城内及附城秩序亟应特别维持，以保军誉，兹由本部命令警卫团每日派出巡查队维持……转饬所属一体遵照，切切此布。"

11 月 29 日，命令第 2 营营长罗统一：卫兵服装务须清洁，无论本军及客军官长通过时，均应敬礼，严禁强拉民夫及估借民家什物，如违定予惩办。购买物品，概予现金，对于人民更宜和睦。

11 月 30 日，津澧各商店悬旗欢迎贺龙先头部队入城。

12 月 2 日，澧县军民热烈欢迎贺龙旅长入城，所部驻守文庙，他"身着便衣，态度极为雍容"。

前任知事唐沉智出走，贺龙委派参谋长王操如兼代澧县知事。并接办原澧县所办的军官教导团，改为随营学校。

12 月 12 日，为免除苛捐杂税，出示布告："本旅长此次随义师东出讨贼，首在吊民伐罪。师行所至，尤以搜求民隐，蠲除繁捐为帜志……凡久为民间深害，未经政府颁有定章暨为财政司著有定案者外，均命饬属各官吏一律取消。"下令在 10 日内免除十二种苛捐杂税。

12 月 18 日，整顿军纪，解散军纪不严之游击司令姜炳炎部。

12 月 19 日，通令各团营连："自本月 20 日起，各部兵士，务须逐日出操两次。对于学科亦须讲堂两次。"同时决定"拟开随营军官讲习所一所，由各营连挑选文理清顺之下级军官 200 名，毕业期限以 3 个月为度，其教授仿北京军官学校办法，所址设前教导团内。"

12 月 20 日，出示布告"后对于事涉民刑案件及各区警察所保卫团，其他各衙门一律不准受理，务须向初级法院分别起诉。令所部，今后遇有外（国）人过境，应妥为保护，以重国际条约。"

12 月 24 日，召开军事教育会议，决定开办军官教育团，委任吴友松为教育长，副官袁对明、军需陈丹书为教员，郑昌溶为学员队长，彭进之等为学兵队长。

12 月 27 日，下午 1 时，澧县各公法团体集会欢迎贺旅驻防。

是年，四川陆军第 9 混成旅司令部颁布训令"无论军行何地，对于文武圣庙不准入内驻扎，并严禁士兵擅入滋扰，以表祗敬。"

五、1925 年

1 月 15 日，下令将亏占学款 25 万元的李原骏扣押。

2 月 6 日，澧县城内日前发生火灾。贺龙亲往灾区视察，当即为灾民各发寒衣 1 套，铜钱 5 串。

2 月 16 日，在常澧镇守使署就任建国联军川军第 1 师师长，在就职词中说：龙誓当激励保国卫民之夙愿，以尽义务于国家。

2 月 26 日，令第 1 旅谷青云率部向津市开进，出发前严令军官约束所部，不准在途中强拉民伕。各部纪律甚好，市面安静如常。

2 月，颁发本师警卫团《巡查守则》，规定各部官兵如有违犯者，当场处分：

一、着军服士兵乘坐人力车者立即禁阻之。

二、酗酒滋事者责罚。

三、与人民口角者查究之。

四、服装不整者纠正之。

五、聚赌者责罚。

六、估借民间物品者责罚。

3月19日，通令所部官兵在外不得有冶游情事，指出："津澧为九澧之重镇，商业素称繁盛……本师官兵如有闹娼宿妓之不规则行为，即予拿办，不稍纵容。"

5月12日，宣布解散违犯军纪的第2旅第4团杨松青部，并通令全军：

> 国家养兵，责在保民。为军人者，必以恪遵纪律立其体，爱护良善至少用。庶几实至名归，不愧军人资格。乃查此次解散杨团，竟有不法兵士，乘机掳掠，损坏军誉，痛恨实深。自兹以往，务宜各体本镇守使除暴安良意旨，力改前非。如再有不法情事发生，三尺俱在，决不姑宽。本镇守使言出法随。幸毋轻身当试。为此令卿该官佐转饬所属一体遵照。

5月27日，通令禁止所部买官，令文如下：

> 书曰任官唯贤，传曰唯名与器，不可以乱……本镇守使驰驱戎马，险阻备尝，幸赖诸将士戮力同心，为国效命，唯是耳目有限，容有苦劳功绩，未以上闻，则责成各旅团长荐任保委，以凭考察……倘敢借机欺蒙，蹈唐部卖官之所为，一经查出，定即军法行事，决不宽宥……既整军纪斯严，救国救民于此基矣。

5月下旬，就任澧州镇守使后遭遇十年未有的大旱，地方豪绅囤积居奇，有粮不卖，粮价飞涨，饥民遍野。贺龙急令九澧所属开仓济民，号召穷人"吃大户"，亲自带农民到地主仓里搜集囤粮；并召集殷实户，动员他们预交两年田赋，以便把征集的粮食发给农民，还在澧州城内搭起赈济台给饥民发粮，派部队去临澧蒋家坡土屋和王家厂"吃大户"。

6月1日，由桑返澧途经石门，所部独立团士兵吴斌初"在途强夺民食，凶殴民妇"被当场处决。

6月8日，澧城大火延烧百余户，贺龙派得力军队前往灭火救灾。

7月1日，以津市贫民工厂经费困难，即令军事检查所长贺兴五将捐款拨交工厂。

7月3日，向湖南省府电告澧州灾情。①

7月5日，电驻省办事处严仁珊秘书长，请就近由长沙中国银行汇寄上海青沪惨案失业工人捐款洋3000元，以资救济；并已另电该案募捐处查收。

澧县北门鸣枪，商民闭市。经查明，保商团军纪不严，有不法行为。为保军誉，即令第1营营长贺锦斋、第3营营长贺桂如解除有不法行为保商团的武装，确保商民安全。

7月7日，前方战事结束，为了减轻人民负担，实行一兵一枪。决定分途派员点验枪支，如有废枪不能用者，即令缴械，给资遣散；如枪支完善而不符陆军编制者，勒令缩小范围。经查验后，慈石保商团和镇署警备司令各支队勒令一概取消。

贺敦武旅长呈请贺龙批准，所部各营下级军官乘此休养之际开办军官讲习所，限期3个月毕业，专重学术两科。

7月9日，部署九澧善后事宜：

　　一、清赈灾黎，选派得力干员多人分往各县调查灾情，并拟召开澧属各县绅商联席会议，举办平粜，创办贫民工厂，藉资补助。

　　二、整理部队，将慈利石门保商团、独立团等勒令缴械

---

① 电文见本书第三章第三节。

给资遣散，共计不下数千人。已减经费千元。长官方面着留学术两科优良者挑选入军官教导团，再分发各团营连服务。

三、举办清乡……

四、整理财政，令军需处造具清册报省，如有舞弊情事即刻撤职。

7 月 14 日，石门县白鹤洞发现土匪朱华生部 200 人骚扰，即令贺锦斋、贺桂如率部围剿。另急调文南甫营移防澧城。

7 月 29 日，发布《清乡治匪布告》一则。①

8 月 1 日，军事教育团继续举办，新一批学员开学。教育长为查荷生。

8 月 4 日，派 4 团 2 营贺学经及 1 团 3 营贺桂如配合炮兵团进剿土匪朱华生。

8 月 5 日前，为缓解米荒饬九澧各商会赶急召开各公法团会议，赶办平粜借资救济。各公法团议决从本月 5 日起，在澧州城内每日上午 6 时到 12 时平粜米，每升 380 文。

8 月 8 日，某部张营长加害良民，被察觉革职。令第 1 旅旅长谷青云在石门出示安民布告：

照得慈石两邑，均属我部驻防，本旅莅临斯土，首在保护民商，贼匪闻风即剿，勿令骚害地方，尽可安居乐业，不得稍事惊惶，如有勒买强取，或其情同念秧，立按军法惩办。

8 月 10 日，电告赵恒惕，决定号召百姓广种杂粮，以度饥荒。电云：

天祸吾湘，歉岁迭遭。水灾甫已，旱灾踵至，秋收无望，后顾堪虑，与其非议于事后，不若挽救于事前。挽救之法，不

---

① 参见本书第三章第三节内容。

外治标治本之法。治标则唯禁止装运，以及募捐施赈。治本则
劝导乡民广种杂粮、豆麦疗饥，诚使杂粮丰获，亦足济民食。
而免饥荒也。

8月15日，通电九澧各军长官，严约所部，嗣后无论如何困难，
绝对不得丝毫提借教育经费。

8月16日，为减轻人民负担，将枪支不多，徒耗饷糈的大庸第4
团第4支队全部解散。

8月22日，澧县知事贺寿文奉命赴各乡勘灾。

8月23日，石门县前杂税主任杨九如苛索苛征，贺龙察情，令贺
桂如审明后处杨死刑。

8月24日，电告击毙石门匪首王凤仙，同时处决大庸匪首刘钧之。

8月27日，电慰保靖县灾民。电云：

今夏不雨，大旱成灾，过境客军人数繁众，供给既重，
搜求已穷，竭泽焚坏。适承函告，再传代电，叙述详情，展读
一周，憋焉如祷。嗟我父老，哀我弟昆，何罪何辜，同膺创
痛，虽天推属，早应分寿。但查本军驻防，饿民饿士饥寒遭
途，盼粟祈浆，极为迫切，博施遍济，非财不能，田赋无征，
秋收大减，其他收入更等于零。因是本防已难援拯，心余力
薄，急负徒呼，垂委一层，容俟设法，倘可报命，不敢忘也。

下令裁减冗员，镇署军医院缩编为军医处。

8月28—31日，在澧州召开善后会议，到会58人，贺龙致辞，说
明宗旨，强调除原定议事外，重提两条：一、整顿各县金融；二、修理
道路。先修常澧公路，次及澧县至安乡，澧县至慈利等各处。

9月6日，出示晓谕：从9月15日起，不论谷米杂粮一律禁止酿酒，
同时决定恢复九澧贫民工厂，暂定招募600艺徒入厂开上，并派员赴沪

考察工艺。

9 月 11 日，提出整顿九澧教育之办法。并令澧县知事贺寿文视察县内学校开学状况。

12 月 16 日，命一旅罗统一部出示安民告示："本军奉命驻此，原为保卫地方，疏通松秀道路，护送往来商帮，士卒训练有素，纪律严明异常，人民各安生业，交易概给现洋……"

六、1926 年

5 月初，在铜仁率部北伐入湘时，各公法团体献贺龙一面锦旗，上书"勋高三楚，威震汉江"。

5 月 24 日，率部进驻沅陵。司令部设在"辰州衙门"（即今胜利公园），军纪甚严，驻军期间曾将一名贪污伙食费的特务长枪决。

5 月 30 日，前在铜仁招收的随营军官学生队 160 名来沅陵，除选派去广州黄埔军官学校 40 名外，其余仍在沅陵设军官教导队。

6 月 1 日，沿河上下船只和旅客经常遭到土匪抢劫。贺龙派出部队驻扎清浪滩，洞庭溪一带，沿途护送。

6 月 28 日，通令现居民房之各部队勒令当日另觅公地，速行迁出民房，违者严究不贷。次日，驻民房之各部队均纷纷迁出。

6 月 30 日，将假冒军官、勒索诈财的杨正钦等 2 人，交军法处审讯处理。军法处经过审讯后，予以正法。

8 月 4 日，对前来拜访的在第 8 军教导师政治部工作的李奇中说："北伐战争是打土豪劣绅、打军阀、打外国强盗的，是谋求中国统一的。这正合我的心意，所以我的部队参加了北伐战争。我以前的想法太狭隘了，以为劫富济贫就等于革命，现已经懂得，要想大家富裕，不容许少数人发财，必须依靠大家的力量，只依靠个人或少数人的力量是做不到的，我的思想是让大家富裕。"

七、1927 年

4 月中下旬，贺龙率部向河南进军前，先后派师部马钟岳参谋、第 5 团指导员刘文及干事杨荫鳢前往第 5 团原驻地阳逻还清所有借款。阳逻市商民协会非常感动，特在《汉口民国日报》上刊登题为《独立十五师军纪可风》之启事：

> 独立十五师自去腊开往黄冈县属之阳逻驻扎，军纪森严，对于各商店。

> 买卖颇公平……后驻留日久，给养不无难于接济之虞，遂至欠有各商店及商民协会借款，共计一千数百元多，后因奉令移驻鄂城时乘仓卒，而给养义未领到，所有逻镇欠项均未清偿。而师长贺龙为体恤商情起见，在鄂城面谕师部参谋马钟岳往逻清理，适该师开至刘家庙，马参谋因公务纷烦无暇及此。贺师长复派五团指导员刘文及干事杨荫鳢往逻切实清理，不独商民协会借款偿还，及各商店之账项无论有无执据，凡查有头绪者亦如数交楚，此皆将兵者所难能，而贺师长竟不遗余力为之，其将兵有方，纪律严明，诚可为军官之模范欤。[①]

5 月 13 日，北伐军总指挥部发布总攻击令，北伐军与奉军在中原展开了激战。贺龙奉令率所部在武胜关至信阳间追剿骚扰、破坏铁路交通的"红枪会"。其间，与政治部主任周逸群联名颁布《国民革命军独

[①]　原载《汉口民国日报》，1927 年 5 月 7 日。

立第十五师布告》。①

第七节　追求信仰，绝不趋炎附势

南昌起义前，周恩来到第 20 军军部看望贺龙，向他传达了南昌起义的决定。贺龙非常坚定的答复周恩来："我完全听共产党的命令，党要我怎么干我就怎么干！"这句话被广为传颂，假如不知道贺龙还说过什么，这句话也许会给别人另外一种印象——贺龙这个人是不是不动脑子、有点愚忠呢？

1927 年 7 月 31 日早晨，张发奎给贺、叶电报，通知他本人 8 月 1 日到南昌。这份电报给前委不小压力。贺龙说："我们若要张（发奎），则不必干（暴动），若要干则不必拉张，因为我们此举（指南昌暴动）是张所不愿干的。"这是 1927 年周逸群同志给中央报告中记录的内容。当时周逸群和谭平山同志对贺龙的意见，还不完全理解。他们认为贺龙"对张并不愿拉拢，其本心欲取张之地位而代之。"后来事实很快证明贺龙同志的看法是正确的。

1927 年 8 月 1 日上午 6 时，经过 4 个小时的激战，驻守南昌的敌军 3000 余人全部被歼灭，南昌起义取得胜利。晚上 7 时，起义军在第 20 军军部召开参谋团会议，周恩来、贺龙、叶挺、朱德、刘伯承及随第 20 军行动的苏联军事顾问等参加，讨论部队南下广东的具体计划和政治纲领。其实这是一个中共中央早在武汉就定好的计划。

在会上，贺龙第二次提出了不同意见，他认为部队移师湖南较南下

---

① 原文见本书第三章第三节。

广东更为有利，因为湖南的农民运动搞得好，有群众基础，兵员也容易补充。当时南下广东已经是个不可逆转的决定，但是作为起义军总指挥，对于部队的行军计划，他还是发表了自己的意见，尽到了总指挥的责任。

今天来看南下广东，有两个要点。苏联有一船给中国共产党的军火，在广东的海边停靠，用以武装中共，并以广东为根据地准备"二次北伐"。

但是从实际情况看中国共产党从国共合作后，从未拿到过苏联的武器，现在为了这些武器起义军3万之众从南下开始，就要面对南昌城外12万敌军。从江西到福建进广东，沿路几十万蒋介石和地方军阀部队围追堵截。军事形势从起义开始时的优势兵力转换成敌众我寡，沿途兵员、给养和资金都缺少补充。从"四一二"反革命政变后，革命高潮退去，再次北伐谈何容易。后来的事实证明，浴血奋战起义军少部分人跟随朱德上井冈山与毛泽东会师，才最后完成南昌起义的使命。共产党人每前进一步都要付出血的代价。

北伐战争是从广东开始的。那时国共合作处在高潮，广东是国民党的根据地。北伐的目的是讨伐北方军阀和帝国主义列强。南昌起义之后共产党从合法组织又变成非法组织，在全国各地遭受围剿。这种重复形式上的革命，是脱离客观实际的行为，现在看得很清楚，南下广东没有成功的可能性。但当年有一部分人却很认真执行着。

贺龙在这种情况下，有见的、有胆识，敢于实事求是讲真话。一位非党同志，提出不同意见，给人印象深刻。贺龙不怕失败，因为他是从失败中成长起来的，北伐前他的部队曾经历过九起九落。他经得起失败的挫折。

贺龙发表这两次不同意见的讲话时，还有一个前提，他从1926年

8 月提出入党申请后，一直在接受党的审查。

他虽然出身贫寒，但是北伐前做过澧州镇守使，老一辈革命家里几乎没有这种经历。贺龙在北伐中从旅长做到师长，血战逍遥镇回到武汉，又荣升国民革命军第 20 军军长，在中共早期将领中军职最高，且是掌握军队的前线将领，即使在国民党中也是参加过中华革命党的"老革命"，当时武汉公众对他的评论，比共产党左派还左派。

这样一位高级将领积极要求加入共产党，还要带领他的 20 军全体参加南昌起义，党组织没有遇到过这种情况。尽管白色恐怖遭受损失巨大急需恢复，但是发展贺龙入党组织上还是慎重再慎重。据说当时党内有规定，不要在左派将领中发展党员。此时中共中央只看到贺龙是个将军，但没认识到他骨子里从头到尾就是个农民。

当年张国焘坚决反对发展贺龙入党，他的理由是"贺龙投机革命"。彭真同志在 1982 年 8 月对贺龙为什么要求参加革命，有过精彩评论。彭真认为：贺龙是在革命实践中，接受并践行了马列主义，为了理想不计个人得失，始终把党的利益放在首位。

贺龙一辈子就是这样，不管别人怎么看怎么说，他认为该怎么说就怎么说。在官场这不是优点，论党性这就是优良品质党性强。

贺龙追求共产主义加入共产党是目标，率领 20 军参加南昌起义是执行党的任务。南昌起义后，他加入了共产党，完成了终生最伟大的选择。1927 年，在中国革命的最低潮他经受住了历史的严峻考验，终生坚守了自己的信仰。

第八节　贺龙从来不做后悔的事

一、蒋介石的疑问

1927 年 3 月，有个李仲公，当时任国民党中央党部书记长、蒋介石北伐司令部的秘书处处长，被蒋介石派往武汉政府进行策反国民党工作。李仲公也找过贺龙。贺龙搞清李仲公意图后，以破坏国民革命为由，扣压李仲公交唐生智看管，这件事轰动了武汉三镇。过了不久，贺龙带领国民革命军第 20 军奔赴南昌，参加了中国共产党领导的南昌起义。

1938 年 1 月 13 日，贺龙和朱老总、彭老总、林彪、刘伯承从洪洞县出发去洛阳，参加蒋介石召开的第二战区将领会议。15 日正式开会，17 日蒋介石会见八路军将领。

南昌起义 11 年后，蒋介石见到贺龙想当面搞明白，他当年为什么要站在共产党一边，参加南昌起义？蒋介石问贺龙"民国十六年，你为什么好端端的军长不当，去参加共产党的南昌暴动？"贺龙简明扼要回答他："政见不同！"蒋介石为打破僵局，又以非常关心的语气问候："你家里可好？"贺龙回答他："房子被你烧了，人也被你杀光了。"蒋介石自讨没趣沉着脸说："我知道，你是老革命。"他指的老革命是说贺龙 1914 年就参加了孙中山先生领导的中华革命党。

蒋介石不解贺龙好端端的军长不当去参加南昌起义，那时因为蒋介石心中没有为天下谋幸福的革命理想。贺龙心中的革命理想陪伴他一生，直到生命的最后一刻。

二、贺龙元帅的最后一个"八一"

1967 年 8 月 1 日　贺龙在北京西山被关押的地方，度过了他生命中最后一个"八一"建军节。贺龙对薛明讲起了中国人民解放军的历史，他说："这个军队太可爱了！只要这次不被他们害死，将来打起仗来，我们这些老家伙还能出把力！"他还说："这样的军队，有人想利用它搞阴谋，那是办不到的，是要倒霉的。"

贺龙坚决反对用对待敌人的方式，对待自己的同志。凡是用对待敌人的方式对待同志的人，他就是敌人。贺龙虽然没有看到两案审判的结果，但是他的预言实现了，"谁想利用这样的军队搞阴谋，那是办不到的，是要倒霉的。"这就是信仰的力量！

三、无悔的贺龙元帅

有人曾问："贺老总 1927 年 8 月南昌起义失败、革命低潮时加入共产党。当时贺老总是 20 军军长，蒋介石一直拉拢他，他有升官发财的机会。请问贺老总为党为革命做出这么大贡献，可他晚年却遭到迫害，他有没有后悔？是什么在支撑着他？对今天有没有意义？"

对这个问题的回答：当年贺龙参加革命只讲奉献，从来没想过对价，这种精神才最让人敬佩。如果不讲信仰，只讲对价，贺龙就不会参加南昌起义，也不会加入中国共产党。他曾经说过"我是在共产党最背的时候参加的。"这就是逆境中看忠诚。

"文化大革命"在西山被关押期间，薛明问过他类似后悔不后悔的问题。贺龙是这样回答的："不后悔。参加革命的那一天起，不就是要随时准备牺牲自己吗？我走的就是这条路，我从来不做后悔的事！"

入党誓词里有这样一句"时刻准备为党和人民牺牲自己的一切，永不叛党。"

提到总理，贺龙更是自信"他不知道我？还是我不知道他？他都清清楚楚。他现在是没法，被人逼的。将来他还会说贺龙是革命的、是同志！"一个逼字多少故事、多少心酸，未曾经历地狱之火的人，是难以想象的。

1975 年 6 月 9 日，周恩来总理在贺龙骨灰安放仪式上讲："贺龙同志是个好同志！"贺龙当年的预言实现了。他始终坚信迫害自己是林彪、叶群、康生、江青的阴谋，是对敌斗争，他随时准备牺牲。面对"专案组"的交代提纲"南昌起义你是怎样投机革命的？"他写下了"冤枉"两个字。他对薛明说："他们要是枪毙我，只要不堵着我的嘴，我照样要喊中国共产党万岁！"这还是信仰的力量。

有人好奇地问过薛明"贺龙说过假话吗？""他说假话？"薛明惊奇地反问，在她看来这简直是笑话。"他这一辈从来没说过假话。历史上受难、受苦、受灾，多少次贺龙都做出了牺牲。他为党的事业牺牲了个人的生命，这是党和国家的重大损失。真正的共产党人不说假话、诚心诚意对待党。这样的共产党人我看见了，就是贺龙这样的人。"

人生命运是由他的价值观生死观决定的。一个人的兴趣爱好生活方式可以变化多彩，信仰是一辈子都要锤炼坚定不移的大事。信仰不是举手宣誓加入中国共产党就能始终如一的。一个人做点好事不难，难得的是一辈子做好事，一辈子坚守自己的信仰。

第九节　领袖、战友眼中的贺龙

一、毛泽东眼中的贺龙（一）

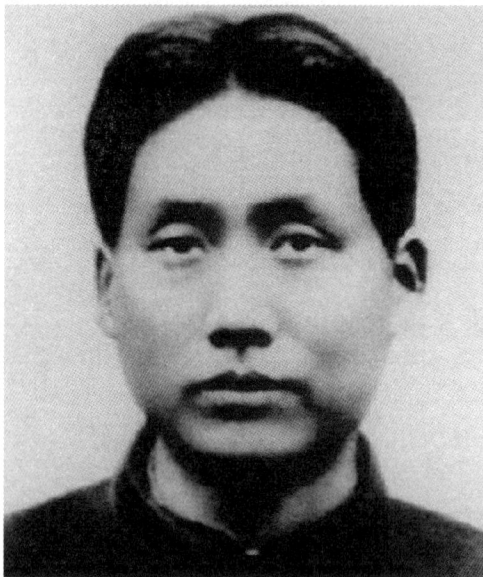

图 3—3　毛泽东

时任中共中央临时政治局候补委员、中共前敌委员会书记、中共湖南省委前敌委员会书记。

毛泽东："贺龙两把菜刀起家，现在带了一军人。我们有两营人，还怕干不起来吗？你们都是起义出来的，一个可以当敌人十个，十个可以当他一百！没有挫折和失败，就不会有成功！"①

----

① 一九二七年九月在三湾改编时的讲话，引自谭政《回忆三湾改编》。

二、关向应向美国记者谈贺龙

图3—4　关向应

时任八路军第120师政治委员，与贺龙一起开辟了晋绥根据地。在中国
共产党第七次全国代表大会上继续当选为中央委员。

1937年，关向应在接受美国记者尼姆·韦尔斯采访时，讲述了贺
龙的经历：

贺龙出生在湖南省桑植县。今年（1937年）41岁。他父亲是个裁
缝，家里是很穷的。贺龙从他父亲那里传承了中国的造反中心——湘西
人民的特性：无畏、机智和自信。他父亲非常爱他，并且对他未来的政
治生涯有着巨大的影响。贺龙的父亲从来没有进过学校，只是靠自己的
努力得到一些教育，因此，当他的儿子为国民党做政治工作时，他不加

反对。他家庭人口少，现在除贺龙外，全都死了。他的两个姐妹和父亲在革命中被敌人杀了。

1916 年贺龙 20 岁时，湘西爆发了农民起义，他成了农民起义的首领。当时袁世凯要做皇帝，湖南有许多北方来的士兵，他们残酷地压迫人民，这就是起义的起因了。起义者消灭了这些北方士兵约一个师。在反袁运动扩大蔓延到湖南来以前，云南的蔡锷已经领导了这个运动。

后来，农民中间没有更进一步的活动了，贺龙觉得社会和政治前景十分暗淡，所以开始了流浪的生活。在此以前，他是个农民，在自己的土地上耕作，但没有结婚。在长沙，他打算行刺湖南统治者谭延闿，但事败被捕。没多久获得了释放，但正如他告诉我的："这事件给了我一个教训。它使我认识到，搞暗杀是无益的，没有军事力量，在中国就成就不了什么事。我认为我必须着手建立一支革命军队。"

于是贺龙回到他的家乡，集合一些朋友，组织起这样一支军队来，参加湘西起义的人加入这支军队。他是这 1 营军队的指挥人，并从那个地区的地方行政官那里夺取了军事权力。常常听到别人说贺龙这时是个土匪。这是无中生有。他一生任何时候从来没有干过盗贼的勾当。他从 19 岁起，就是孙中山的革命党同盟会的一个首领，什么时候有可能就夺取军事权力，像他从地方行政官那里夺取军事权力一样，乃是革命党的纲领的一部分。

贺龙的军队开始时只有极少数的人，但后来却发展扩大起来，直到他成为旅长。他两次带了这个旅到四川去打仗。那时候，他的军队打的旗帜是现在的国民党党旗。而他的政治顾问是著名的同盟会会员石青阳，石后来成为南京的高级官员。贺龙的上级军官是国民党的四川边疆司令官熊克武。贺龙任当地驻军指挥官。

1925—1927 年期间，大革命引起了中国的社会和政治形势的变化，

而这种革命潮流则大大地影响了贺龙。他离开四川，回到湖南。广州的
国民党政府当时派遣一个宣传组到他那里影响他的军队。这个组的组员
是共产党员，组长是黄埔军校学生周逸群，后来于1931年在湖北洪湖
地区牺牲。

贺龙早就信任共产党员了，因此信赖周逸群，他不仅欢迎这个宣传
组，而且集合其他地方的许多学生来对他的军队进行政治训练，并按照
新方针改编和重建它。这些宣传人员对于推动贺龙及其整个旅约1万人
参加大革命，起了很大影响。

国民党军队占领武汉时贺龙也到达那里，他的军队曾经是不愿受
约束的，只同广东有着密切的关系，这时则改编成为国民革命军的一
个师。

1927年，贺龙的军队被派去同张作霖在河南的奉军作战，并在打
败他们的过程中起了重要的作用。接着，共产党和国民党发生分裂。当
时贺龙是第20军军长。他不是共产党员，但他的政治思想跟共产党人
是一致的。他告诉我，他以前曾要求参加党，没有被吸收。除了那时必
须非常小心谨慎，并宁愿他继续是国民党左派而不在党内以外，他不晓
得不被吸收的原因。直到南昌起义发生以后不久，他才参加了中国共
产党。

贺龙离开河南，到了汉口，接着参加1927年8月1日共产党领导
的南昌起义。在这次起义中贺龙指挥他的第20军战斗，后来，所有的
起义部队进军广东，要在那里建立革命根据地。他们在广东战败了，
贺龙后来独自到了上海。他在那里暂住，然后奉党之命回到他湖南家
乡去。

在湖北湖南边界的洪湖地区，贺龙着手组织一支新的军队，参加者
是两省的农民。他的第20军已在广东被消灭了，但有几个军官逃到湖

南去同他在一起。

大革命期间，湖北、湖南边界这个地区的农民，曾经进行了艰苦斗争，并且早就开展了土地革命。这些农民渴望得到土地，并且由于他们以前的斗争经验和情绪高涨，因此乐意参加新的革命。在这些地方，共产党组织也十分巩固，由于这些因素，红军迅速发展扩大。

最初，这个湘鄂苏区有两个运动。贺龙在洪湖地区领导着第 6 军，范围包括监利县、沔阳县、江陵县、潜江县、石首县、华容县、公安县和石门县。鹤峰县、五峰县和桑植县的另一个运动的领导人是周逸群，他统率着红军第二军。后来，这两支军队在洪湖地区联合起来，成为一体。

1928 年，贺龙在这里开始组织红军，经过 1 年时间，就有 2 万名战士了。起初，贺龙的军队只有 10 支枪和 10 个追随者，接着很快就发展扩大至 100 人。全部是农民支持者，他们中间起先没有国民党军队。贺龙和周逸群把他们的军队联合以后，就到湖北去建立一个新苏区，同时也保留建立起来时间较长的湖南苏区。这支联合起来的军队称为红军第二方面军，贺龙任指挥人。党指派一位有地位的党员任政委指导那里的党的工作，他就是邓中夏，后来 1933 年被南京政府杀害。当时，整个地区的党的领导人是夏曦，他是毛泽东的同学，后来长征期间在贵州牺牲。其间，新的红军第六军在洪湖建立起来，约 10000 人。

1931—1932 年两年期间，洪湖地区发生水灾。许多房屋毁坏，农民不得不离去。这对游击运动极为不利。这时，党组织把所有军队改编成为红军第三军，人数约 2 万。

由 1928 年初起，这个地区的红军每天都进行猛烈的战斗，并战胜了敌人发动的三个战役。贺龙是同何键等国民党将领作战的。

1931 年和 1932 年，第四次封锁开始后，这个地区的物资条件就非常恶劣了。尽管如此，在这次战斗中，还是歼灭了敌人一个团。白军被打败后，大多数士兵都参加了红军。同时，游击队同"民团"猛烈战斗。

1932年1月，我同贺龙在一起，担任他的政治委员。

1931年7月，贺龙的军队撤出洪湖地区，进军河南、陕西南部和四川，然后回师湖南。这是贺龙的第一次"长征"，是因为水灾发生后军队没法在湖南坚持下去，必须到新的地方去搞粮食。而回师湖南的目的，则是为了同萧克会合。我们回到湖南后，就在原来的地方重建苏区，并且也在巴东县和宣恩县建立苏区。这就是"湘鄂边界苏维埃"地区了。

1934年，贺龙的红军第三军同萧克指挥的红军第六军在江西——湖南苏区会合，随后开始发展诸如永顺、大庸、龙山和慈利等县的新苏区。

我们占领了湖南的桃源县，接着又占领了湖南的石门、临沣等县。这是十分激烈的战斗。我们的政治部门负责人曾经是夏曦，但这时改由任弼时担任了。

在这以后，我们在1935年11月开始长征。我们通过湖南、贵州、云南等省，向西康进发。1936年10月，我们在甘肃同其他红军会合。

11月，在甘肃同胡宗南的军队交锋以后，西安事变就发生了，内战于是中止。那一仗是在山城堡打的，当时红军第一方面军的13个连（约1000人）埋伏下来，袭击打败了胡宗南的著名第1师约1.5万人。

这时，第二方面军由三个军（红军第二军、第六军和第二十二军）组成，在富平休整。

贺龙的两位姐妹是著名的革命者。他的妹妹在群众运动中表现积极，并且是农会领导人。她被捕后在1920年遭到杀害。他的姐姐贺英是个指挥员，亲自率领战士作战，我是认识她的。1933年，她在湖北鹤峰县作战时牺牲。

你问我对于贺龙的个性、品格的印象。他是非常坦率和英勇的,有着一种特殊的战士风格。他作决定迅速而明确,有着巨大的自信。他作战时计划得非常仔细,他所有的决定都是稳妥安全的。他对待部属很周到,但他们如果犯了错误,就严格执行纪律。他们的政治理解力是很强的,并且对党诚实和服从,总是小心谨慎地遵循党的路线。作为个人,贺龙为人和蔼而朴实,几乎是孩子似的坦白。他非常健康强壮,喜欢骑骏马,他抽香烟——除此以外就没有什么别的嗜好了。

三、关向应眼中的贺龙

1937 年,参加富平整训时,关向应曾评价贺龙:"二方面军的领导者贺龙同志,他是布尔什维克队伍中久经锻炼的战士。他有丰富的斗争经验,有热情的革命情操,有不屈不挠的革命坚定性。他是南昌暴动的领袖之一,他十年来继承南昌的革命传统,领导红军为苏维埃政府而斗争……我们拥护这一伟大红军领袖,在党的路线下,团结着二方面军的全体指战员,为中华民族,社会解放而奋斗到最后胜利!"

四、毛泽东眼中的贺龙（二）

图3—5　毛泽东
时任中共中央政治局委员、中共中央书记处书记

毛泽东："贺老总有三条，一对党忠诚；二对敌斗争狠；三能密切联系群众。"①

五、《新中华报》关于贺龙的报道

1939年4月，冀中平原齐会村战斗中，贺龙负伤。《新中华报》发文慰问。蒋介石也因贺龙作战英勇，通电嘉奖。

---

①　1938年，临汾会议后，毛泽东对八路军第120师几位老同志来信批复中的内容。

《新中华报》："你亲临前线，冲锋杀敌，致中毒负伤，其他指挥员同志并诸多中毒者，我们无限系念，尚望悉心治病，为革命保重。"

蒋介石致电："贺师长杀敌致果（中毒），奋不顾身，殊堪嘉慰。"

背景介绍：

抗日战争时期，八路军第 120 师主力和晋察冀军区所属冀中军区部队一部在河北河间齐会地区对进犯日军实施的外线速决的进攻战。

1939 年 1 月，第 120 师主力从晋西北挺进冀中平原后，与晋察冀军区所属冀中军区（第 3 纵队兼）协同作战，连续挫败日军三次围攻。4 月 18 日，师部率独立第 2 旅（辖第 4、第 5、第 716 团）转移至河间东北坞家村、卧佛堂、齐会、郭官屯地区，与独立第 1 旅（辖第 1、第 2、第 3、第 715 团）会合，休整待机。

4 月 20 日，驻沧县日军第 27 师团第 3 联队吉田第 2 大队 800 余人，连同伪军数十人，分乘汽车 50 余辆浩浩荡荡开进河间城。22 日，又随带 80 余辆大车补给队，耀武扬威地向河间城北的三十里铺进犯，企图对齐会地区的八路军进行重点"扫荡"。

当时正在任丘东南卧佛堂、大朱村、齐会一带休整的第 120 师，立刻做好应战准备。师长贺龙、政治委员关向应判断，这股日军可能在任丘、吕公堡、大城等据点日伪军的配合下，对齐会地区进行"扫荡"，从东西两边夹击我军。但敌人的这次行动不是有计划的大围攻，因为八路军所在地周围日军据点兵力不足，不可能抽出更多机动兵力参战。而八路军的兵力却比较集中，且士气旺盛，可抓住这一有利时机，就地歼灭这股敌人。决心定下后，当晚贺龙召开团以上干部会议，研究作战计划，下达作战命令。并决定集中所部独立第1、第2旅7个团及冀中军区第3军分区部队参加围歼作战。贺龙还在会上幽默地说："既然敌人把礼物送上门来了，能不收下吗？……各部队要连夜做好战斗准备，隐蔽待机，听命令行动。我们要在冀中平原上打一个漂亮仗。"

日军吉田大队被华北日军视为精锐之旅，因血洗南京城，屠杀中国人民有"功"，人人都佩戴"勋章"一枚。23日7时，这股日军由三十里铺贸然东犯，占领南北大齐和北刘曹一线。9时，在炮火掩护下，向齐会村发起攻击，将第716团3营包围在村子里。齐会村是一个住有400户人家的大村，房屋密集坚固，村周围又有通往外村的壕沟，在村外还有树林和土丘，有利于组织防御。第3营充分利用有利地形，机智勇敢，沉着应战，等日军冲到阵地前五六十米处时才开枪射击，手榴弹在日军头顶爆炸，杀声震天。日军一次又一次的进攻均被打退。吉田气急败坏，竟向村里施放毒气弹和燃烧弹。第3营指战员用湿毛巾捂住鼻孔，顽强抗击，与攻入村中的日军展开逐巷逐院的争夺，给敌以大量杀伤。第9连连长曾祥望从日军官手中夺过一把战刀，一气砍死3名敌人。第3营最后退守村东一角。

贺龙、关向应为了让第716团第3营拖住进犯的日军，完成调集兵力围歼吉田大队的部署，即令第716团第1营和第715团第7连，分别由齐会东北、东南两面增援第3营。第1营进攻受阻，转为牵制；第7连攻入村里与第3营会合，增强了齐会村的防守力量。日军进攻受挫，以炮火轰击齐会，并向其北面的师部驻地大朱村发射毒气弹。贺龙及第120师机关

20 余人中毒。只见贺师长头晕目眩，呼吸困难。医务人员要抬他进村治疗，他摆摆手，要过蘸了水的口罩戴上，又继续指挥战斗，并及时做出阻敌增援，实施反围攻的作战部署。

23 日下午 4 时开始，任丘日伪军 300 余人，吕公堡日伪军 100 余人和大城日伪军 200 余人，先后分路增援齐会的日军，分别被独 2 旅第 5 团、第 3 军分区和当地游击队击退。守卫在齐会村的八路军与日军展开白刃格斗，多次击退敌人的反扑，使齐会的敌人陷入孤立。与此同时，第 120 师各团已奉命分别占领齐会村周围的留古寺、东保车、西保车、张家庄和四公子村等要点，构成了对齐会村日军的反包围。

23 日夜，第 716 团第 1、第 2 营由齐会东北、第 716 团第 3 营及第 715 团第 7 连由齐会村中，同时对侵入齐会的吉田大队实施夹击，日军腹背受敌，慌忙向南撤退。24 日拂晓，当日军逃至马村附近时，遭到第 715 团的伏击，掉头向东北方向溃退。第 715 团跟踪追击。日军以一部兵力抢占找子营村要点，掩护其主力向南留路村猛攻，企图继续向东突围。日军进至南留路村时，再遭从郭官司屯赶来的第 3 团的截击。战至上午，日军走投无路，被包围在找子营至南留路的树林道沟间，仍负隅顽抗。八路军各部队充分发挥夜战和近战特长，争先突入敌阵，敌死伤惨重。25 日拂晓，日军大部被歼，其残部被压缩到南留路村西南狭小的张家坟地区。敌已无力再战，只好一面掩埋尸体和枪械，一面固守待援。八路军打算于夜间全歼残敌，但到黄昏时，风沙骤起，黄沙弥漫，残余日军乘机突围。八路军第 715 团跟踪追击，又歼其一部，仅剩 40 余人逃脱。

六、谢觉哉眼中的贺龙

图 3—6　谢觉哉

时任中共中央西北局常委、陕甘宁边区政府中共党团书记、边区政府秘书长

　　1942 年，反"扫荡"结束，贺龙回到延安，边区召开盛大的欢迎会，期间谢觉哉赞扬道："我们的贺师长是一条龙，转战华北，日本鬼子没奈何他，能降服这条龙的只有纯阳老祖①，可是，纯阳老祖又在我们这边。"

---

　　① 　纯阳老祖吕洞宾，原名吕岩，号纯阳子，又称纯阳道人，山西芮城永乐镇人，民间称其为吕真人、吕祖。传说中的八仙之一。

七、续范亭诗赞贺龙

体国公忠似赵云，

坚强活泼更超群，

云龙气概难比拟，

李牧廉颇两将军。

续范亭

（一九四零年十一月左右）

图 3—7 1975 年段云书"续范亭诗赠贺龙将军"

图3—8 续范亭

生于1893年11月27日,山西崞县人,早年参加孙中山领导的同盟会。1911年,辛亥革命时,任革命军山西远征队队长,后组织西北护国军。1935年,续范亭在南京拜谒中山陵时悲愤地写下《哭陵》一诗,并在中山陵前剖腹自戕,要求抗日。1937年9月,续范亭任第二战区民族革命战争战地总动员委员会主任委员,参与创建山西新军。1939年,他参与指挥反击国民党顽固派的战斗。1940年,任晋西北军区副司令员。

1940年10月15日在兴县成立了晋西北抗日武装自卫队总部。10月26日,中共中央批准成立晋西北军区,并且同意贺龙、关向应建议:在晋西北成立4个军分区,由120师和新军旅级机关兼军分区机关,由旅或纵队首长兼任军分区首长。1940年11月7日,晋西北军区在兴县成立。中共中央军委任命贺龙为司令员、关向应为政委,续范亭为副司令员,周士第为参谋长,甘泗淇为政治部主任。晋西北军区的成立,标志着贺龙、关向应领导的晋西北军事建设发展到了一个新阶段。1942
年 8 月，中共中央晋绥局成立，晋西北军区改称晋绥军区。

在建设和保卫根据地的斗争中，贺龙、关向应虽然工作十分繁忙，
但仍然时时关注各部队的进步，特别是部队之间的团结。他们很注意密
切与新军领导人的联系，尽力从各方面帮助和推动他们在政治、军事上
继续提高。经过不断接触，他们与新军总指挥续范亭、决死二纵队司令
员韩钧等建立了浓厚的革命友谊。贺龙的思想、风格给了他们深刻影

图 3—9　段云

　　生于 1912 年，又名段连荣，山西省蒲县城关镇关人。1937 年 4 月，参加
牺盟会投入抗日工作。1938 年 7 月，加入中国共产党，历任晋西北行署经济
总局局长，中共晋西区委政策研究室主任、秘书处处长等职。新中国成立后，
长期从事财贸和经济工作，先后担任西南军政委员会办公厅副主任，西南财
政部副部长，中财委第二、三办公室副主任，国务院总理办公室副主任，国
务院财贸办公室副主任等职。1971 年，任国家计委副主任。

响。续范亭赋诗称赞贺龙说："体国公忠似赵云，坚强活泼更超群。云龙气概难比拟，李牧廉颇两将军。"

1975年，荣宝斋举办了"庆祝建军四十八周年书画展"，大厅一幅段云的书法吸引了众多参观者，内容即"续范亭诗赠贺龙将军"。那是"四人帮"当势的年代，而且贺龙问题并未彻底平反，公开颂扬贺老总是要冒很大风险的。贺龙夫人薛明耳闻此事，即向段云索求这幅字，既得应允。段云时年六十三岁，书法已近巅峰。铺四尺半宣，写七绝行书，风骨遒劲，通篇酣畅，在段云存世的数千件作品中，此幅可称佳作，不可多得。

这幅字在荣宝斋装裱后，段云夫人张枚受到薛明盛情邀请，由老战友黎化南夫人袁光轩及赵立德夫人韩向黎陪伴，专程将这幅书法交予薛明。从那时起，这幅字在贺龙家的客厅挂了三十五年，纸虽泛黄，苍劲依旧。这首续范亭将军写于抗战初期的诗，也被越来越多的人所熟悉，每每读起，都让人肃然起敬。

薛明非常喜欢这首诗，经常抄写背诵。

八、任弼时号召向贺龙同志学习

贺龙同志是南昌起义的军事领袖，苏维埃革命时期的红军创造者之一，担任第二方面军总指挥，抗战后任120师师长。贺龙同志是一个真正身经百战的勇士，有指挥战争与建设军队的丰富经验。他从小就有反抗旧统治的思想，在反动统治下单人独马去创立武装组织，从几个人、几匹马、几支枪的小队伍发展到大的部队。在旧社会里做过镇守使，大革命时代是国民革命军的一个军长，非常熟悉旧社会，特别是旧军队的情形。这都是值得我们向他学习的。但是贺龙同志伟大之处，不仅在

图 3—10　任弼时
时任中央书记处书记。

此，而在于他对革命对党的一贯忠诚的态度。他有百折不挠的精神，不因斗争失败而气馁。南昌起义失败后，他便跑到洪湖去，从仅仅几个人的起义，发展而为大兵团的红军。后来因立三路线和"左"倾机会主义路线而使部队缩小，但他从不灰心丧气，又跑到贵州东北部去建立根据地。他对党中央的正确路线是坚决而忠实地执行的，从不以军队势力和党对立，不把军队看得比党高。当二方面军和四方面军会合时，他是坚决反对张国焘所采取的反抗中央的行动的。在延安的一次反对张国焘路线的会议上，贺龙同志手指着张国焘说："当你是共产党员的时候，我还是个军阀；现在我做了共产党员，你反而变成军阀了！"这说明了他是对党忠诚的，是反对军阀主义的。他最近时常说，一个共产党员，什么都应当是党的，恐怕只有对老婆的爱情才是属于私人的吧！但是当必要时，当党的工作需要而调走自己的老婆时，自己还要服从这个调动。他还时常说，率领军队的党员，绝对不能把军队看成是自己的，自己如果调动工作时，就希望代替自己工作的人，能够很快地把军队带得很顺手，很就绪，否则，自心中是不安的。这说明了贺龙同志对党对革命的忠实，说明了他是立场坚定，有原则性，有组织能力，善于和群众打成一片，性格直率，富有魄力，大公无私的一个同志。对于党所赋予的任务，或者他下了决心要干的事情，他是一定要一直干到底，不管其中有任何的困难与艰险。这样，当你和他在一起工作的时候，就会使你感到有一种可以依靠的力量存在着，就会增加你的胜利的信心。

（选自《任弼时选集》1943 年 1 月 7 日）

九、毛泽东眼中的贺龙（三）

图 3—11　毛泽东

时任中共中央政治局委员、中共中央书记处书记、中共中央委员会主席、
中共中央政治局主席、中共中央书记处主席、中共中央军事委员会委员、中
共中央军事委员会主席。

1948 年夏，贺龙从西北到河北平山县西柏坡参加中央财经会议。
他以西北经验判断全国性的问题和事态发展。关于对待富农问题，毛泽
东指出，贺龙对个别问题的看法有片面性，希望好好全面考虑问题的实
质。过了几天贺龙和毛泽东深谈一次，之后毛泽东讲了这一席话。

毛泽东："贺龙是一位聪明的同志，尤其他坦率，直爽，不隐讳；知
错就纠，知过就改。"

十、毛泽东眼中的贺龙（四）

图 3—12 毛泽东
时任中共中央主席，中央人民政府主席，中央革命军事委员会主席。

毛泽东："一周简报很好，很正确，很有力量，在三反斗争中表现了革命军人的战斗姿态，毫无畏首畏尾，拖泥带水模样，读之使人十分高兴。""各级领导同志都要学贺龙同志那样亲自'上前线'把三反斗争当作一场无产阶级和资产阶级之间的大战争，务必取得胜利。"①

———————————

① 1951 年 12 月 25 日，毛泽东在西南军区党委会《关于反贪污反浪费反官僚主义斗争的一周简报》上的批语。

169

十一、周恩来眼中的贺龙

图 3—13　周恩来
时任中共中央委员、政治局常委、副主席、中国人民革命军事委员会副
主席、国务院总理兼外交部长、全国政协副主席。

1957 年 3 月 5 日，周恩来总理在中国人民政治协商会议第二届全国委员会第三次全体会议开幕式上做报告：我和贺龙副总理从 1956 年11 月 18 日至 1957 年 2 月 5 日进行的为期将近 80 天、行程 54000 多公里、目的在寻求友谊、寻求和平和寻求知识的访问，获得了广泛的反响，取得了圆满的成功……将有助于亚洲各国的团结，更好地为巩固各民族独立和反对殖民主义的斗争；将有助于社会主义各国的团结，更好地为社会主义事业而努力；将有助于世界上一切爱好和平的国家和人民的团结，更好地为保卫世界和平而奋斗。

3月16日，周总理在会议上又做了关于中国和缅甸联邦边界问题的报告。3月19日，贺龙陪同周总理飞赴昆明处理关于签订中缅边界条约的前期工作，夫人薛明陪同。

总理在3月29日中午飞到了昆明，贺龙和薛明先期抵达并赴机场迎接总理。总理来了以后和贺龙、薛明住所一墙之隔，前后大约一个星期的朝夕相处，薛明记得清清楚楚总理对她说："你找的这个人（贺龙）太好了。他这个人这一辈子很难啊！你也很难再找到这么好的人。他历史上一点问题都没有，道路复杂也走出来了。那时那么多党、那么多派都在找他。他就相信共产党，为党做了很多工作。党有什么大事，我和周逸群找他一谈就明白就同意就成了。我最了解他，他对我也最信任。你一定要好好照顾他。"

十二、朱德眼中的贺龙

图 3—14　朱德
时任中央政治局委员、常委和中央副主席、全国人大常委会委员长。

朱德："贺龙总对张国焘很有办法，不争不吵，向他要人要枪要子弹，硬是要到（罗炳辉）一个军。尽管人数不多，张国焘对贺龙确实有些害怕呢！我们一起北上会合中央，贺老总是有功的。"①
《朱德谈红二方面军北渡金沙江同红四方面军会合前后的经过情况纪要》

1960 年 11 月 9 日

---

① 1935 年 6 月，红一方面军和红四方面军在四川懋功会师。8 月，红一、四方面军混合编组，分左、右两路军北上，朱德率红军总部随左路军行动。毛泽东率中央红军去陕北之后，朱德与刘伯承留在四方面军。9 月，朱德和刘伯承一起对张国焘分裂党，另立中央的错误行为进行不妥协的斗争。1936 年 6 月，红二、六军团北上与红四方面军在川西甘孜地区会合，再一起北上。10 月，红二、四方面军到达甘肃，与红一方面军会师。

十三、徐特立谈贺龙

图 3—15　徐特立

　　生于 1877 年，湖南善化人，中国革命家和教育家。1911 年参加辛亥革命，1927 年加入中国共产党，同年 8 月参加南昌起义，任国民革命军第 20 军第 3 师党代表。1931 年 11 月当选为中华苏维埃共和国中央执行委员会委员。1934 年参加长征。新中国成立后，曾任中央人民政府委员会委员。他是毛泽东和田汉等著名人士的老师，是中共第七、八届中央委员。徐特立一生致力于社会主义的教育事业。

　　三十四年前南昌暴动时，我在这里，贺龙同志对我说张发奎怕失败，我贺龙不怕失败。失败了再来。这句话对我印象很深，至今还记得清楚，革命总不会那么一帆风顺，失败了要继续斗争，遇了困难就想办法取得胜利。

徐特立

1961 年 3 月参观南昌八一起义纪念馆留言

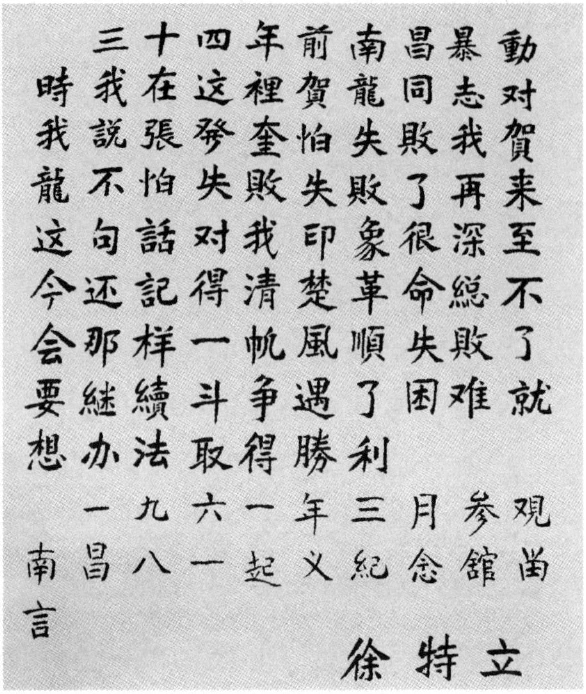

三十四年前南昌暴動
時我在这裡賀龍同志对
我說張發奎怕失敗我賀
龍不怕失敗失敗了再来
这句話对我印象很深至
今还記得清楚革命總不
会那样一帆風順失敗了
要継續斗争遇了困难就
想办法取得勝利
一九六一年三月参观
南昌八一起义紀念館留
言
徐特立

图 3—16

1961 年 3 月，徐特立参观南昌八一起义纪念馆的题字

十四、彭真谈南昌起义前的贺龙

图 3—17　彭真

时任中央委员、中央政治局委员、全国人大常委会副委员长、全国人大常委会法制委员会主任、中央政法委员会书记。

彭真 1982 年 8 月 12 日下午，接见《贺龙军长》剧组的讲话。

贺龙同志在北伐战争前当过旅长、师长，当过镇守使，后来为什么能够走上革命的道路？有些人强调了贺老总出身贫苦。我认为不光是出身苦。出身苦仅是一个条件。许多人出身不好为什么走上了革命道路，一些出身苦的人为什么却走上了反革命的道路？贺龙同志成为共产主义者，成为南昌起义的总指挥，不仅是因为出身苦和性格，而是中国革命发展的必然结果。

从鸦片战争算起到 1927 年的近九十年中，中华民族受尽了帝国主义、封建主义、官僚资本主义的蹂躏。这反映在毛主席、朱总司令、周总理、贺老总……和我们这些人的脑子里，于是，就起来斗争，这样就成了一部历史。贺龙同志和贫苦群众生活在一起，反映了他们的要求，反映他们的历史。他不安于现状，用种种方式同旧社会斗争，从斗争中找出路。他找过孙中山，接触过汪精卫。以后，蒋介石在上海"四一二"大屠杀和许克祥在长沙"马日事变"大屠杀，汪精卫嘴上反对，心上支持；被屠杀的都是共产党人和工农群众。这些血淋淋的事实，使贺龙同志彻底认清了他们的反革命本质。

贺龙部队里早就有共产党员，周逸群同志就是一个代表，贺龙也知道共产党在发展党员。但他睁一只眼，闭一只眼。有一次，周逸群发展一个下级军官入党，这位军官跑去问贺龙："可不可以加入？"贺龙说："赶快去参加。"贺龙对他的部队情况是知道得清清楚楚的，汪精卫、蒋介石想去搞特务活动也搞不了。

贺龙在与共产党人长期接触中，接受了马列主义。他在复杂的社会现象面前，去粗取精，去伪存真，由此及彼，一个一个党派作比较，一个一个领袖人物作比较；由表及里，他从现象看到本质，认识到只有共产党才能救中国，只有共产党人才不计较个人名誉地位，不顾个人安危，于是他把个人命运同党紧密联系在一起。周恩来同志让贺龙同志当南昌起义总指挥的依据就在这里。这好比春天播种，夏天除草，到了秋天该收获了。在旧社会，贺龙是一个很不安分守己的人……贺龙同志在我们党内，又是最安分守己的人，党性很强，夏曦杀了他手下那么多能征善战的好同志，贺龙流泪了，关向应也流泪了。那时，夏曦是中央代表，不能不服从。贺龙是旧社会的叛逆者，在我们党内却是驯服工具，驯服的党员，驯服的干部。

贺龙同志千方百计地掩护共产党人和革命者。他这个人看来很粗，其实不然，社会经验非常丰富。他对一个人见一两次面，就能看出八九成，他见过一面的人，多年后还叫得出名字来；一些问题，他放进脑子里，可以装很久，叫你察觉不出来，到一定时候，他才讲出来。可见他粗中有细。他跟着共产党搞革命，舍己为人救中国的老百姓，是有厚实的思想基础的。

十五、王震为《贺龙年谱》作序

图 3—18　王震

时任中共中央军委常委，中共中央党校校长，国务院副总理。

出版《贺龙年谱》，我以为是一件很有意义的事。

贺龙同志是我们党老一辈无产阶级革命家、卓越的军事家，是我军的创始人之一。在土地革命、抗日战争和解放战争时期，在社会主义革命和社会主义建设时期，贺龙同志在党的领导下，历尽艰险，不屈不挠，赤胆忠心，艰苦奋斗，为革命建立了卓越的功勋，受到全党全军全国人民的爱戴。

我和贺龙同志是在一九三四年红二、六军团会师时认识的。贺龙同志非常健谈，常对同志们讲自己的经历，加上在这之前听到的关于他的传奇式的传说，所以我对他早年的革命活动也有一些了解，最突出的感受是，他从青少年时代，就有追求真理的坚定信念，有为被压迫的穷苦人民谋求解放的迫切愿望和为之献身的坚强毅力。一九一四年，他在十八岁的时候就参加了中华革命党。不久，他又"两把菜刀闹革命"，名扬四海。他还参加过讨袁护国战争和北伐战争。应该说，这期间的贺龙同志还是个民主革命者，是民主革命的活动家。大革命失败后，革命处于低潮时，贺龙将军还不是党员，就和周恩来、叶挺、朱德、刘伯承等同志一道组织领导了南昌起义，并任起义军总指挥。在我们党受到严重挫折，很多人脱党甚至叛党，革命面临严重危机的紧急关头，贺龙同志加入到中国共产党的行列里。他对共产主义事业的必胜信念和为之奋斗的大无畏的革命精神，令人钦慕。在我党进入土地革命战争时期，贺龙同志不顾个人安危，主动请求留在国内，到农村组织工农红军，在实践中探求中国搞武装斗争的经验，这也是难能可贵的。年谱中忠实地记述了这些史实，我读后极为欣慰。尤其是关于他南昌起义之前的那段史实的记载，对林彪、江青两个反革命集团诬陷贺老总是"土匪出身"等无耻谰言，无疑是一个有力的廓清。

与贺龙同志初次见面，给我的印象很深，今天回忆起来，还是记忆犹新。他待人热情，诚恳，豁达大度。贺龙同志是一位杰出的与群众密切联系的无产阶级革命家；是一位元帅与战士同甘苦的表率。在我们一起开辟和巩固湘鄂川黔根据地一年多的时间里，他率领部队，打过多次出色的歼灭战。他是一位有卓越的指挥才能的军事家。这一点，在抗日战争、解放战争中，也都得到了充分的证明。

和他相处的日子里，我深切地感到，他胸怀坦白，光明磊落，表里如一。贺龙同志党性强，大公无私，考虑和处理一切问题，都是从大局着眼。他对革命坚信不移，对困难从无畏惧，始终充满革命乐观主义。1934年底，在敌军重兵压境，我军极端困难的情况下，他坚决执行中央军委的命令，以迅雷不及掩耳之势，指挥我们占领湘西5座县城，大量杀伤敌人，调动和钳制了敌人11个师又2个旅，出色地完成了策应中央红军突围的历史使命。抗日战争时期，晋绥根据地遭到敌伪顽扫荡破坏，部队供给异常困难。贺龙同志在这里，与战士一起和吃黑豆、糠麸，同甘共苦；团结军民生产自救，节衣缩食，渡过难关。

贺龙同志坚持党指挥枪的原则，始终把部队看作是党的部队，坚决服从党的指挥。对于自己工作的调动和使用也是这样，党分配他干什么，他就干什么，心悦诚服的执行党的决定。南昌起义失败后，党决定他离开20军去香港，作为一个新党员，他没有任何怨言，坚决服从命令。解放战争时期，在毛主席和党中央领导下，他在西北这个地广人稀、交通不便、资源极缺的地区，做了大量的后勤兵运工作，有力地支援了前线，配合着华北聂荣臻同志和西北彭德怀同志，对战争最终取得胜利起到了一定的作用。

贺龙同志在几十年的斗争生涯中走过了坎坷历程，同形形色色的机会主义作过斗争。特别是在与林彪、江青反革命集团的斗争中，他立场坚定，旗帜鲜明，直到最后一息。他忠于中华民族，忠于党，忠于人民，忠于社会主义事业的高尚品德，是留给我们的宝贵财富。

我在贺龙同志直接领导下工作了很长一段时间。十年动乱中，他不幸遇害与世长辞。作为他的老部属，我有责任把这本书推荐给广大读者。

《贺龙年谱》不仅是一本对党史研究和教学非常有价值的参考书，书中记载的贺龙同志的崇高革命品德，对广大读者也一定会有教益。

我对贺龙同志的怀念是无法用文字表达的，仅书数语，以此作序。

王　震

1984 年 8 月

十六、中共中央［1982］43 号文件，对贺龙的一生予以高度评价

《关于为贺龙同志彻底平反的决定》
中共中央〔1982〕43 号

贺龙同志原任党的第八届中央委员、中央政治局委员、中央军委副主席、国务院副总理，"文化大革命"中被林彪、江青和康生一伙诬陷迫害致死。中央决定为贺龙同志彻底平反。

贺龙同志是湖南省桑植县人，1896 年生。他出身贫苦，早年向往革命，拥护孙中山的革命主张，1914 年参加了中华革命党，在桑植、石门县做兵运工作。1916 年，他领导湘西暴动，攻打石门，后在桑植县讨伐袁世凯的民军中任总指挥。他为了反对苛捐杂税，两把菜刀闹革命，夺取反动派的武器，投入了反帝反封建的武装斗争。大革命时期，他积极参加北伐战争，历任师长、军长，屡建战功，是当时国民革命军中著名的左派将领。1927 年蒋介石叛变革命，在革命处于低潮，我党处境极端艰险的情况下，贺龙同志依然坚决站在共产党和革命人民一边，在党中央代表周恩来同志领导下，率国民革命第 20 军英勇地参加了南昌起义，担任起义军总指挥，并志愿加入中国共产党。南昌起义部

队转战进入广东汕头失利后，贺龙同志请求中央同意他回到湘鄂西。同周逸群等同志组织革命武装，创建了湘鄂西根据地。以后，贺龙同志历任工农革命军第四军军长和前委书记、二军团总指挥、三军军长、中央分局委员和红二方面军总指挥等职。贺龙同志领导的革命武装在同任弼时等同志领导的红六军团会合后，开展湘西攻势，粉碎敌人的"围剿"，歼灭了整师整旅的敌人，有力地配合了一、四方面军和其他根据地的斗争，创建、发展了湘鄂川黔根据地。贺龙同志被任命为中史军委分会主席、中共湘鄂川黔边省委委员和湘鄂川黔革命委员会主席、军区司令员。1936年，贺龙同志和任弼时同志领导了红二方面军的长征，与四方面军、一方面军会合后到达西北革命根据地。抗日战争时期，贺龙同志和关向应等同志开辟了晋绥抗日根据地，历任120师师长、晋中军政委员会书记、晋北军区司令员、陕甘宁晋绥联防军司令员、晋绥军区司令员等职。在党的第七次代表大会上，贺龙同志当选为中央委员。解放战争时期，贺龙同志任西北军区司令员、西北局第二书记。新中国成立后，贺龙同志曾任西南军区司令员、西南局第三书记、中央人民政府委员、国防委员会副主席、国家体委党组书记等职。

　　贺龙同志是我党的优秀党员，久经考验的无产阶级革命家，卓越的军事家、是我军的创始者之一。他在土地革命战争、抗日战争和解放战争中历尽艰险，百折不挠，英勇善战；在党中央、毛主席的领导下，坚决执行正确的政治路线和军事路线，为人民军队的创建、发展、壮大，为人民战争的胜利，为中国人民的解放事业和新中国的诞生，建立了丰功伟绩。新中国成立后，在社会主义革命和建设中，他对我军革命化、现代化建设，对我国体育事业的创建和发展以及国防工业建设等，都做出了重大的贡献。他的一生是战斗的一生，革命的一生，光辉的一生。他忠于党，忠于人民，忠于社会主义事业，善于把马列主义、毛泽东思想运用于实际。他光明磊落，刚直不阿，顾全大局，豁达大度，平易近人，对革命坚信不移，对困难从无畏惧，始终充满革命乐观主义。他的英雄形象和崇高品德，受到了全党、全军和全国各族人民的爱戴和崇敬。

贺龙同志光辉的革命历史，早为全党、全军和全国各族人民所共知。但是，在"文化大革命"中，林彪、江青和康生一伙，阴谋反军乱军、篡党夺权，视贺龙同志为重大障碍，对他有计划有组织地罗织罪名、打击陷害。1966 年 7 月，康生无中生有地诬陷贺龙同志搞所谓"二月兵变"；8 月中旬，林彪指使吴法宪等人写材料，诬陷贺龙同志在海军、空军等单位夺权；9 月 8 日，林彪在军委常委会议上诬蔑贺龙同志在军委各总部、各军兵种和一些地方搞"颠覆活动"，"伸手夺权"。江青则紧密配合，处心积虑地打倒贺龙同志。林彪、江青一伙用编造的假材料，欺骗中央做出同意对贺龙同志进行审查的决定。在"九一三"事件以前，所谓审查工作，又一直被林彪、康生、江青、黄永胜、吴法宪、叶群、李作鹏等人所把持。他们为达到把贺龙同志置于死地和打倒一大批老干部的反革命目的，竟把非法搞来的材料和各种伪证，加以拼凑编造，诬陷贺龙同志"通敌叛变"，并株连迫害了一大批同志。他们伪造的所谓贺龙同志"通敌叛变"的材料，完全是颠倒历史，混淆黑白。1933 年 12 月，蒋介石派反动政客熊贡卿游说贺龙同志，妄图收编我军。熊先派梁素佛来试探，贺龙同志首先发觉敌人的阴谋，当即将情况报告了湘鄂西中央分局，经分局决定，"为要得到蒋介石对中央苏区及四方面军之破坏工作的消息"，可诱使熊贡卿来我军驻地。在熊贡卿供述情况后，贺龙同志当即"将熊事公开，举行群众审判"，予以处决。林彪一伙本已查到了这份重要报告，不但隐匿不报，反而对有关人员大搞逼供信，捏造伪证，制造冤狱。至于所谓贺龙同志"阴谋篡夺军权"、搞

"二月兵变"等问题，已经查明。均无其事，完全是林彪、康生等为陷害贺龙同志而蓄意制造出来的谎言。

贺龙同志被关押期间，林彪、江青一伙对他在生活上百般虐待，在精神和肉体上摧残折磨，在医疗上横加限制、拖延，但贺龙同志始终坚贞不屈，对林彪、江青一伙进行了坚决斗争；他始终坚持党的原则，坚持实事求是，表现了共产党员坚贞不屈的气节和高尚品德。1969 年 6 月 8 日，在贺龙同志病情恶化后，林彪、江青一伙不但不采取应有的抢救措施，反而使用了促使其病情恶化的卑劣手段，致使贺龙同志于 1969 年 6 月 9 日含冤逝世。

贺龙同志被林彪、江青和康生一伙残酷迫害致死，是十年内乱期间发生的一起令人极为痛心的大冤案。毛主席、周总理和邓小平同志曾多次指示要为贺龙同志平反，恢复名誉。1974 年 9 月 29 日中央发出了《关于为贺龙同志恢复名誉的通知》。但《通知》对贺龙同志的平反是不彻底的，有些提法是错误的。因此，中央决定，撤销原中发〔1974〕25 号文件和中发〔68〕71 号文件，为贺龙同志冤案所株连的所有同志彻底平反，消除影响。

第四章　20 军是一支什么样的部队

第一节　20 军是一支骁勇善战的钢军

一、贺师长努力杀贼，殊堪嘉许[①]

1926 年春，广州革命政府准备北伐。得到这一消息，时任川军师长的贺龙立即派人去广州请示方略，同时誓师返湘，准备与广东的北伐军一起打垮北京政府，统一中国。贺龙所部于 7 月 16 日，奉广州国民政府命令改编为国民革命军第 8 军第 6 师，唐生智委任贺龙为师长兼湘西镇守使。

由于北伐军声势浩大，黔军首领袁祖铭也向广州国民政府提出了："恳予收容"的请求。袁被委任为国民革命军左翼总指挥，其部属彭汉章、王天培分任第 9、第 10 军军长。实际上，袁仍在窥测时局变化，处于徘徊不定之中，因此，只派彭汉章率第 9 军入湘，其余部队和他本人仍留在川、黔边境。

因北伐军左翼总指挥袁祖铭及其主力部队迟迟不动，对整个北伐

---

① 语出自《蒋介石年谱》，九州出版社 2012 年版，第 668 页。

的行动，产生了不利影响。贺龙为了促使左翼各军积极投入北伐，便请彭汉章到沅陵，向彭表示，只要他们肯出兵，贺部愿为前驱。面对贺龙的大义凛然，以诚相待，尽管彭对袁祖铭暧昧的态度存在顾虑，仍对贺龙的建议表示同意。贺龙又利用自己的关系，对投靠吴佩孚的湘军叶开鑫、贺耀祖两师做了许多争取工作。贺龙将叶部旅长姚继虞请来，晓以利害，使姚旅倒戈，投入了北伐军；又将贺耀祖的参谋长毛炳文请来，做贺的工作，虽当时未能使贺耀祖改变态度，却使其军心发生了动摇。

7月11日，北伐军进入长沙，贺龙率兵向踞守常德的北军王都庆师、湘军贺耀祖师发起攻击。8月1日，贺师先头部队占领常德。3日，贺龙抵达常德，接到北伐军中路前敌总指挥唐生智和中路军右纵队指挥李宗仁电令：迅速联络黔军，先进常德，再攻澧州，准备向鄂西出动，以动摇荆沙之敌，保证北伐军西侧安全。此时，左翼第9军第2师杨其昌部已抵常德，但该军主力仍在沅陵；王天培的第10军停师在芷江；左翼总指挥袁祖铭还在贵州坐视不动。而北伐军总部已决定进行汨罗会战，兵分3路向北推进。其部署是中路出岳阳，取武汉；左翼出澧州，取宜昌、沙市，掩护中路左侧，牵制鄂敌；右翼集结于攸县，监视江西敌军，掩护中路右侧。

北军方面，吴佩孚在鄂西宜昌、荆州、沙市集结了3个师及川军8万人，准备从北伐军左侧插入，断其归路，再与武汉守军及河南调来的几个师前后攻击，歼灭北伐军于两湖战场。

在这种情况下，远在贵州和湘西的左翼北伐军主力，如再不行动，将无法对中路起到掩护作用。事关北伐大业成败，贺龙当机立断，和第9军第2师师长杨其昌一起代表实际不在常德的军长彭汉章于8月10日联名发出通电，企图造成既成事实，促使彭部主力北进。

8月12日，北伐军总司令部决定主力直捣武汉。14日下达总攻击令。在此之前，贺龙部已将吴佩孚所属北军一部和贺耀祖的1个团又1个营击溃，占领了临澧。到19日北伐军发起总攻时，左翼9、10两个军主力仍在湘西，而袁铭祖还在贵州。在前线的左翼军只有贺龙率领的第9军第1师和杨其昌师。面对8万敌军，实难对担任主攻的中路军起到有效的掩护作用。贺龙忧愤交加，除令所部坚决向北军继续攻击外，又联合杨其昌致电北伐军总司令蒋介石，要求前来该师的党代表吕超暂代左翼总指挥职务，以便统一指挥左翼各军迅速进攻。贺龙这一建议得到蒋介石批准，由于贺龙顾全大局，努力斡旋，并以本师为表率，终于使左翼的状况有了改观。

8月27日，贺龙攻占慈利。随即挥师猛追，进逼澧州。澧州一带只剩下了依附北军的贺耀祖师。贺耀祖眼见贺龙攻势猛烈，被迫倒戈，接受改编，被北伐军总司令部委任为独立第2师师长。贺龙率部收复了津市、澧州。到8月底，中路北伐军在贺胜桥等处连战连捷，逼近武汉。8月30日，蒋介石电复吕超转奖贺师长，电文中称："贺师长努力杀贼，殊堪嘉许。"是年底，贺龙率部收复了宜昌，成为北伐中的一代名将。

二、宜昌之战

北伐战争形势瞬息万变。早在10月间，因为右翼北伐军在江西失利，已表示输诚的鄂西北军统帅卢金山随即改变了态度。他秉承吴佩孚的意旨，勾结孙传芳及川军杨森，又公然在宜昌宣布"讨赤"。这时，鄂西的北军纠集了两个军又4个师的兵力，由沙洋东犯，进入天门、潜江，企图夹击北伐军，进而夺取武汉。到11月中旬，右翼北伐军在江西战场转败为胜，消灭了孙传芳的主力，肃清了江西全境之敌，中路北伐军收复了鄂东，总司令部乃决定会攻宜昌。第1师所在的北伐军左翼第9、第10军及第8军教导师在长江右岸实施主攻；第25军第3师在长江左岸策应；第8军第1、2两师及鄂军第1师溯江而上，配合左翼作战。为适应宜昌作战的需要，贺龙将部队扩编为3个旅，另将收编的民军编成两个独立旅，共5个旅15个团2万余人。按左翼各个部队的军事、政治素质，贺龙师自然成为其中的主力。

1926年12月6日，宜昌战役开始。贺龙率部首先协同友军肃清了长江南岸的敌军，毙伤敌2000余人，俘敌500余人，缴枪700余支，占领松滋。13日，贺龙亲率军在宜昌、沙市间渡过长江，扫清沿江防守之敌，占领沙市，再分兵两路：一路向当阳追击，一路进逼宜昌。在贺龙和第10军王天培等部的迅猛进攻下，卢金山通电下野，于学忠、阎德胜师撤往鄂北，张福臣师退向兴山、巴东，川军杨森部撤回四川，17日，贺龙、王天培两部占领宜昌。此役，第1师毙敌团长3人，毙伤敌团以下官兵2000余人，俘敌数千，缴枪3000余支。

此次作战的激烈程度，在贺龙及其部队的经历中是少见的。据国民革命军总司令部参谋处记载：

接长沙陈恩元、靳经纬、严仁珊有（26日）电如左："（1）我一、二两师与敌在斗湖堤接触，敌方兵力甚厚，激战一昼夜，卒将斗湖堤占领。是役贺师七团，除团长外，死亡殆尽。杨师伤亡官兵亦多。（2）次日，黄津口之敌死力来攻，激战两昼夜，始将敌击退。是役阵亡贺师旅长贺敦武一员，官兵甚多。杨师营长负伤7员，官兵数百。（3）请迅接济子弹，并催王总指挥天培从速增援。"

接公安吕党代表敬（24日）电如左："（1）超于哿日同贺

云卿、杨其昌两师长到达公安县，与敌激战于黄津口附近。(2)
马日令杨师全部附贺师之一部，由正面进攻黄津口之敌。贺师
之一部由观音寺、曾埠头向斗湖堤之敌进攻，激战至养日，两
处均互有胜负。(3) 斗湖堤至黄津口之线，有天然之险，逆敌
卢金山、于学忠、王都庆旧部陈德胜等联合固守，顽强抵抗，
我官兵伤亡甚众。(4) 超于养日赴观音寺，漾日由院泊堤督同
一师贺敦武旅由赵家桥深入，以攻黄津口侧背，同时，贺龙师
长由金口，杨师长由龙墙，均向黄津口之敌众包围，攻击数
次，激战终日，遂将敌之主力完全击破，敌向马家咀溃退。(5)
是役贺旅长阵亡，主要军官伤亡约三分之二。"

战况的惨烈，可见一斑。①

贺龙的部队是一支崇尚英雄的部队，贺敦武的牺牲对贺龙军来说是
一个重大损失。贺敦武的遗体身穿带血的军装，由士兵用滑竿从黄金口
抬回桑植下葬。一路上无数百姓为他敬香烧纸。

贺龙实现了"不取得荆沙，决不转身"的誓言。宜昌战后，国民革
命军总司令部下令将贺龙所部编为独立第 15 师，委任贺龙为师长，脱
离第 9 军序列。

三、公安之战②

北伐军进攻湖南后，节节胜利，连克岳州、汉口，包围了武昌。吴
佩孚仓皇退回河南。但他并未死心，惊魂甫定，便又组织力量进行反

---

① 参见《贺龙传》，当代中国出版社 2007 年版。

② 刘达五，时任 20 军 1 师 1 团团长，内容据其回忆录。

扑。1926 年 9 月末，贺龙将军突然令刘达五与他一道赴前线指挥。他
向刘达五介绍了当时的战争形势：吴佩孚企图重整旗鼓，从河南和鄂西
两个方面同时用兵，夹攻武汉。他除了命令刘玉春死守武昌待援外，亲
自指挥他在河南的兵力南下猛扑武汉。同时又在鄂西宜昌至沙市一带集
中了卢金山、于学忠以及川军杨森三部军队共八万余人，从我军的左翼
插入湖南，直趋岳州，切断北伐军的后路，然后合围武汉。在鄂西方
面，贺龙部首当其冲，情况十分危急。

　　贺师长和刘达五乘马出发，只带了一个手枪连，兼程赶往公安。
这时，正面沙市、荆州的守敌已经开始全面出击。两军在黄金口、陡
湖堤、黑狗咀、闸口一带展开了激烈的争夺战。贺敦武旅长身先士
卒，反复冲杀，给敌人造成了很大的伤亡，我军以寡敌众，虽然英勇
作战，但损失越来越严重，处境已经极端困难。正当这时，更严重的
情况出现了，杨森率领的四个师从我军的左侧攻陷松滋后，斜插石
首、公安，切断了贺龙部与澧州、常德的联系。贺军前后受敌，一部
分官兵发生动摇，丢枪逃跑。与此同时不幸的消息传来，贺敦武旅长
在羊毛滩壮烈牺牲！

　　贺师长忍着内心的悲痛，继续镇定自若地指挥战斗，立即组织力量
打退正面的敌人。他命令刘达五带上一个手枪排，发动老百姓把活着的
伤兵抬回来。尽最大可能把枪支捡回来。代理旅长贺锦斋带着部队奋勇
发起反攻，拼死打退了从沙市方面出击的敌人。刘达五带着几百群众，
抬下了成百的伤兵，捡回了上千的枪支。

　　贺龙师长亲自指挥全师转向南冲断了杨森的队伍，沿石首、公安重
新组织防线。贺锦斋、欧百川两旅拦住了敌人向澧州进攻。杨森攻澧州
不久，便向东直趋监利。贺龙将军又命令前线部队不断侧击敌人。杨森
的几万部队像一条在我军面前横过的长蛇，浑身都受我军的打击，终于

不敢向岳州进犯。吴佩孚的计划被打破了。

回到澧州后，贺龙将军谈这一次战斗时说："我们丢了一两千人，阵亡了一员大将，牺牲是很大的，可是我们打破了吴佩孚的如意算盘，稳住了北伐军的左翼，支援了中路军，保住了武汉。我们的人没有白死。"在谈到一些官兵丢枪逃跑时，贺师长沉痛地说："这个教训是很大的，说明我们的政治工作做得很差。上一回当，学一回乖，要特别注意加强政治工作。"

十一月中旬，总部正式批准晋升贺锦斋为第 1 旅旅长。刘达五受命接替贺锦斋，担任第 1 团团长。陈图南本来打算提升他的亲信陈黑（营长）接替贺锦斋担任第 1 团团长，贺龙将军不同意，亲命刘达五担任团长，并把他的一支"自来得"手枪当众送给刘达五。

四、贺师长督阵"太极军"覆没 [①]

1927 年 5 月，国民革命军独立第 15 师在贺龙师长率领下，从湖北汉口进发河南。前进路上，遭到"红枪会"武装阻挠。为此，师部命令 1 团去攻打九里关"红枪会"武装。

部队从信阳出发，当天下午一时许到达九里关，在附近山头上搭起帐篷。下午三时左右，听到了号角声，当时还不知道这就是"红枪会"的人在吹集合号。当时刘应铭向班长和排长请假，到山下附近的村子里买鸡蛋吃，还有两个人也提出要去，他们三个人一同进村，走进一家老百姓的屋子，里面空无一人。锅里有饭，有菜，还有肉，由于军纪严明，他们都不敢吃。走出来时，听到清脆

---

① 引自《刘应铭回忆录》。

的步枪声，以为是阵地上打的枪。正在这时，遇见一个赶着二三十头猪的老百姓，便询问他是哪里打的枪？老乡告诉他们："红枪会"的人来了，就在前面，要他们赶快走。当时，刘应铭等人思想上有些害怕，不敢从原路返回，就从大路往回奔。跑了大约半里多路，发现路旁有块大石碑，刘应铭心想："人们传说'红枪会'的人是刀枪不入，我却要试试看，于是，很快在石碑埋伏好。"不一会"红枪会"的人来了，他们手里拿着日本式的战刀，摇摇晃晃像醉汉一样，刘应铭瞄准他们，射出一夹子弹（五发），很奇怪，一个也没倒下。接着刘应铭转回阵地。1团2营营副杨福，是桑植人，曾在四川秀山一带打过"神兵"，有些经验，又有师长在督阵，就甩动皮鞭高喊："同志们，快冲，冲上去！"前沿的人开枪射击，一下子打倒好几个敌人。"打得死，打得死"的喊声，顿时鼓起了士气，于是大家一阵猛打猛冲，"红枪会"的人一片片地倒下了。战斗结束，毙敌一百九十余人，只有极少数人逃脱。晚上，有些胆子大的人，商量好去检查敌人的尸体，看有什么鬼名堂。当解开他们的上衣时，只见胸前刺有"太极图"花纹。从倒在地上的旗帜看，上面写着"天命太极大道"，这才知道被打死的人不叫"红枪会"，而是"太极会"的武装。这些人是奉、直军阀所豢养为其卖命的。他们的任务是破坏铁路交通和桥梁，以阻止北伐军前进。36军和其他友军攻打他们时，就曾吃过亏，如果不歼灭他们，扫清前进路上的障碍，北伐战争就难以迅速取得胜利。

歼灭"太极军"后，武汉政府开始不相信，曾派人来验尸，部队当时仍驻军在阵地上，过了五六天，验尸的人才到，但尸体已腐，臭气冲天。经过验尸，武汉政府才确信，并对独立第15师予以嘉奖。

五、逍遥镇大捷

逍遥镇在周口、西华、临颍、漯河的中央，距漯河、临颍皆为 30 公里左右，地位重要。1927 年 5 月，贺龙帅部在此地与奉军激战沙河从西经该镇南侧流向周口，宽三五十米，利于防守。奉军在逍遥镇及其两侧防守的有步、骑、炮兵约 5 个团，共 5000 余人。

贺龙对敌情、地形进行了周密侦察，发现敌人仅沿沙河向南设防，缺乏纵深配备；逍遥镇东南张家店以东，只有敌军 1 营骑兵，兵力薄弱。贺龙决定，先打敌之弱点，击破骑兵营，而后从侧后进攻逍遥镇。

23 日晚，贺龙将师主力集中到右翼的邓城地区。次日黎明，第 1 团偷渡沙河，全歼敌骑兵营。第二团绕到敌步、炮兵侧后。贺龙亲率第 1、第 3、第 5 团沿沙河左岸向西进攻。敌人的侧翼和后方遭到突然打击，惊慌失措，一触即溃，纷纷向逍遥镇逃窜。独立第 15 师跟踪追击，至 17 时许，逼近逍遥镇。在第 12 师配合下，经 1 小时激战，占领了逍遥镇。残敌向临颍、鄢陵方向逃去。

这次战斗，独立第 15 师俘敌 3000 余人，缴获约 4 个团的装备，包括 24 门野炮，拦腰斩断了奉军的沙河防线。全师仅伤亡 60 余人。逍遥镇上，敌人遗弃的武器、弹药、辎重不计其数。镇上居民纷纷上街欢迎北伐军。

6 月 4 日，汉口《民国日报》以"奇兵制胜"为题，称赞独立第 15 师"战略颇妙，故敌军损失奇大，而该军伤亡甚少"。24 日晚，总指挥唐生智就逍遥镇大捷打电报给武汉政府说："贺师本日酉时克逍遥镇，缴枪 2000 余支，大炮 20 门、机枪 40 余挺、俘虏 3000 余人"。在武汉的国民政府及中央军委当即召开扩大会议，通过决议"对于北伐将士

之努力，表示极诚恳地嘉慰"。苏联顾问评价此次战斗说："贺龙独立第
15师的胜利，极大地便利了张发奎的第4军和第11军强渡沙河，向北
挺进。"

六、北伐军里还有一支钢军

奉军的沙河防线失守后，在临颍集中了六七万人，包括坦克和大量
炮兵部队，由韩麟春指挥，决心依托工事与北伐军决战。奉军在京汉铁
路和临颍以东蜿蜒10余公里的弓形阵地上配置了3万部队，其余兵力
配置在京汉铁路正面的小商桥和临颍以西地区。同时，还从郑州向临颍
增调5个步兵旅、1个骑兵旅，准备参战。

第二纵队是唐生智的嫡系，面对如此强大的敌人，唐生智唯恐它
遭受严重损失，26日深夜，突然改变计划，令张发奎的第一纵队"放
弃向北攻击之计划"，"转向临颍方向进攻敌侧背"。对于这番调整部
署，1927年8月27日，上海《时事新报》评论说："第二次北伐，唐
生智对与共产党有关系之军队，既已步步提防，临颍战役临时变更
计划，以与共产党有关系之军队参加正面作战，致彼损失8000多之
士兵"。

贺龙深知唐生智的居心，但他顾全大局，27日便和第一纵队的其
他部队一同转向西方展开攻势。他以一个团进攻黑龙潭之敌，亲率主力
进攻京汉铁路上的要点小商桥。18时发起猛攻。一场血战，双方伤亡
达800余人。残敌不支，向临颍撤退，独立第15师占领了小商桥，解
除了对第36军右翼的威胁。

28日，贺龙挥师北向参加对临颍的总攻。他在第12师和第36军
之间加入战斗，以一部兵力向临颍城南方进攻，协同第36军作战，

主力进攻临颍东南方敌军侧翼，协同第 12 师，第 36 师作战。从早晨
6 时苦战至 16 时，突破敌军阵地，俘敌数百，缴获前线奉军 5 辆坦克
中的 3 辆，占领临颍城南侧地区。同时，第一纵队的其他部队也突破
了临颍城东的敌军阵地，向临颍迫进。敌军全线撤退。

临颍之役共消灭奉军万余人，北伐军取得了又一个大胜利，但也付
出了重大代价。独立第 15 师伤亡尤大。该师第 5 团原有官兵 1800 余名，
战后只剩下了 365 人。当第 5 团集合列队，迎候战地检阅时，贺龙噙泪
哽咽地说："弟兄们，挺起胸来，我们伤亡了许多兄弟，鲜血染红了临
颍，但打垮了几万奉军，夺取了决战胜利，你们是立了头等大功的！"

这时，冯玉祥部已经占领洛阳，正朝郑州推进。奉军害怕后路被切
断，纷纷向黄河以北退却。北伐军乘胜追击，5 月 29 日，贺龙率部与
友军配合占领许昌。6 月 4 日，第 36 军与冯玉祥部会师郑州，贺龙率
部进入河南省会开封。至此，黄河南岸敌军已被基本肃清，北伐军取得
了辉煌胜利。

在此战役中，贺龙立下了卓越功勋。贺龙率领的独立第 15 师被誉
为"战绩最大、声誉最高"、"异常奋勇"的"钢军"。在武汉的国民
政府主席汪精卫也承认："贺龙的独立师，战绩很大，伤亡不小"。武
汉国民党中央军事委员会给贺龙等拍来电报："闻郑州围歼，继以开封
克复，国军奇捷，举世罕见。公等运筹决胜，身先士卒，与诸将士之
忠诚用命，为党奋斗，胥于此战见之。捷电飞来，两湖民众，欢声雷
动……敬盼公等激励将士，继续战斗，以竟功而利党国。谨电祝捷，
并祝努力。"

6 月 15 日，国民政府决定将第一集团军第四方面军扩编为第四集
团军，下辖第一、第二方面军；独立第 15 师扩编为国民革命军暂编第
20 军。任命贺龙为军长，周逸群为军政治部主任。6 月中旬，汪精卫、

冯玉祥在郑州会谈后，宣布在河南的北伐军主力撤回湖北。贺龙奉命率第20军回师武汉。

七、贺龙二次北伐记事

4月21日，武汉北伐军开始沿京汉铁路向河南进军。

4月底，北伐军集结于信阳和驻马店附近。

5月13日，北伐军总指挥部发布总攻击令，北伐军与奉军在中原展开了激战。贺龙奉令率所部在武胜关至信阳间追剿骚扰破坏铁路交通的"红枪会"。其间，与政治部主任周逸群联名颁布《国民革命军独立第十五师布告》。

5月14日，第一纵队以第4军的12师、25师和第11军的第10师由汝南楚庄铺、高井等地出发，北攻上蔡。经过激烈战斗。于17日攻克东、西洪桥，上蔡奉军投诚。第二纵队经激烈战斗，于17日攻占西平。

5月17日，驻防宜昌的独立第14师师长夏斗寅叛变。武汉政府派叶挺率部往剿，21日击溃夏部。

5月18日，奉令率部赶往前线，参加战斗。

5月21日，驻长沙第35军第33团团长许克祥在长沙发动"马日事变"。

5月23日，北伐军与奉军在百里沙河上展开了全线渡河作战。贺龙率领所部选择了敌人防守薄弱的左翼端——邓城作为渡河点，首先渡河成功。

5月24日，在南岸12师的配合掩护下，贺龙率部采取"避实就虚，迂回敌后，攻其不备"的战术，沿河西上，于傍晚6时许袭取了逍遥镇。

"是役该军（即独立 15 师）战略颇妙，故敌军损失极大，而该军伤亡极少，计夺获步枪 1000 余支，大炮 8 门，机关枪 10 余挺，马 100 余匹，炮弹、手榴弹等军用品无数"。

5 月 27 日，北伐军集中第一、二纵队向临颍发起追击。贺龙奉令先肃清小商桥以南之敌后，第二天，又奉令自小商桥北上，进攻临颍南门。因奉军在临颍麇集了大量军队，北伐军经过多次冲锋，以重大牺牲，直到傍晚 5 时，才攻入临颍县城，守敌星夜向北逃窜。此役正如彭泽湘主任电中所述：

> 奉逆自失去漯河天险后即大批增援，集中临颍，反攻正面，张逆学良，亲赴前线痛哭誓师，并撤换赵逆恩臻之军长，枪毙旅长一名、团长三名，将逆军之七、八、十、十一、十九、五军，邹逆作华之炮兵旅，万逆福麟之骑兵旅，均行调集，所有唐（坦）克车轻重拍（迫）击炮，均行使用，欲与我军争此生死一着，我三十六军、四军、十一军、贺师，奋勇争先，前仆后继，以血肉之躯，与如雨之弹火相搏，辛将大憝击溃，败不成军，不仅夺得极多之战利品，并将张逆学良之卫队俘获多名。此役实为从来未有之恶战，前方武装同志之辛苦，可想而知，而我们死伤亦极重一大……

6 月 1 日，北伐军第二纵队第 36 军同冯玉祥部会师郑州。贺龙率领所部同友军直接由周家口北进，经朱仙镇，直逼开封。

6 月 2 日下午 3 时，贺龙率所部首先攻入开封。旋即致电总指挥部：

> 黄河南岸敌军至此基本肃清，会师中原的计划得以胜利实现。龙此次奉令北伐，转战十余县，逍遥镇、小商桥两役，奉逆损失甚大，纷纷向黄河以北溃退。龙本日下午三时率所部一、二、三、四、五各团进抵开封，民众极为欢迎我军，省城

秩序已完全恢复。龙叩冬（二日）印。

6月3日上午，率所部参加在开封召开的革命武装同志联欢大会。参加的部队有第一集团军第4军、第11军、独立第15师、暂编第2军及第二集团军骑兵第1旅和步兵第3旅。会议决议"我革命武装同志，当敬谨接受吾党最近策略，集中党的威权，发展农民运动，拥护三大政策，实行军队党化，铲除新旧军阀，打倒帝国主义，实行三民主义……"

6月7日上午，率部参加在开封举行的军民联欢大会。会场上"一致高呼拥护中央党部，拥护国民政府，打倒奉系军阀，打倒反革命的蒋介石，革命空气，极形紧张，开封实足为北伐之新后方也。"国民革命军北伐军总政治部通电嘉慰张发奎、贺龙等，"闻郑州围歼，继以开封克复，国军奇捷，举世罕见，公等运筹决胜，身先士卒，与诸将士之忠诚用命，为党奋斗，胥于此战见之，捷电飞来，两湖民众欢声震动……"

6月9日下午1时，湖北各界慰劳前敌将士代表团携大批物资，在开封西门公共体育场向独立第15师全体将士慰问。代表团各代表及该师士兵数人先后登台致辞，"情词恳挚，语气激昂，一时革命空气，异常浓厚，全体将士无不欢欣鼓舞。"

6月10日，汪精卫、唐生智等在郑州与冯玉祥举行会议，决定河南军政交冯处理，唐军回师武汉。

6月上旬，贺龙将在张家店、逍遥镇、临颍诸战役中夺获奉军的军马200多匹，组成一骑兵队，并请擅长马术的俄国顾问纪功专责训练。

6月15日，武汉政府委唐生智为国民革命军第四集团军总司令兼国民革命军第一方面军总指挥，张发奎为第二方面军总指挥，黄琪翔为第 4 军军长，朱晖日为第 11 军军长，贺龙为第 20 军军长，各方面军仍归军事委员会直辖。

6 月 20 日，冯玉祥应蒋介石之邀，到徐州与蒋介石等举行特别会议，会商"分共"与宁汉合作继续北伐等问题。

6 月 23 日，武汉国民政府唐生智下令东征讨蒋，进攻南京。

6 月 24 日，贺龙奉令率部返汉。蒋介石企图将贺龙部队在开封到武汉的转移途中缴械。贺龙成功地选择了转移路线，采取了必要的防范措施，因而蒋介石的阴谋未能得逞。

6 月 26 日，贺龙率军抵达汉口。司令部设在武昌崇福山街圣约瑟学校。

第二节　贺龙如何带领 20 军参加南昌起义

一、20 军与共产党的渊源

1. 贺龙与周恩来、周逸群的合作

图 4—1　周恩来

　　周恩来、周逸群和贺龙这三个人年龄相仿，成长道路不同，却信仰一致，性格不同，但个性都强。贺龙是在 1926 年认识周逸群，1927 年认识周恩来的。周逸群和周恩来是党内同志、上下级关系。南昌起义之前，更准确讲，贺龙入党前，与他们没有任何组织关系，只是志同道合，相熟彼此欣赏，周逸群还是贺龙的下级。他们是贺龙身边共产党的

图 4—2　周逸群

图 4—3　贺龙

代表人物。那个年代，共产党员个人魅力的宣传作用非常重要。如果贺龙不能百分之百的信任周逸群、周恩来，他就不可能那么果断下决心参加革命。选择是双向的，更何况共产党正处于最困难时期。

2. 初议起义大计

根据贺龙同志的回忆，至少在 7 月初党内党外就有人在议论起义。1927 年 7 月 2 日，下午 1 时，贺龙出席第二方面军在阅马场举行的第二次北伐阵亡将士追悼会。7 月 5 日，方面军总指挥张发奎和升迁的各军长、师长一起在武昌方面军总指挥部（旧督署）礼堂举行就职典礼。并联名发表就职通电。

1959 年在庐山上，贺龙对黄霖同志说，"从河南回到武汉后，我就向周逸群同志建议过，要在武汉起义，周把我的建议上报后，陈独秀右倾投降主义没有采纳。"

贺龙同志在南昌接受档案馆同志采访时讲"起义是在武汉就决定了。没有暴动是不行的。当时有部分人不愿意搞军事，只愿当政工人员，给张发奎、唐生智扩大部队，自己不要武装。结果反动派一翻脸就完了，不拿武器不行。在武汉原有两个机会：一个是武汉开追悼会上搞掉汪精卫，一个是我们几个新军长就职典礼，但没搞成功，很明显是没被批准，所以再到南昌来起义。我们两次未起义反动派更猖狂，解散工人纠察队、农民自卫军的队长没处藏身我就收留起来。从武汉到南昌时我收留了300多个'红帽子'（公开的共产党员）"。

贺龙是个做事非常果断的人，无论在武汉还是南昌起义，从军事角度来讲，执行这样的行动，完全没有困难。即使更艰巨的任务，在北伐过程中，他也经历过。但是加入共产党的行动，他必须听指挥耐心等待。

3. 应对复杂局面，坚持革命信念

党组织没有明确指示之前，贺龙只能耐心等待，但是他的队伍需要稳定，各种势力与他的关系越来越复杂，压力也越来越大。

"四一二"之后，国民革命军队伍开始分化。贺龙在河南对周逸群讲，部队里的共产党员都不要走，继续留下工作。这就是贺龙的态度。

7月9日，武汉国民政府委任贺锦斋任国民革命军第20军第1师师长，贺龙兼第2师师长，陈陲交任第1师副师长，章亮深任第2师副师长。唐生智约贺龙次日上午10时或下午2时在武汉会面。

7月10日，贺龙率部离开武昌到鄂城，有意避开与唐生智会面。因为贺龙知道唐生智会面的目的，是为了拉拢他，离开共产党。

7月12日前后，率部离开鄂城，移至黄石港、大冶等地。根据共产国际执行委员会的指示，中共中央改组，由张国焘、李维汉、周恩

来、李立三、张太雷组成临时中央政治局兼常委，陈独秀停职。会议决定"发动湘鄂粤赣秋收暴动，联合第二方面军张发奎开回广东建立革命根据地。"这是"四一二"反革命政变后，中共中央第一次关于武装暴动的决定。"联合第二方面军张发奎开回广东建立革命根据地"也是南昌起义后的行动思路。

7 月 14 日，贺龙在大冶出席第 20 军的师长就职典礼。

7 月 17 日晚，他到达黄市，在袁记水泥厂办公楼召开连以上军官大会。当时继蒋介石叛变革命之后，汪精卫也公开叛变了。他们实行"宁汉合流、反共灭共"，"宁可错杀一千，不许漏网一个"的屠杀政策。贺龙讲话："我们的队伍，是工农大众的队伍，是工农革命的队伍，我们已经闹了多年的革命，现在我们还要不要革命？现在摆在我们面前有三条路：第一条路，是我们自己把队伍解散，我们大家回老家去。这条路行不行？""不行！"大家回答。贺龙接着说："第二条路就是跟着蒋介石、汪精卫去当反革命，屠杀共产党，屠杀人民，屠杀自己工农兄弟。这条路行不行？""不行"大家异口同声回答。贺龙最后再说："第一条路是死路，自杀的路；第二条是当反革命的路，也是自杀的路，还有第三条路。我们要为工农劳苦大众的解放而战斗！我们要打倒帝国主义，打倒封建军阀，打倒贪官污吏，打倒土豪劣绅。我们要走革命到底的路！坚决跟着共产党走，走到底！"会上群情激昂，贺龙还和大家一起高唱《北伐战歌》。这是 20 军全军关键的转折。这样的态度和行动是与共产党同步的。

这期间周逸群给中央的报告反映了形势的严峻与贺龙所部的情况。

自七月十五日武汉政府正式反动后，文字上之宣传非常厉害。当时可为吾人所用者，唯二十军及十一军之一部分，但二十军在大冶时其部下亦非常动摇。所幸其部下封建思想极浓

　　厚，自师长以下莫不视贺氏为神人，故当时唯有利用贺之主张及言论以为宣传之资料。

　　贺龙这时的政治态度谁都代替、强加不了。周逸群一年来的政治工作与贺龙的磨合是成功的。

4.南昌起义前贺龙与共产党的互动

　　20军隶属唐生智第二方面军。武汉国民政府唐生智下令东征讨蒋，20军从武汉到九江还说得过去。共产党中央安排领导同志从武汉撤退去九江，九江谈话便是这么产生的。另外汪精卫、张发奎、朱培德等人经九江上庐山开会，阴谋控制贺龙、叶挺的部队，双方势力齐聚九江，九江变成风暴中心。

　　此时中共已经决定在南昌举行起义，因为贺龙是南昌起义军的总指挥，他知道起义时间很重要、很正常。也因为他不是共产党员，不知道起义时间也很正常。无论贺龙是否知晓南昌起义的具体安排，他都做了充分的准备。兵马未动粮草先行，1万多人的队伍，贺龙怎么做呢？他的军需官早就进了南昌城，到江西大旅社找老板，签合同订房子，清退客人，准备食宿。从武汉和九江来的同志们，绝大部分住在大旅社，周恩来同志也在大旅社住过。假如按照犹豫多变的计划执行，恐怕南昌起义的准备工作不会如此顺利。

　　7月23日，20军到达九江。谭平山用"将在南昌举行暴动计划，探贺龙之意见，贺表示甚为热烈。"

　　此时中国共产党的领导同志们对贺龙同志的态度非常看重，非常欢迎贺龙参与反击右派反动势力的斗争。

　　瞿秋白在《中国革命与共产党》一文中称："八七会议之前，中央即：（一）决定湘鄂粤赣四省秋收暴动的计划；（二）决定叶贺南昌暴动之举

　　图4—4　谭平山　　　　　图4—5　邓中夏　　　　　图4—6　瞿秋白

行；（三）发布中国共产党告国民党通知书（七月二十九日）。这已是新的路线，主要的意义是发动湘赣鄂粤的群众暴动，重新团聚已受很大损失而散乱的革命力量，发动共产党军官之下级军队独立奋起与国民党军队（贺龙）共同反对国民党的武汉中央及蒋介石、李济深的统治，以革命的政纲号召国民党左派群众起来共同奋斗。

　　叶挺给中央的报告中谈道：7 月 20 日左右，我们军队以讨蒋的任务集中九江者，约六团，张发奎实行的分共政策……此时我们的负责同志，因武汉形势险恶，多到九江。由谭平山召集一个谈话会，参加的有邓中夏、李立三、聂荣臻、叶挺等，多主张令我即刻联合贺龙的军队，向武汉政府示威。

　　李立三给中央的报告中谈道："形势益紧张，张发奎尚未到九江，态度更右倾，并闻将有庐山会议，来实行解决在第二方面军中之共产党。同时，平山已在南昌暴动之计划，探贺龙之意见，贺表示甚为热烈。因此更有进一步决定，军队于 28 日以前集中南昌，28 日晚举行暴动，并急电中央征可否？"

　　1927 年 10 月 15 日，张太雷在南方局和广东省委联席会议上说："在

图4—7 叶挺　　　图4—8 李立三　　　图4—9 张太雷

南昌开会的时候，平山同志主张干，但他主张干的原因说是贺龙主张的，叶挺也同意干，故他也同意干，这完全是军事冒险的运动。

张国焘致中央临时政治局并扩大会议的信中谈到，他30日晨到九江，既和周恩来等人会议，会议散后立三告我贺龙等如何赞成起义，及起义的准备情况。

贺龙参加不参加南昌起义，中国共产党人肯定都会起义，这是势在必行的事情。共产党没有一兵一卒、没有经费就能组织起义，这种气魄无人可比。贺龙参加南昌起义确实对共产党是鼎力相助，所以同志们知道他的态度后会是这种反映。

7月27日，中共前敌委员会在南昌江西大旅社第20军第1师师部成立，以周恩来、李立三、恽代英、彭湃四人组成，由周恩来任书记。周在江西大旅社召开前委扩大会议，朱德、刘伯承、恽代英、彭湃、叶挺、聂荣臻及江西省党组织负责人等均参加，讨论南昌起义部署，决定7月30日晚起义。

这是南昌起义非常关键的一天，也是贺龙最尴尬的一天。不是一家人吃在一个锅里，是一家人窗户纸到这时还没捅破。大旅社人来人往，除了军人以外还有不少共产党的其他同志。贺龙不是党员，叶挺、朱德是党员，前委、前敌委员会都设在贺龙这里，虽然这是对贺龙最大的信任，但是同志们在第 1 师开会没通知他参加，他还要给会议布哨，很尴尬。大家在讨论起义计划，他这个就要当起义军总指挥的反而缺席，他后面的工作和扮演的角色有些尴尬。

7 月 28 日，周恩来到 20 军指挥部会见贺龙。把行动计划告诉他。贺龙毫不迟疑地回答："我完全听共产党的话，要我怎样干就怎样干。"

28 日，前委书记周恩来任命贺龙为起义军总指挥。贺龙此时不是党员，现在却被党组织认命为起义军总指挥。贺龙从周逸群来到他部队以后就要求入党，到现在还没有答复，也不知道什么原因。叶挺是党员、北伐名将、黄埔一期，为什么他就不能担任总指挥这个职务呢？这可能和中国共产党还没有完全放弃国民党的旗帜有关。

张发奎有这样一段回忆，"叶挺无疑是南昌暴动的领导人，他在共产党内拥有很高的地位，并且指挥正规部队。然而，如果没有贺龙与蔡廷锴，他不会具备足够的力量发难；如果他单独采取行动，他一定会失败。我认为，叶挺不能掌控他的 24 师。如果在后方，他的部下会迫使他离开。南昌暴动被称为'贺叶暴动'绝非偶然。"

5. 贺龙服从大局、克服困难，成功发动起义

7 月 29 日，汪精卫偕孙科、张发奎等到九江，旋赴庐山召开"清共"会议。议决：（一）严令贺龙、叶挺限期将军队撤回九江；（二）封闭九江市党部、九江书店、九江《国民新闻报》馆，并逮捕其负责人；（三）第二方面军实行"清共"，通缉恽代英、廖乾五、高语罕等人。

7 月 30 日晨，中央政治局常委张国焘到南昌，前委当即召开扩大

会议。会上，张国焘在报告中曲解中央意见与国际电文，认为起义"应极力拉拢张发奎，得到张之同意，否则不可动"，遭到周恩来等多数人的反对。因张"系代表中央意见，不能以多数决定，故未解决"。30 日起义的原定计划被迫推迟。下午，召开团以上军官会议，传达起义的决定和战斗任务。

7 月 31 日晨，南昌起义前委继续举行会议，"又辩论数小时之多"。张发奎给贺、叶电报，通知他本人 8 月 1 日到南昌。这份电报给前委不小压力。贺龙说："我们若要张（发奎），则不必干（暴动），若要干则不必拉张，因为我们此举（指南昌暴动）是张所不愿干的。"

1959 年 3 月 1 日，徐特立参观"八一"起义纪念馆时题词"三十四年前南昌暴动时我在这里，贺龙同志对我说：'张发奎怕失败，我贺龙不怕失败，失败了再来'。这句话对我印象很深，至今还记得清楚。革命总不会那样一帆风顺，失败了，要继续斗争，遇到了困难就想办法取得胜利。"

本来就仓促的计划，再加上张国焘不断地释放阻力，如果没有张发

图 4—10　张国焘　　　图 4—11　蔡廷锴

奎的电报，前委会议还结束不了。这样的会议再开下去，南昌起义流产都有可能。此时双方在同时间赛跑。

二、贺龙拒绝各派势力的拉拢

1. 蒋介石派人找过他

1927 年 3 月初，蒋介石密派秘书长李仲公等来武汉策动一些将领拥护蒋介石，反对武汉国民政府，与蒋介石一起反共。

驻汉口的贺师秘书长严仁珊获悉这个阴谋以后，即电告正在巡视部队的贺龙："数日内不必返汉。"贺龙认为其中必有文章，即于 3 月 12 日回到汉口。这天正巧是农历二月初九，贺龙 31 岁生日。贺龙在家中与家眷亲友欢聚，周逸群也在座。他向贺龙说："明天你会碰上一位客人，他是蒋介石的秘书长李仲公，他带了好多钱来。"贺龙问："他来搞什么鬼名堂？"周逸群说："像是专门来运动军队的。"贺龙说："那你就莫操心了，那些说客，我见得多了，有的是办法。"

3 月 14 日，李仲公拜访贺龙。15 日，李仲公宴请在汉口的西南将领，透露了蒋介石的意图，并约请贺龙当晚到贺的秘书长严仁珊家打牌谈心。贺龙很明白"谈心"是什么意思，心中暗暗发笑。李仲公一到严仁珊家，贺龙即将他逮捕，押送到了唐生智的总指挥部。后经邓演达作保，唐生智才将他释放了。

4 月 12 日，蒋介石在上海发动了反革命政变。18 日在南京组成国民政府，与在武汉的国民政府相对抗。此时，奉系军阀张作霖为支持吴佩孚东山再起，出动 10 万大军沿京汉路南下，企图夺取武汉，扑灭革命。18 日，武汉国民政府决定北伐，沿京汉路北进，与沿陇海路西进的冯玉祥部在河南会师。

4月中旬，贺龙奉命率独立第15师集结武汉，准备第二次北伐，开赴河南前线。出发前，独立第15师参谋长陈图南暗中与蒋介石勾结，利用汪精卫政府9个月不给发饷，士兵不满的机会，唆使少数人闹事，谋杀贺龙，妄图掌握第15师，投靠蒋介石。贺龙果断处理，逮捕陈图南等三人，交武汉公安局审判枪决，迅速平息了骚乱。

河南战役后形势急转直下，在河南贺龙明确地对周逸群说："所有派到我这里来工作的共产党员，都不要离开，还是继续作政治工作，相信我这个部队是谁也打不垮的。"

6月间，部队长驱北上，直捣开封。郑州会议以后，形势逆转，贺龙奉命回师武汉，蒋介石阴谋于途中将贺部缴械，贺龙机警地采取了防范措施，使蒋介石的阴谋没能得逞。

回到武汉以后，蒋介石派朱绍良潜入汉口，拉拢贺龙，向贺提出只要拥蒋，就立刻任命他为江西省主席。贺龙断然拒绝了利诱，并准备逮捕这个说客，朱绍良察觉势头不对，逃回了南京。

2. 汪精卫整编贺龙的部队后再派人渗透监视

1927年2月中旬，在武汉的国民政府对北伐军进行了整编。北伐军中有的一个军扩编为两个军的，而贺龙部不仅未扩编，反被限编为5个团。独立第15师原有步兵3个旅9个团，骑、炮、警卫各1个团，共12个团，2万余人。这次整编，须裁减7个团。编余3个旅长、6个团长及一大批的营连干部，大批官兵要资遣还乡。贺龙只好将一些干部降职留用，并劝说一些老部下返乡组织民军，以待时变。整编后，独立第15师辖5个团，3个直属营，兵力1.1万余人。

北伐战争还在进行的时候，把战功卓著的贺龙所部裁减逾半，其中奥妙，贺龙心里是有数的。他敏锐地感觉到左右两派的斗争正在不断发

图 4—12　汪精卫

展，并且已经直接波及自己和自己率领的部队。贺龙的部队虽被裁减，然而他的力量仍旧不容忽视。

南昌起义前，局势十分紧张。汪、蒋之流都企图把贺龙率领的这支富有战斗力的北伐劲旅抓到自己手里。贺龙升任国民革命军第 20 军军长后，汪精卫指定陈浴新到 20 军任参谋长，以控制贺龙。

3. 唐生智劝贺龙和他合作

唐生智也派叶琪和唐生明到贺部拉拢贺龙。他们"奉劝"贺龙说："共产党过左"，要贺龙与唐生智合作。3 月 13 日，参谋长陈淑元向贺龙报告说，武汉驻军都要建立国民党党部，唐生智总指挥对贺龙很器重，请贺龙任师党部委员。贺龙说："唐总指挥对我很好，因为我们两战鄂西，为武汉解了围嘛。可你那个国民党，我还是不想加入的。"他后来说："我自加入中华革命党后，从没有转过国民党，也没有填过证书，怎么会当起国民党师党部委员来了，可见国民党组织一向是如何马马虎虎的了。"

图 4—13 唐生智

三、铁心跟党走

1. 贺龙和共产党的关系

苏联十月革命和中国五四运动之后，贺龙从一些新文化知识分子那里知道克鲁泡特金主义（无政府主义），还知道在世界上有个社会主义国家苏联。在中国，只有中国共产党信仰社会主义。从那时开始他注意观察共产党。

（1）1924 年

中共湘区委员会根据中央"在反对外国帝国主义和本国军阀的斗争中，决定的要素是吸引广大农民群众参加这一斗争"的指示，在各地寻找有革命倾向的部队，并派陈章甫到湘西了解部队情况。陈章甫找到了贺龙，谈得非常融洽，贺龙爽快地表示赞同共产党的主张。这是他开始与共产党人的直接接触。

11 月，夏曦持国民党省党部执行委员的名片到常德来见贺龙，向他要 10 万元。贺龙除给夏曦开销路费外，给了他 5 万元。

(2) 1925 年

贺龙收到广东黄埔军校寄来很多书刊和信件。其中有黄埔军校青年军人联合会宣言和简章。宣言中讲道："列强帝国主义，以经济侵略为目的，用政治的、经济的、文化的手段侵略我们，压迫我们，我国因此便成了半殖民地的国家。帝国主义利用军阀，以遂他们侵略的野心。……军人自救，即所以救国，团结起来！联合起来！"贺龙从而进一步坚定了信心，增强了力量。

(3) 1926 年

8 月 4 日，贺龙对第 8 军教导师李奇中说："北伐战争是打土豪劣绅、打军阀、打外国强盗的，是谋求中国统一的，这正合我的心意，所以我的部队参加了北伐战争。我以前的想法太狭隘了，以为劫富济贫就等于革命，现已懂得，要想大家富裕，不容许少数人发财，必须依靠大家的力量，只依靠个人的力量是做不到的，我的思想是让大家富裕。"

8 月初，资助共产党人办《湘西民报》。周逸群带领国民革命军左翼宣传队来到 20 军，3 天后贺龙向他提出加入共产党的要求。

9 月 6 日，贺部占领澧县。士兵佩"不拉伕，不扰民，爱国家，爱百姓"臂章。在此期间继续开办政治讲习所。营长罗忠义加入共产党。

9 月 8 日，中共湘区区委在《湖南军事报告》中说："湘西各军之政治工作，已由总政治部派左翼宣传队去（共三十人），队长周逸群、袁国平，队员都系同学。贺龙近又要我们替他在常德办一政治讲习所，我们想以政治关系阻止其实现，未果，现已派陈昌甫去主持其事。"

在中共湘区省委的支持下，由中共湘区执委委员、国民党湖南省党部执行委员陈昌带领的一批共产党员和黄埔、保定军校毕业的军政人才来到了第 1 师，随后政治讲习所成立。总教官是贺澍，政治教官是陈昌和原湖南省工会副主席兼工人纠察队队长武文元，军事教官是共产党员

张子清。贺龙本人也在讲习所讲过课，更多的是利用工作空隙和学员们
一起听课。这不仅使贺龙在政治及革命理论知识方面有了进一步提高，
而且引起了全师军官，特别是学员对学习政治的重视。这个政治讲习所
办了一年多，直到南昌起义才结束。它先后培养了 2000 多名部队基层
骨干。

9 月 20 日中共湘区省委给中共中央的《湘区政治报告》中指出："川
黔军在湘西……其首领袁（祖铭）、王（天培）、彭（汉章）、贺（龙）
各不相下，入湘部队实力以王、贺较大……我们的政策：一、促其出湘
入鄂。二、在军事上扶贺制王。第一点有三个理由：第一，军事上有必
要；第二，湘政局上有必要；第三，离湘是他们的出路。第二点有两个
理由：第一，我们对他们不能消极，必须拉一个有力者，于袁、王、贺
中择一；第二，袁在历史上绝无希望，王为保定系，贺比较与我们有联
系，且对民众亦较好。"

11 月 9 日，在中共中央军委和中共湖南军委工作的颜昌颐报告鄂
西情况："湘西方面有 9 军彭汉章，10 军王天培及贺龙三部，贺龙名虽
属于彭，实不受彭指挥，比较有战斗力的，当以贺龙部为好。他有兵
二万余人，有枪一万余支，能用者七千多支，其部下皆能受贺指挥。贺
兵……现在的纪律较王、彭部为好，不乱拉伕，不乱筹饷。"

（4）1927 年

占领宜昌前后，在国共两党矛盾逐渐深化、国民党右派不断制造反
共事端的局面下，右翼势力是很难容忍贺龙这样一支有战斗力的左派武
装进驻鄂西的。湘军头目何键对贺龙尤其敌视。他不断唆使部下向贺龙
所部挑衅，还勾结地主、大商人到武汉诬告贺龙。国民党中央的右派也
企图借机解散贺龙的部队。

1927 年 1 月，由广州迁到武汉的国民政府派中央委员吴玉章率代

表团去宜昌处理此事。吴玉章后来在回忆文章中记述说:"我们到宜昌一看,装备精良的何键第 1 师,和兵员众多的王天培军已剑拔弩张,做好战斗准备,就要向贺龙民军开火。民军处在枪少人少的不利地位。何键和那些地主、商人天天到我跟前嘀咕,他们痴心指望我同意他们消灭民军的反动计划。我当场把何键申斥了一顿,然后提出一个解决方案,把贺龙同志的民军调到武汉去拱卫革命中心,以避免在力量悬殊的情况下被吃掉。"在吴玉章的调解下,贺龙从宜昌移往汉口、鄂城等地驻扎。

贺龙北伐后从河南回到武汉后,形势更是日趋复杂。作为 20 军军长,他在部队驻扎武汉之际,已经做了大量保护共产党人的工作。

6 月 28 日上午,贺龙去拜访了林伯渠。林伯渠告诉他"汪精卫正加紧做反共准备,他步蒋介石的后尘,叛变革命是不可避免的。"贺龙对他坦诚地说:"我不是共产党员,但是我相信和拥护共产党。今后汪精卫、唐生智等人公开反对共产党,镇压工农群众,我决不会跟他们干。"当天周逸群询问贺龙:"武汉工人纠察解散了,枪也被缴了,他们想要投奔我们部队,还有共产党员,你看要不要?"贺龙果断答复他"我们部队缺的就是工人。不论是共产党员,还是共青团员,我们全部收下。"此后贺龙把武汉、鄂城、大冶的工人纠察队、农民自卫军和被其他部队清除来的共产党员一千余人招收进了 20 军教导团。其中有陈赓、唐天际、段德昌、黄霖等 300 余名共产党员。

7 月初,贺龙在武汉鲍罗廷处会见周恩来。两人推心置腹,谈得非常深入。

7 月 8 日,贺龙派船护送全国总工会执行委员刘少奇离开武汉去庐山。

7 月 15 日,贺龙派人在武汉三镇多处共产党机关和工会、农会等革命团体的门上挂出第 20 军的旗帜,并且派兵站岗,阻止反动派搜捕。

7 月 19 日，贺龙派船护送朱德离开武汉去九江。

7 月 23 日，贺龙率部抵达九江。

7 月 27 日，第 20 军全部集中南昌。南昌起义之前，谭平山、恽代英、吴明等许多领导同志就住在 20 军的军部，贺龙同他们亲密无间，无话不谈。贺龙除坚持主张暴动外，对起义的前途也做了充分的思想准备，他表示："张发奎无用，怕失败。我不怕失败。南昌暴动无论胜利与否，我都干。如果失败了，我就上山。"临近起义前，他在团以上会议上讲话："国民党已经叛变了革命，国民党已经死了，我们今天要重新树立革命的旗帜，反对国民党反动政府，打倒蒋介石……我们今后要听从共产党的领导，绝对服从共产党的命令。"

他曾坚决地表示："我贺龙不管怎么危险，也不管怎么困难，就是刀架在我的颈根上也要站在劳苦大众一边，打倒列强、打倒军阀、打倒贪官污吏、打倒土豪劣绅，走革命的路，跟共产党一直走到底！"

7 月 28 日，周恩来到第 20 军军部看望贺龙，向他传达了南昌起义的决定。贺龙回答："我完全听共产党的命令，党要我怎么干我就怎么干。"周恩来代表前委委员会任命贺龙为起义军总指挥。

7 月 30 日晨，前委在"炮兵营"开扩大会议。张国焘说："贺龙这个土匪出身的军人，以往同共产党的关系，只是互为利用的关系，在今天共产党倒霉的时候，他能把惨淡经营多年的老本给共产党吗？我想，他的动机很值得怀疑……"

7 月 30 日，下午四时，贺龙把团以上军官集合到军部宣布几条决议：第一，国民党已经叛变了革命，国民党已经死了，我们今天要重新树立革命的大旗，反对国民党，反对反动的政府，打倒蒋介石。第二，我们大家在一块很久了，我今天起义了，愿跟我走的我们一块革命，不愿跟我走的可以离开部队。第三，我们今后要听从共产党的领导，绝对服从共产党的命令。

2.20 军南昌起义前保护革命群众与集结革命力量

南昌起义前，贺龙做了大量细致的准备工作，这些工作保证了起义的顺利进行。

（1）《党在湖北地区革命斗争资料》记载：

黄冈在革命前，城乡都有地主的民团、保卫团和团防局，他们骑在人民头上为非作歹。农会成立后，就把他们的枪支夺了过来，解散了团防局，清洗了其中的流氓地痞，逮捕了团总，全县成立了拥有两千多条枪的农民武装。大革命失败后，这支队伍编入了贺龙同志领导的教导团，其中不少人参加了"八一"南昌起义。

（2）《北江农军远征述评》记载：

北江工农军在武汉完全明白了武汉政府和南京政府对待工农没有两样，觉得万分不对路，又没法自己离开武汉；同时，得到共产党及一切革命分子与贺叶铁军有在南昌另组革命委员会，提兵南下广东，讨伐李、黄、钱、邓诸逆，实行土地革命，解放农民，建立工农革命政权的消息……于是，一部分编入贺龙部第 3 师第 6 团，一部分编入政治保卫处特务队……

（3）部分亲历者回忆：

涂国林回忆："武汉农政训练班，坐船去九江，宿于九江的勃兰地教堂，第二天就编到 24 师的教导队。由九江乘火车到涂家埠。在这里住了大概两天，又改编到 20 军教导团，团长是侯镜如。"

向河回忆："总工会被解散了，我同另外几个同志拿着他的（向忠发总工会领导同志）介绍信报考了贺龙同志领导的 20 军教导团。我被指定为二连的一个班长，在江西永修县的涂家埠经过一段短暂的训练，

7月下旬开进南昌城。"

李湘九回忆："奉全国总工会委员长向忠发命令，考进了20军教导团。这个团除了一部分中学生和个别工会干部外，大多数是武昌农村训练班的学员。"

正因为20军有很好的群众基础，又经过长时间思想和组织上的准备，最重要的是贺龙同志的态度一贯明确，掌控力度强，才能使整整一个20军的兵力全部投入到起义中去。

第三节　向20军敬礼

一、国民革命军第20军参加南昌起义人员名单

1. 八一南昌起义第20军人员名单

部队	姓名	职务	政治面貌	年龄	备注
军部	贺　龙	军长		31	
	陈浴新	参谋长		37	保定陆军学校毕业。起义后离队，第25集团军参谋长兼延津警备区司令
	贺声洋	代参谋长	党员	22	黄埔一期，闽西新红十二军代理军长，1931年牺牲
	贺学定	军需处军需长		19	云南讲武堂
	魏亮生	秘书科长	党员	23	黄埔四期，鄂西特委委员兼秘书，1928年牺牲
	贺勋臣	医官		36	1927年南昌起义时任第20军医官，1935年11月，参加长征，新中国成立后，任四川省政协委员
特务营	贺佩卿	营长			1928年11月带头袭击湘鄂边特委，后被贺龙召回处决
	黄振常	营长	党员	24	黄埔一期，南下潮汕时任第3师营长，1928年秋牺牲
	刘力劳	营长			黄埔四期，武汉工纠队大队长，20军警卫营长，中共上海市兵委书记，1931年5月牺牲

贺龙的1927年

部队	姓名	职务	政治面貌	年龄	备注
特务营	汪洪	勤务兵			原24师教导队军士，南下牺牲
	黄霖	1连长	党员	23	20军警卫营营长，新中国曾任江西省副省长
	唐天际	副连长	党员	23	南昌卫戍司令部副官长
	南觉昆	副连长			
	官柱	1连1排排长			
	吴溉之	1连2排排长	党员	29	黄埔四期，武汉工纠队干部大队副大队长，中共中央监察委员会委员
	谢白浪	3连连副			谢鑫，黄埔四期，新四军第七师参谋处长，1947年9月病逝
	张树才	3连勤务兵		13	少将，红十五军团第81师政治部主任，武汉军区后勤部政治委员
	王刚	连指导员			黄埔三期，会昌牺牲
	李天柱	连长	党员	28	黄埔四期
	徐其虚	战士	党员	21	红32军党代表，1929年8月牺牲
第1师	贺锦斋	师长		26	工农革命军第4军一师师长，1938年9月牺牲
	方维夏	党代表	党员	47	苏维埃政府教育厅厅长兼裁判部部长，主力长征后，任中共湘粤赣特委宣传部部长，1936年4月牺牲
	欧学海	副师长			叛变
	贺秦封	副参谋长		31	派名贺文松；云南讲武堂毕业
	李明铨	政治部主任	党员	21	黄埔军校政治大队，房县独立团团长，1932年牺牲
	贺春轩	副官		20	1930年4月牺牲
警卫营	谷梅武	团长			1936年牺牲
	腾树云	营长			
警卫连	贺学传	连长			
保安团	文南甫	营长		37	1933年牺牲
第1团	刘达五	团长			
	伍文生	党代表	党员	28	黄埔一期，会昌牺牲
	赵福生	3营副			叛变被处决
	贺光	连指导员			
	朱秉章	连长			
	贺明全	排长			
第2团	欧百川	团长	脱队	33	新中国成立后，任贵州省民委主任、副省长
	贺桂如	团长		35	1927年牺牲
	贺文慈	副团长			
第3团	余愿学	团长		27	
	余愿鹤	战士			余愿学的弟兄
第3团	余愿鹍	战士			余愿学的弟兄
	余惠			30	1932年牺牲
第1营	罗统一	营长	党员	30	红三军警卫师长，1932年牺牲
第2营	葛振明	营长			
第5营	刘玉仁	营长			
	陈震华	副营长			汤坑战斗牺牲

部队	姓名	职务	政治面貌	年龄	备注
第2师	秦光远	师长		37	叛变后任国民党新六军参谋长，第1旅少将旅长
	萧人鹄	师长	党员	29	黄埔二期，中共河南省委军委书记，1932年2月牺牲
	陈恭	党代表	党员	22	黄埔二期，广州起义总指挥部副官长，湘东游击队司令员，1928年4月牺牲
	贺文湿	副师长		28	
	贺文选	副师长		28	兼第4团团长
第4团	贺文选	团长（兼）		28	上杭牺牲
	贺文江				贺文选的兄弟
	贺学栋	战士			贺文选的侄子
	吴俊生	代团长			
	黄维新	副团长			叛变
	李勃	党代表			
第1营	张海涛	营长			
	左纪葛	1连指导员（排长）			
第2营	王炳南	营长		35	红三军第9师参谋长，1933年6月牺牲
	李亚民	6连长		32	
	彭幼赤	6连指导员			汤坑战斗牺牲
	朱德清	1排长			汤坑战斗负重伤
	管昌忠	7连长			
	胥桂林	9连长			
第5团	蔡申熙	团长	党员	21	黄埔一期，红二十五军军长，1932年10月牺牲
	杨白虎	团长			汤坑战斗牺牲
	欧阳健	团指导员	党员	24	
第3师（起义军南下时新建）	周逸群	师长	党员	31	黄埔一期，红二军团前委书记和军团政委，1931年5月牺牲
	徐特立	党代表	党员	50	
	苏文钦	参谋长	党员	20	20军招募处长
	袁仲贤	参谋处长	党员	23	黄埔一期，第八兵团政委
	蒋作舟	军需主任	党员		会昌牺牲
	郭德昭	经理处长	党员	23	黄埔一期，会昌牺牲
第3师（起义军南下时新建）	陈章圃	政治部宣传部科长			
	戴沥本	组织科长			衡山县委委员，1929年9月牺牲
	文强			20	特务连连长
	徐以新	机要秘书	党员	16	外交部副部长
	吴国扬	旗官			会昌牺牲
第6团	傅维钰	团长	党员	26	黄埔一期，中央军委书记，1932年3月牺牲
	李奇中	副团长	党员	26	黄埔一期，红四军团长，驻印度远征军新兵征补师管区司令
	谭新	副团长兼3营营长			黄埔四期，工农革命军第3师参谋长，1928年3月牺牲

部队	姓名	职务	政治面貌	年龄	备注
第1营	陈赓	营长	党员	24	
	江靖宇	营长	党员	24	南京市委常委、副市长
	卢冬生	副官		19	120 师 358 旅旅长，解放军松江军区副司令员，1945 年 12 月牺牲
第2营	张浚	营长			黄埔四期
	刘敏	副营长			黄埔四期
	龚楚	指导员	党员	26	红七军军长，中央军区参谋长，1935 年 5 月叛变
	赖松柏	中队长	党员	26	广州农民运动讲习所三期，1928 年 4 月牺牲
	赖德林	中队长		18	1945 年 5 月牺牲
	谭甫仁	中队长		17	中将，昆明军区政治委员，1970 年 12 月殉职
	周其鉴	中队长	党员	34	中共广东省委候补委员，1928 年 1 月牺牲
	梁文炯	中队长			
	甄博五	中队长			会昌牺牲
	杨至诚	6 连长	党员	24	黄埔六期，解放军武装力量监察部副部长，上将
	宋华	连指导员	党员	25	
	邓松	传令兵			会昌牺牲
	周福				
第3营	唐振	3 营长、9 连长			会昌牺牲
	卓庆坚	营指导员、7 连指导员	党员	24	中共北江特委领导人，会昌牺牲
	刘泰	连指导员	党员		红四军 12 师 34 团党代表，1928 年 5 月牺牲
	王永刚				
教导团	侯镜如	团长	党员	25	黄埔一期，新中国成立后，曾任全国政协副主席
	谢独开	团长			黄埔六期，中共四川省委军事行动大队长，1930 年秋牺牲
	段德昌	政治指导员	党员	23	1932 年牺牲
	袁正平	副团长			
	周邦采	参谋长	党员	25	黄埔三期，中央长江局军事特派员，1928 年 7 月牺牲
	吴东	副官			黄埔四期
	冷相佑	一总队长	党员	24	黄埔一期，1928 年牺牲
	方复生	副总队长			黄埔四期，358 旅参谋长
	傅杰	第一、第二大队大队长			黄埔四期，1939 年牺牲
	涂国林	分队长		18	中央工农部秘书，二机部政治部宣传部长
	王之宇	二总队长	党员	21	黄埔一期，166 师师长
	赵耦	第八大队大队长			黄埔四期，红九军 26 师师长，1931 年牺牲
	赵连发	三总队长			
	梅子乾	排长、连长			黄埔长沙学校炮科
	周文在	连指导员	党员	21	黄埔生，福建省军区副政治委员，少将
	范长江	班长		18	人民日报社长

部队	姓名	职务	政治面貌	年龄	备注
教导团	向　河	战士	党员	24	大校，西南军区后勤部军法处处长
	傅光夏	战士	党员	27	红三军第8师政委和政治部主任，1932年牺牲
	柴水香	战士	党员	24	红十三军政治部主任，1930年牺牲
	唐子奇	战士		20	农垦部林政司司长，林业部部长助理、副部长
	赵尔陆	战士		22	上将，国防工委副主任
	戴绍鼎	战士	党员	25	中共宜昌县委书记，1931年冬牺牲
	江光栋	战士			会昌牺牲
20军其他人员名单	曹素民	营长	党员	26	中共绍兴县委书记，1930年牺牲
	李腾芳	营长			黄埔四期，永兴红军团肃委主任，1928年牺牲
	谭　衷	营教导员	党员	25	黄埔四期，工农革命军第1师政治科科长，1929年牺牲
	赵一凡	连长			
	赵天鹏	赵一凡连司务长	党员	24	1928年牺牲
	蔡树鸿	上尉副连长		20	黄埔四期，东北行辕政工处少将副处长
	周小康		党员	21	中共湘鄂边（分）特委书记，1932年牺牲
	熊述之			26	红军连长，1930年牺牲
	刘光烈				黄埔二期，组织"黄麻起义"，1927年牺牲
	陈　昌		党员	33	国民革命军35军第2政治部主任，1930年牺牲
	陈协平		党员	24	湘鄂边区独立团（亦称红三军独立第1团）团政委兼中共湘鄂边特委委员，1932年牺牲
	谷梅吾				红军团长，牺牲
	贺八脩				红军连长，1930年牺牲
	柳直荀		党员	29	任红二军团政治部主任，兼红六军政治委员，1932年牺牲
20军其他人员名单	赵　刚				红军团长，1929年牺牲
	钟纬剑		党员	20	黄埔生，第6军17师55团团副，红三军团第5师参谋长，1935年牺牲
	钟化鹏	连党代表			
	钟耀彩	炮兵见习官			南昌起义时牺牲
	秦雨田		党员	33	华容特派员，1929年牺牲
	程俊魁		党员	26	黄埔二期，中共赣南特委军事委员，1928年牺牲
	郑富贵				红军连长
	杨驭奎				1927年牺牲
备注：					1. 核对总人数147人。其中65人没有详细资料，不清楚职务、政治面貌和年龄。按82人做以下统计 2. 其中73人南昌起义后牺牲 3. 党员55人。南昌起义后牺牲党员35人 4. 起义时师团干部都是党员 5. 最高年龄50岁1人；40岁1人；30岁16人；20岁55人；20岁以下8人；最小年龄13岁 6. 黄埔军校毕业38人 7. 其中叛变5人

2.8 月 7 日在抚州整编后第 20 军人员名单

部队	姓名	职务	政治面貌	年龄	备注
第20军	贺 龙	军长		31	
	陈浴新	参谋长		37	保定陆军学校毕业，起义后离队
	贺声洋	代参谋长	党员	22	黄埔一期，1931 年牺牲
	贺学定	军需处军需长		19	云南讲武学堂毕业
	魏亮生	秘书科长	党员	23	黄埔四期，鄂西特委委员兼秘书，1928 年牺牲
	贺勋臣	医官		36	新中国成立后，任四川省政协委员
特务营	贺佩卿	营长			叛变，被处决
	黄振常	营长	党员	24	黄埔一期，1928 年牺牲
	刘力劳	营长			黄埔四期，武汉工纠队大队长，20 军警卫营营长，中共上海市兵委书记，1931 年牺牲
	汪 洪	勤务兵			原 24 师教导队军士，南下牺牲
	黄 霖	1 连连长	党员	23	20 军警卫营营长，新中国成立后，曾任江西省副省长
	唐天际	副连长	党员	23	中将
	南觉昆	副连长			
	官 柱	1 连 1 排排长			
特务营	吴溉之	1 连 2 排排长	党员	29	黄埔四期，武汉工纠队干部大队副大队长，中共中央监察委员会委员
	谢白浪	第 3 连连副			黄埔四期，新四军第 7 师参谋处长，1947 年 9 月病逝
	张树才	3 连勤务兵		13	少将，红十五军团第 81 师政治部主任，武汉军区后勤部政治委员
	王 刚	连指导员			黄埔三期，会昌牺牲
	李天柱	连长	党员	28	黄埔四期
	徐其虚	战士	党员	21	红 32 师党代表，1929 年牺牲
第1师	贺锦斋	师长		26	工农革命军第四军 1 师师长，1938 年牺牲
	方维夏	党代表	党员	47	毛泽东老师，苏维埃政府教育厅厅长兼裁判部部长，主力长征后，任中共湘粤赣特委宣传部长，1936 年牺牲
	欧学海	副师长			后叛变
	贺秦封	副参谋长		31	派名贺文松，云南讲武堂毕业
	李明铨	政治部主任	党员	21	黄埔军校政治大队，房县独立团团长，1932 年牺牲
	贺春轩	副官		20	1930 年牺牲
警卫营	谷梅武	团长			1936 年牺牲
	腾树云	营长			
警卫连	贺学传	连长			
保安团	文南甫	营长		37	1933 年牺牲
第1团	刘达五	团长			
	伍文生	党代表	党员	28	黄埔一期，会昌牺牲
	赵福生	3 营副			叛变，被处决
	贺光	连指导员			
	朱秉章	连长			
	贺明全	排长			
	谭光聪	3 营班长			
	吴志忠	团部副官			

部队	姓名	职务	政治面貌	年龄	备注
第2团	欧百川	团长	脱队	33	贵州省民委主任、副省长
	贺桂如	团长		35	在转移至大槽岭时与围剿敌军遭遇中弹牺牲
	贺文慈	副团长			
第3团	余愿学	团长		27	
	余愿鹤	战士			余愿学的弟兄
	余愿鸽	战士			余愿学的弟兄
	余惠			30	1932年牺牲
第1营	罗统一	营长	党员	30	红三军警卫师长，1932年牺牲
第2营	葛振明	营长			
第5营	刘玉仁	营长			
	陈震华	副营长			汤坑战斗牺牲
第2师	秦光远	师长		37	叛变后任国民党新六军参谋长，第1旅少将旅长
	萧人鹄	师长	党员	29	黄埔二期，中共河南省委军委书记，1932年牺牲
第2师	陈恭	党代表	党员	22	黄埔二期，广州起义总指挥部副官长，湘东游击队司令员，1928年牺牲
	贺文湿	副师长		28	
	贺文选	副师长		28	
第4团	贺文选	团长（兼）		28	上杭牺牲
	贺文江				贺文选的兄弟
	贺学栋	战士			贺文选的侄子
	吴俊生	代团长			
	黄维新	副团长			叛变
	李勃	党代表			
第1营	张海涛	营长			
	左纪葛	1连指导员（排长）			
第2营	王炳南	营长		35	红三军第9师参谋长，1933年牺牲
	李亚民	6连长		32	
	彭幼赤	6连指导员			汤坑战斗牺牲
	朱德清	1排长			汤坑战斗负重伤
	管昌忠	7连长			
	胥桂林	9连长			
第5团	蔡申熙	团长	党员	21	黄埔一期，红二十五军军长，1932年牺牲
	杨白虎	团长			汤坑战斗牺牲
	欧阳健	团指导员	党员	24	
第3师(起义军南下时新建)	周逸群	师长	党员	31	黄埔一期，红二军团前委书记和军团政委，1931年牺牲
	徐特立	党代表	党员	50	
	苏文钦	参谋长	党员	20	20军招募处长
	袁仲贤	参谋处长	党员	23	黄埔一期，第八兵团政委
	蒋作舟	军需主任	党员		会昌牺牲
	郭德昭	经理处长	党员	23	黄埔一期，会昌县大柏山作战牺牲
	陈章圃	政治部宣传部科长			
	戴沥本	组织科科长			衡山县委委员，1929年牺牲

223

部队	姓名	职务	政治面貌	年龄	备注
第3师(起义军南下时新建)	文 强			20	特务连连长
	徐以新	机要秘书	党员	16	外交部副部长
	吴国扬	旗官			会昌牺牲
第6团	傅维钰	团长	党员	26	黄埔一期，中央军委书记，1932 年牺牲
	周肃清	党代表			
	李奇中	副团长	党员	26	黄埔一期，红四军团长，驻印度远征军新兵征补师管区司令
	谭 新	副团长兼3营营长			黄埔四期，工农革命军第3师参谋长，1928 年牺牲
第1营	陈 赓	营长	党员	24	
	江靖宇	营长	党员	24	
	卢冬生	副官		19	120 师 358 旅旅长，解放军松江军区副司令员，1945 年牺牲
第2营	张 浚	营长			黄埔四期
	刘 敏	副营长			黄埔四期
	龚 楚	指导员	党员	26	红七军军长，中央军区参谋长，1935 年叛变
	赖松柏	中队长	党员	26	广州农民运动讲习所三期，1928 年牺牲
	赖德林	中队长		18	1945 年牺牲
	谭甫仁	中队长		17	中将，昆明军区政治委员，1970 年 12 月殉职
	周其鉴	中队长	党员	34	中共广东省委候补委员，1928 年牺牲
	梁文炯	中队长			
	甄博五	中队长			会昌牺牲
	杨至诚	6 连长	党员	24	黄埔六期，解放军武装力量监察部副部长，上将。
	宋 华	连指导员	党员	25	
	邓 松	传令兵			会昌牺牲
	周 福				
第3营	唐 振	3营长、9连长			会昌牺牲
	卓庆坚	营指导员、7连指导员	党员	24	中共北江特委领导人，会昌战斗牺牲
	刘 泰	连指导员	党员		红军第四军 12 师 34 党代表，1928 年牺牲
	王永刚				
教导团	侯镜如	团长	党员	25	黄埔一期，新中国成立后，曾任全国政协副主席
	谢独开	团长			黄埔六期，中共四川省委军委行动大队长，1930 年秋牺牲
	段德昌	政治指导员	党员	23	临川加入 35 军 1 师政治部秘书，1932 年牺牲
	袁正平	副团长			
	周邦采	参谋长	党员	25	黄埔三期，中央长江局军事特派员，1928 年牺牲
	吴 东	副官			黄埔四期
	冷相佑	一总队长	党员	24	黄埔一期，潮汕牺牲
	方复生	副总队长			黄埔四期，358 旅参谋长
	傅 杰	第一、第二大队大队长			黄埔四期，1939 年牺牲
	涂国林	分队长		18	中央工农部秘书，二机部政治部宣传部长
	王之宇	二总队长	党员	21	黄埔一期，166 师师长
	赵 辅	第八大队大队长			黄埔四期，红九军 26 师师长，1931 年初在战斗中牺牲

部队	姓名	职务	政治面貌	年龄	备注
教导团	赵连发	三总队长			
	梅子乾	排长、连长			黄埔长沙学校炮科
	周文在	连指导员	党员	21	黄埔生，福建省军区副政治委员，少将
	范长江	班长		18	人民日报社长
	向　河	战士	党员	24	大校，西南军区后勤部军法处处长
	傅光夏	战士	党员	27	红三军 8 师政委和政治部主任，1932 年牺牲
	柴水香	战士	党员	24	红十三军政治部主任，1930 年牺牲
	唐子奇	战士		20	农垦部林政司司长，林业部部长助理、副部长
	赵尔陆	战士		22	上将，国防工委副主任
	戴绍鼎	战士	党员	25	中共宜昌县委书记，1931 年牺牲
	江光栋	战士			会昌牺牲
20 军其他人员名单	曹素民	营长	党员	26	中共绍兴县委书记，1930 年牺牲
	李腾芳	营长			黄埔四期，永兴红军团肃委主任，1928 年牺牲
	谭　衷	营教导员	党员	25	黄埔四期，工农革命军第 1 师政治科科长，1929 年牺牲
	赵一凡	连长			
	赵天鹏	赵一凡连司务长	党员	24	1928 年牺牲
	蔡树鸿	上尉副连长		20	黄埔四期，东北行辕政工处少将副处长
	周小康		党员	21	中共湘鄂边（分）特委书记，1932 年牺牲
	熊述之				红军连长，1930 年牺牲
	刘光烈			26	黄埔二期，组织"黄麻起义"，1927 年牺牲
	陈　昌		党员	33	国民革命军 35 军第 2 师政治部主任，1930 年牺牲
	陈协平		党员	24	湘鄂边区独立团（亦称红三军独立第 1 团）团政委兼中共湘鄂边特委员，1932 年牺牲
	谷梅吾				红军团长，牺牲。
	贺八脩				红军连长，1930 年牺牲
	柳直荀		党员	29	任红二军团政治部主任，兼红六军政治委员，1932 年牺牲
	赵　刚				红军团长，1929 年牺牲
	钟纬剑		党员	20	黄埔生，第 6 军 17 师 55 团团副，红三军团第 5 师参谋长，1935 年牺牲
	钟化鹏	连党代表			
	钟耀彩	炮兵见习官			南昌起义时牺牲
	秦雨田		党员	33	华容特派员，1929 年牺牲
	程俊魁		党员	26	黄埔二期，中共赣南特委军事委员。1928 年牺牲
	郑富贵				红军连长
	杨驭奎				1928 年牺牲
备注：	1. 核对总人数 147 人。其中 65 人没有详细资料，不清楚职务、政治面貌和年龄 2. 其中 73 人南昌起义后牺牲 3. 党员 55 人。南昌起义后牺牲党员 35 人 4. 起义时团干部都是党员 5. 最高年龄 50 岁 1 人；40 岁 1 人；30 岁 16 人；20 岁 55 人；20 岁以下 8 人；最小年龄 13 岁 6. 黄埔军校毕业 42 人 7. 其中叛变 12 人				

3.8 月 7 日在抚州第 20 军黄埔生名单

部队	姓名	职务	政治面貌	年龄	备注
第 20 军	周逸群	20 军 3 师师长	党员	28	黄埔二期，1931 年 5 月牺牲
	贺声洋	代参谋长	党员	22	黄埔一期，1931 年牺牲
	魏亮生	秘书科长	党员	23	黄埔四期，1928 年牺牲
特务营	黄振常	营长	党员	24	黄埔一期，1928 年牺牲
	刘力劳	营长			黄埔四期，1931 年牺牲
	吴溉之	1 连 2 排排长	党员	29	黄埔四期，武汉工纠队干部大队副大队长，中共中央监察委员会委员
	谢白浪	3 连连副			黄埔四期，新四军第 7 师参谋处长，1947 年 9 月病逝
	王 刚	连指导员			黄埔三期，会昌牺牲
	李天柱	连长	党员	28	黄埔四期
第 1 师					
第 1 团	伍文生	党代表	党员	28	黄埔一期，会昌牺牲
第 1 营	罗统一	营长	党员	30	黄埔生，1932 年牺牲
第 2 师	萧人鹄	师长	党员	29	黄埔二期，中共河南省委军委书记，1932 年牺牲
	陈 恭	党代表	党员	22	黄埔二期，广州起义总指挥部副官长，湘东游击队司令员，1928 年牺牲
第 3 师(起义军南下时新建)	周逸群	师长	党员	31	黄埔一期，1931 年牺牲
	袁仲贤	参谋处长	党员	23	黄埔一期，第八兵团政委
	郭德昭	经理处长	党员	23	黄埔一期，会昌牺牲
第 6 团	傅维钰	团长	党员	26	黄埔一期，1932 年牺牲
	李奇中	副团长	党员	26	黄埔一期，红四军团长，驻印度远征军新兵征补师管区司令
	谭 新	副团长兼 3 营营长			黄埔四期，1928 年牺牲
第 2 营	张 浚	营长			黄埔四期
	刘 敏	副营长			黄埔四期
	杨至诚	6 连长	党员	24	黄埔六期，解放军武装力量监察部副部长，上将
教导团	侯镜如	团长	党员	25	黄埔一期，新中国成立后，曾任全国政协副主席
	谢独开	团长			黄埔六期，中共四川省委军委行动大队长，1930 年秋牺牲
	周邦采	参谋长	党员	25	黄埔三期，中央长江局军事特派员，1928 年牺牲
	吴 东	副官			黄埔四期
	冷相佑	一总队长	党员	24	黄埔一期，潮汕牺牲
	方复生	副总队长			黄埔四期，358 旅参谋长
	傅 杰	第一、第二大队大队长			黄埔四期，1939 年牺牲
	王之宇	二总队长	党员	21	黄埔一期，166 师师长
教导团	赵 辋	第八大队大队长			黄埔四期，1931 年牺牲
	周文在	连指导员	党员	21	黄埔生，福建省军区副政治委员，少将

部队	姓名	职务	政治面貌	年龄	备注
20 军其他人员名单	李腾芳	营长			黄埔四期，1928 年牺牲
	谭衷	营教导员	党员	25	黄埔四期，1929 年牺牲
	蔡树鸿	上尉副连长		20	黄埔四期
	刘光烈			26	黄埔二期，组织"黄麻起义"，1927 年牺牲
	钟纬剑		党员	20	黄埔生，红三军团第 5 师参谋长，1935 年牺牲
	程俊魁		党员	26	黄埔二期，中共赣南特委军事委员，1928 年牺牲
备注：	1.1927 年 8 月 7 日后在 20 军中共有黄埔生 38 位，其中 24 位是中国共产党员，占总数的 63%。 2.38 位黄埔生 8 月 7 日至 1939 年前，在不同岗位上先后牺牲了 22 位，占总数的 50%，共产党员牺牲了 17 位占牺牲总数的 70%。				

二、国民革命军第 20 军参加起义 72 位将领简介

90 年前的尘埃并未落定，当年 20 军近万人参加了南昌起义，至今我们只能找到 72 位参与者的线索。其中有的是共产党员，有的不是共产党员，总之在南昌起义的那一伟大时刻，他们做出了正确的选择，贡献了自己全部的力量。我们永远怀念这些参加过建军起义的 20 军将士。因为收集鉴别材料的复杂与困难，每位将领的简介详略不一。简介按照姓氏笔画顺序排列。

1. 王之宇

王之宇，别字肖琴，河南洛阳城南八里堂人。黄埔军校第一期毕业生。早年在河南留学欧美预备学校学习，1923 年转入中州大学（今河南大学）理科学习并毕业。

1924 年春，受孙中山革命思潮的影响，放弃继续深造和出洋留学的机会，投笔从戎，与同学侯镜如一道赴广州投考黄埔军校。当时正值第一次国共合作，身兼国民党宣传部长的毛泽东，是黄埔军

校在上海的招生委员之一。经毛泽东主考，他初试合格，经过复试被正式录取为黄埔军校第一期学生，在黄埔军校第一期第三队学习，毕业后历任黄埔军校入伍生总队排长、连长，第 20 军教导团和二总队中校总队长。

1927 年 8 月，参加南昌起义并加入中国共产党。起义失败后，护送左胸负重伤的老同学侯镜如转赴香港治疗。之后回到上海，因中共中央保卫局局长顾顺章叛变，中共党组织遭到破坏，与中共失去联系，脱离了中共的组织关系。

2. 王炳南

王炳南，湖南桑植五里桥乡人，家境贫寒，只读过两年私塾，12 岁下地劳动。1912 年与朱子姑结婚。

1919 年，贺龙率桑植独立营进驻桑植县城，他星夜赶到县城，加入贺龙领导的队伍，开始了戎马生涯。由于性格豪爽，办事认真，深受贺龙称赞，入伍不久即任连长，1925 年随贺龙进澧州时升任营长，1927 年，任 20 军第 5 团 1 营营长，代理第 5 团团长。

1927 年，参加南昌起义，他率部坚守牛行车站，堵截北援之敌，立下头功。南下潮汕失败后，他只身返回桑植，重组农民武装。

1928 年春，贺龙回湘鄂边开辟革命根据地，他闻讯即赶到洪家关，与贺龙的姐姐贺民英和旧部贺炳南等一同在洪家关起义，组成 300 多人的工农革命军，任大队长，参加了桑植起义。不久，加入中国共产党。

1928 年冬，由于敌人的疯狂进攻，红军受到重创，又与上级党组织失去联系。在极其恶劣的环境下，王炳南立场坚定，充满胜利信心。他坚定不移地跟随贺龙转战湘鄂西边境，协助贺龙进行堪坡整编。

王炳南是贺龙创建湘鄂边革命根据地的主要助手。他在创建湘鄂边革命根据地的斗争中，赤胆忠心，英勇善战，历任红四军第一路指挥、红二军团第 4 师师长、湘鄂边特委委员、湘鄂边独立团团长、独立师师长、红三军 9 师参谋长。1929 年春，杜家村整编，工农革命军改为红四军，贺龙任军长，王炳南任红四军第一路指挥，参与指挥了赤溪河大战。

1930 年 5 月，红四军东下与红六军会师成立红二军团，王炳南任第 4 师师长。

1931 年春，根据中央指示，红二军团改为红三军，同时成立湘鄂边特委王任湘鄂边特委委员、独立师师长，后任湘鄂边独立团团长。

1932 年 3 月，红三军主力返回湘鄂边，占领鹤峰，回师桑植，将红三军编为 7、9 两个师，任 9 师参谋长。

1932 年 9 月，独立团编入红三军独立师，王任第 1 团团长，1932 年底，红三军返回湘鄂边时王任红三军 9 师参谋长。

1933 年 2 月，红军西征途中被夏曦等以"改组派"的名义逮捕。

1933 年 6 月 20 日夜，王炳南在麻水板栗树坪被杀害牺牲。新中国成立后被追认为革命烈士。

3. 文南甫

文南甫，字选和，又名南浦，生于 1890 年，湖南桑植人。曾加入过"哥老会"并与贺龙结拜兄弟。

1925 年，任贺龙部保安团第 1 营营长。参加了北伐和南昌起义。起义失利后返回桑植，组建革命武装。1928 年 3 月，率所部投奔贺龙，并加入中国共产党，历任工农革命军第 2 团团长、工农革命军第四军支队长、湘鄂西红四军第一路指挥部第 2 团团长。1930 年初改任红四军独立团副团长和湘鄂边游击队副司令。湘鄂西第三次反"围剿"战斗中，在红三军主力东下洪湖的情况下，率部坚守，打退敌人多次进攻，保住了苏区主要区域。

1933 年，在肃反扩大化中遭迫害。7 月，在桑植县白竹坪被反动派逮捕，壮烈牺牲。

4. 文强

文强，生于 1907 年，湖南长沙西麓（今望城县金良乡）人，出身地主官僚家庭，是文天祥的二十三世孙。父辈曾追随孙中山。他的姑母文七妹是毛主席的母亲。

1924 年，文强加入了中国共青团。1925 年，到广州后由周恩来介绍在农民运动讲习所加入中国共产党。不久，国民党二届中央监委邵力子介绍他加入了国民党。

1926 年 1 月，黄埔军校改为中央军事政治学校，并且设立了政治科。文强被录入政治科大队第二队学习。7 月，第四期黄埔生提前毕业参加北伐战争，文强被分配到国民革命军总政治部宣传大队，做一名宣传员。9 月，北伐军打到武昌城外，文强随朱德转战四川，在国民革命军第 20 军（军长杨森、朱德任军党代表）党部任组织科长、中共地下支部宣传委员。

1927 年，蒋介石发动"四一二"反革命政变，杨森也在军内实行"清党"，文强和已暴露身份的共产党员紧急撤离。8 月，文强在南昌参加了八一南昌起义，任贺龙领导的 20 军第 3 师特务连长。

1929 年，文强任中共四川江巴兵委书记、四县行动委员会书记等职。后因叛徒出卖被俘，不久加入国民党"军统"，淮海战役时被我军俘虏，1975 年获特赦。

出狱后文强先后担任过第六、七届全国政协委员、民革中央监察委员、黄埔军校同学会理事等职。

5. 方维夏

方维夏，生于 1880 年，湖南平江县人，出身于富裕农民家庭。他 6 岁即随父读书，14 岁辍学在家。

1906 年 2 月，在母亲的支持下，他到长沙考入了湖南中路师范学堂（1912 年改名湖南第一师范学校）简易科，同年 7 月毕业。从此，开始他新的生活的追求。

1911 年夏，方维夏应母校湖南第一师范学校之聘来到长沙，任教员，并到周南女校等校兼课。任教的七年期间，他政治上坚持爱国主义和民主主义，反对袁世凯篡夺辛亥革命果实后的卖国独裁统治。

方维夏在湖南教育界的声望是很高的。1918 年他就被补选为省议员。

1923 年，他在湖南中共党组织的关怀和帮助下，秘密南下广州，开始了他新的革命斗争历程。

1924 年初，方维夏到达广州，任湘军第 5 军秘书长，并在湘军中的国民党特别党部筹备处任职。同年 11 月，经李六如介绍和中共广东区委批准，他正式加入了中国共产党。

1925 年 8 月，方维夏被任命为国民革命军第 2 军第 5 师党代表。

1927 年，"七一五"反革命政变后，武汉处于白色恐怖之中。周恩来通知他在 7 月底以前赶去南昌参加起义。方维夏和徐特立等人动身去南昌。

方维夏到南昌后，在贺龙所率第 20 军第 1 师任党代表，师长是贺锦斋。8 月 1 日凌晨，当起义战斗打响时，他和贺锦斋带领 1 师向南昌驻军第 5 路军总指挥部进攻。起义胜利后，他被任命为革命委员会宣传委员会委员。

1934年10月，红军主力长征北上后，方维夏被留在湘赣边区坚持游击战争。1936年4月23日，由于叛徒告密，在桂东沙田仙背山，与夫人一同英勇牺牲。

6. 卢冬生

卢冬生，生于1908年，湖南湘潭人，出身佃农家庭，幼年曾是陈赓家的放牛娃。1925年，到湘军第4师参军，1926年6月，参加国民革命军，随军北伐，在国民革命军第二方面军直属特务营长陈赓的影响下开始接受共产主义思想。1927年7月，汪精卫叛变革命后，随陈赓离开武汉去南昌，参加了著名的南昌起义。后在起义部队第20军第3师6团1营当陈赓的副官，随军南下广东，在起义部队南下的会昌战斗中，陈赓左脚受重伤，他冒着弹雨救护，起义军在潮汕地区作战失利，部队仓促撤出汕头，卢冬生照护着腿部负伤的陈赓，同部队失去了联系。他们历尽艰险，从汕头到香港，又辗转到上海，找到了中共中央机关。同年12月7日，经陈赓介绍加入中国共产党，留在中央特科工作。

1928年1月，党中央考虑卢冬生机智勇敢，又熟悉两湖情况，便派他护送周逸群、贺龙等到湘西北组织革命武装。同年3月，参加桑植起义，公开身份为贺龙的警卫员，实际上是中共中央的交通员。1928年春，贺龙部队在湘鄂边受到严重挫折后，他临危受命，前往上海与党中央联系，汇报情况，听取指示。此后，又多次往返于湘鄂边区深山老林与上海之间，为贺龙部队和党中央传送文件。中共六大文件和井冈山红军斗争的材料，都是他亲手带回湘鄂边区，对红军和苏区的建设起了至关重要的作用。贺龙正是在得到党中央的指示后，决心建设"朱毛"的红军，在部队建立民主制度和政治工作，加强党在军队的组织，使红四军从此步入了一个新的发展阶段。

1931 年 3 月，先后任红四军手枪大队队长、红二军团警卫营营长、第 7 师 20 团团长，参加了创建湘鄂西革命根据地的斗争。

1932 年 9 月，中共湘鄂西特委将监利、沔阳、潜江等独立团合并成湘鄂西独立师，任师政委，率部参加了洪湖革命根据地的第四次反"围剿"战争。在突围战斗中，率部掩护主力后撤，在苦战中与王炳南带领的主力失去联系，转移至荆、当、远地区。在离开主力、失去领导、敌情严重、给养不足的困难情况下，领导部队坚持斗争，发动群众，扩大红军，发展到 1000 多人。

1933 年 1 月，率部与红三军主力在鹤峰会师，不仅为处境困难的红三军增添了有生力量，而且带回几万块银圆和一些布匹，为红三军的发展做出了贡献。不久，任红三军第 7 师师长，参加了恢复湘鄂边苏区的斗争。当时政委夏曦大搞肃反，把两万人的红三军杀的只剩三千人，军队中有文化的、戴眼镜的、插钢笔的、上过黄埔的、留过洋的干部均被错误杀害，全军只剩四个党员，军长贺龙，政委夏曦，主任关向应，还有一个就是卢冬生了，贺龙是旧军人，关向应有小辫子被夏曦抓着，都不敢和夏曦对抗，唯有卢冬生是工人出身，最重要的还是中央交通员，坚持反对夏曦错误路线。一次战斗，卢冬生在后面阻击，要夏曦带部队先走，结果卢冬生打了半夜追上部队，发现夏曦居然还没办法把部队带过河，气的他当场批驳夏曦，把懂军事的都杀光了，部队还怎么带。

1934 年 10 月，红二六军团在黔东会师后，任红二军团第 4 师师长，参加了创建和保卫湘鄂川黔根据地的一系列斗争。

1935 年 11 月，参加长征。

1936 年 4 月，指挥部队在石鼓镇扎木排抢渡金沙江，保证了红二、六军团顺利过江。

1937 年 7 月，红二方面军改编为八路军 120 师，任该师 358 旅旅长。9 月，入抗日军政大学学习。同年冬因健康状况，经中共中央安排赴苏联疗养。

1939 年，入苏联伏龙芝军事学院学习。

1941 年 9 月毕业，他与刘亚楼被分配到远东地区参加反法西斯战争。

1945 年 8 月 5 日，苏联对日宣战，出兵东北。他随苏联红军回到哈尔滨。

1945 年 12 月 13 日，中共中央任命他为松江军区副司令员。14 日凌晨，他带着警卫员去火车站取行李归来的途中，遇上几个苏军士兵抢劫，他出示苏联红军军官身份证，对这种违法行为给予严厉批评。苏军违纪士兵惧怕事情败露，将其射杀，牺牲时年仅 37 岁。

7. 伍文生

伍文生，字犹群，生于 1899 年，湖南耒阳城南松茂堂人，出身于小商贩之家，3 岁丧父。衡州道南中学肄业。1919 年秋，考入衡阳湖南省立第三师范学校。在校积极参加爱国学生运动，成为湘南学生联合会骨干之一。

1921 年，加入中国社会主义青年团。

1923 年春，代理社会主义青年团耒阳支部书记，并加入中国共产党。

1924 年春，考入广州黄埔军校第一期，毕业后留校任教，不久，前往广东东莞训练农民自卫军，后调广州农民运动讲习所任军事教练。

1925 年，在省港大罢工中，出任工人纠察队第一支队代理队长、教练。同年冬，奉命回耒阳开展农民运动。

1926 年夏，北伐军入湘后，参与创办耒阳农民运动讲习所，负责培训农运骨干。12 月，出席湖南省第一次农民代表大会，并当选为省农民协会第一届执行委员、省农协自卫部部长，负责军事训练。

1927 年，"马日事变"当晚，率农民自卫军反击，后突围至湘潭，协助柳直荀组织各路农民军反攻长沙。不久他赴武汉，被分配到国民革命军第 20 军第 1 师 1 团任职，8 月，参加南昌起义，后随部南下途中，在会昌作战中牺牲。

8. 向河

向河，原名李相九，生于 1903 年，湖北钟祥市下河街人。

1919 年，在汇记商店和荣记商店当学徒，积极投身于抵制和没收日货、英货的反帝反封建斗争。

1925 年，参加"三罢"游行示威运动，声援上海人民，被商店辞退。

1927 年，参加共产主义青年团，任汉口全国总工会宣传干事，同年 6 月，转为中国共产党。汪精卫发动"七一五"反革命政变后，他奉命来到贺龙同志领导的国民革命军第 20 军教导团任班长，毅然走上了武装夺取政权的道路。10 月随军参加了潮州、汕头、东江、流沙等战斗。潮汕战斗后与我党失去联系，他沿途乞讨，历经艰辛、转辗香港、广州回到汉口。

1928 年 1 月，受党的派遣，先后在方振武部、刘珍年部、杨虎城部任参谋、交通员等职，从事党的秘密工作，出色地完成了组织交给的各项任务。

抗日战争时期，历任晋察冀一分区三支队情报主任、延安军政学院学员、延安留守兵团司令部三科参谋、警备第 3 旅 3 科科长、军法处副处长等职。参加了收编赵玉昆部队成立第十路军及改编为晋察冀一分区三支队的重要工作，并参与了该部的历次作战指挥。

解放战争时期，历任延安联防军司令部队列科长、行政处长、延安党政军留守处主任等职。

1947 年 3 月，我军撤离延安时，向河积极组织部队筹粮筹款，支援前线。为保卫延安、保卫党中央，做出积极的贡献。

新中国成立后，历任西安西南军区留守处政委、西南军区直属复员办事处政委、西南军区第一文化速成中学副校长、西南军区后勤部军法处处长、总后驻重庆办事处军事法院院长等职。

1955 年，被授予上校军衔。

1955 年 7 月，被授予三级八一勋章、二级独立自由勋章、二级解放勋章。

1960 年 6 月，晋升为大校军衔。

1960 年 7 月，离职休养。

1988 年 7 月，被授予二级红星功勋荣誉章。

1992 年 3 月 5 日，在成都军区总医院逝世，享年 89 岁。

9. 刘光列

刘光列，生于 1901 年，湖北黄陂人，出身农民家庭。

1919 年，考入武昌中华大学中学部学习。学习期间深受恽代英影响，痛恨旧中国的落后腐败，立志改造社会。1921 年底，毕业于中华大学中学部，即回乡执教于亲平小学，并继续与恽代英、唐际盛保持密切联系。

1924 年，经恽代英介绍，投笔从戎，赴广州黄埔军校第二期辎重科学习。在校期间，曾参加东江、惠州、淡水等战役。

1925 年，黄埔军校毕业后，到叶挺独立团第 5 连任连长。1926 年调任国民政府兵站总监部第七站站长，随军北伐。"七一五"反革命政变后，随贺龙领导的国民革命军第20军参加了"八一"南昌起义，转战于闽粤一带。

之后由汕头潜回家乡，奉命担任黄冈县农民自卫军参谋，协同潘忠汝、吴光浩等人组织"黄麻起义"。1927年12月5日，起义军被国民党12军教导师包围于黄安（今红安）城，在突围战斗中，刘光烈壮烈牺牲。

10. 刘泰

刘泰，湖南人，1923年毕业于衡阳成章中学。在求学期间，受五四运动影响，积极投身学生运动，任湘南学联总干事。

1920年暑假，回耒阳发动学生，成立耒阳学生联合会，组织耒阳人民反帝大同盟，开展反帝反封建斗争。是年冬，加入社会主义青年团。

1922年1月，加入中国共产党。12月，组建社会主义青年团耒阳地方执行委员会，任书记，创办团机关报《先声》。1924年4月，创建中共耒阳支部，任支部书记。6月，中共湘南区执行委员会成立，任宣传委员。

1925年2月，湖南省第一个中共县委——中共耒阳地方执行委员会建立，任书记。

1926年11月，耒阳县总工会成立，被选为总工会委员长。

1927年5月，"马日事变"后，转往贺龙部，任团党代表。参加南昌起义，任起义部队联络官。起义部队在潮汕失利后，转回耒阳，与邓宗海等重建中共耒阳县委，任委员。

1928年2月，参加湘南起义，任耒阳县工农兵苏维埃政府主席。4

月初，刘泰率耒阳农军和政府工作人员随朱德转移井冈山。

5 月 4 日，组建中国工农红军第四军，刘泰任 12 师 34 团党代表。同月下旬，34 团被改编为红军第一路游击队返回耒阳开辟根据地。26 日夜，游击队组织营救了一大批关押待毙的革命干部与群众。5 月底，刘泰率游击队向烟煤山转移，途经余庆抱鸡窝，被国民军包围。在突击时，其妻徐荣战死，刘泰中弹负伤，敌军连长企图抓捕刘泰，刘泰抱住敌人跃下山崖，壮烈牺牲。

11. 江靖宇

江靖宇，本名江澄，字中靖，生于 1903 年，桐城县大关乡小园庄人。13 岁入私塾读书，17 岁考入省城安庆公立甲种工业学校，后因担任学生联合会工作，积极投入学生运动，被校方勒令退学。1923 年，考入安徽法政专科学校。国共合作时，以共产主义青年团员身份加入国民党。

1926 年，在安庆西郊海角州从事农民运动，建立了海角州独立区农民协会，辖 11 个农会小组，组织"标枪队"数百人。开展"二五减租"、"四六分租"斗争。

1927 年，国民党在安庆制造了"三二三"事件，血腥镇压革命，大批屠杀共产党人，在生死关头江靖宇入党，成为一个坚定的共产主义战士。同年 7 月至南昌，在贺龙部任职，8 月 1 日，参加震惊中外的南昌起义。先后任 20 军直属 6 团 1 营副官、20 军 3 师 6 团副营长、营长。

12. 苏文钦

苏文钦，生于 1907 年，湖南醴陵人。1923 年 12 月，长沙湖南省立第一中学毕业。

1924年2月，入广州国民政府军政部讲武堂学习，同年由左权、蔡升熙介绍加入"中国青年军人联合会"（共产党外围组织）。

1924年9月，该校并入黄埔军校第一期编入第六队。毕业后留校政治部任干事、编纂股股长，《青年军人》编辑，东征军总指挥部政治部宣传科长，加入中国共产党。

1925年，任东征军总司令部上尉参谋，参加北伐战争。

1926年，任国民革命军第1军第2师补充团第1营连长、上尉副营长，少校参谋，第1师第3团营长。

1927年8月，参加南昌起义，任国民革命军第20军第3师参谋长。11月，第20军第3师南下失利后，返乡组织工农武装。

1928年，脱党，前往南京。

13. 李天柱

李天柱，生于1899年，出身于清末一位武秀才之家。幼年父母双亡，由兄嫂抚养成人，曾读于私塾，爱好武术。

1920年，考入耒阳县耒城花萼小学。

1922年，毕业后，到耒阳县遥田乡石仙坪小学任教师，因痛恨当时社会腐败，毅然弃文从武。

1925年秋，考入广州黄埔军校（工兵科）第四期学习，参加了讨伐军阀陈炯明的东征。学习期间他认真阅读马列主义书籍，与同乡李汉藩等进步学生创办《耒阳新潮》半月刊，以挽天的笔名，发表了《为十月革命敬告被压迫的中国民族》的文章，热情歌颂俄国十月革命，呼吁中国人民效法苏俄，走十月革命的道路。黄埔军校毕业后，参加国民革命军任初级军官。

1926年夏，随叶挺先遣独立团参加北伐战争，任叶挺先遣独立团排长。在汀泗桥战斗中负伤。北伐军占领武汉后，入黄埔军校武汉分校政治科学习。还曾担任武汉地区工人纠察队中队长和大队长。

汪精卫叛变革命后，转入贺龙领导的国民革命军第 20 军任连长，并随部参加南昌起义。

14. 李奇中

李奇中，又名奇忠，生于 1901 年，湖南资兴人。父从教，有薄田 40 余亩。李奇中先后就读资兴东乡高等小学、湖南省立第三中学、长沙广雅英数专门学校，此后在湖南公立工业专门学校修业，中央训练团党政班第八期、陆军大学特别班第二期毕业。

1924 年春，由林祖涵（林伯渠）、邹永成保荐投考黄埔军校。同年 5 月到广州，入黄埔军校第一期第二队学习。

1925 年，加入中国共产党；历任黄埔军校第三、四期区队副，党军第 1 旅连指导员、第 3 团党代表办公室主任，国民革命军第 9 军第 3 师少校营副。

1927 年，参加南昌起义，任第 20 军第 3 师第 5 团团副，随军南下参加会昌战斗，潮汕失利后随朱德等转战赣南，大庚整编时任营长兼教导大队大队长，后参加湘南起义。

1929 年，脱离中共组织关系，后任国民党庐山中央军官训练团教官，军训部上校参谋。

15. 李明铨

李明铨，生于 1906 年，湖北房县人。

1926 年 3 月，加入中国共产党，奉派入黄埔军校政治大队学习。北伐时随周逸群在贺龙部任政治教官，不久任 1 师政治部主任，参加南昌起义。

1927 年 11 月，到鄂豫边开展武装斗争，建立了一支工农革命军。

1928 年春，回房县开展地下活动，发展党的组织。

1931 年 6 月，建立房县苏维埃政府，任主席，兼任房县独立团团长，与国民党反动武装开展斗争。

1933 年，在洪湖肃反中被诬陷杀害。

16. 杨至诚

杨至诚，生于 1903 年，出身于三穗县城郊的一个侗族家庭。

1919 年，在贵州甲种农业学校学习期间，曾参加过贵州学生声援北平青年五四运动的爱国游行活动。农校毕业后加入滇黔联军准备北伐。

1926 年 3 月，在广州考取黄埔军官学校第五期，在军校经周逸群介绍加入中国共产主义青年团。次年 3 月，加入中国共产党。

1927 年，在贺龙的 20 军任连指导员，参加南昌起义。

1928 年 1 月，参加湘南起义，在作战中右腿受伤。同年 4 月，随朱德、陈毅到井冈山，任工农革命军（后称"工农红军"）第四军 28 团连长，在反"进剿"作战中腹部受伤。

1929 年后，历任红四军、红十二军副官长，中央军事政治学校校务部部长，中央革命军事委员会总经理部兼红军总兵站主任、总供给部部长兼政治委员，组织兵工、军需、医药生产和物资供给，并创办后勤学校，培养后勤干部。

1934 年 10 月，参加长征。

1935 年 1 月，遵义会议后，任军委先遣工作团主任。到达陕北后，任红一方面军后勤部部长，军委后勤部部长兼红军前敌总指挥部总兵站部部长。

抗日战争全面爆发后，任中央军委总供给部部长兼黄河两延（延长、延川）卫戍司令员、抗日军政大学校务部部长。

1938 年冬，因病到苏联就医，后入苏共远东局党校、伏龙芝军事学院学习。

1946 年 1 月，回国后，任东北民主联军总后勤部政治委员，先后在佳木斯、哈尔滨、牡丹江、齐齐哈尔和鸡西等地组织领导军工生产。

1948 年，任东北野战军军需部部长，大力组织扩建军需工厂、兵站、医院和仓库，为部队进行辽沈、平津战役提供了强有力的物资保障。

1949 年起，任华中军区、中南军区军需部部长，中南军政委员会轻工业部部长，中南军区第一副参谋长兼后勤部部长，人民解放军武装力量监察部副部长，军事科学院副院长兼院务部部长，高等军事学院副院长等职，为军队现代化正规化建设做出了重要贡献。

1955 年，被授予上将军衔。

1967 年 2 月 3 日，于北京病逝。

17. 吴溉之

吴溉之，生于 1898 年，湖南平江爽口乡资源村人，出身于小业主家庭。

1924 年，加入中国共产党。

1925 年，入黄埔军校第四期学习。

1926 年，参加北伐，"四一二"反革命政变中被捕，后保释出狱，加入贺龙部任排长，参加南昌起义。

1945 年，出席党的第七次代表大会。

新中国成立后，任最高人民法院副院长、党组书记。出席中共第八次代表大会，当选中共中央监察委员会常委、第一届全国人大代表，第二、三、四届全国政协常委。在"文化大革命"中受迫害，1968年含冤去世。

18. 余愿学

余愿学，生于1900年，湖南桑植人。

1912年，入桑植县澧源书院学习。

1916年，考入设在常德的湖南省立第二师范。入学不满一年便因家境贫寒辍学。

1918年秋，参加了贺龙在桑植县创办的农民自治讲习所。

1923年，由贺龙推荐入云南陆军讲武堂第18期学习。春毕业后，回湖南澧州任贺龙部军官教导团营级教官。

1926年夏，随部参加北伐。

1927年6月，部队回师武汉扩编为国民革命军第20军时，任第1师第3团团长。

1927年，参加南昌起义。部队撤出南昌后，作为左路纵队先锋，至瑞金壬田与敌激战。8月18日，在战斗中牺牲。

19. 谷梅武

谷梅武，白族，洪家关白族乡杜家山村人，后随族人迁居仓关峪。

1920年初，投身湘西靖国军贺龙部。他因英勇善战，军职连年晋升。

1925年夏，任贺龙部队警卫营长。

1926年，参加北伐，随谷青云旅长在激战荆沙、公安、黄金口战斗中立有殊功。

1927 年 2 月，贺部在湖北鄂城整编裁员撤旅，梅武随谷青云返回桑植。4 月下旬，只身返回武汉，投奔国民革命军第 20 军军长贺龙，继续征战参加"八一"南昌起义。

1928 年春，参加贺龙发动的"桑植起义"。

1932 年，任红三军独立团团长，转战湘鄂边境，谷梅武作战中身先士卒多次负伤。

1934 年 10 月，红三军与红六军团会师后，他参加陈家河、桃子溪、忠堡和板栗园等著名战斗，在板栗园战斗中负重伤，返家休养。

1935 年 11 月，他因伤未随部队长征，留守老区坚持斗争。次年春，被桑植"清剿"武装在仓关峪抓获，连夜解押县城，路过黄家坡密林处时，敌人恐他逃跑而挥刀砍杀，他虽侥幸逃脱，终因伤重不治去世，时年 36 岁。新中国成立后，梅武被政府追授为红军烈士。

20. 冷相佑

冷相佑，生于 1903 年，山东郯城人。父从农商，有田产 400 余亩。早年毕业于神山镇高等小学、山东省立第五中学。

1924 年 1 月，由张苇村（山东省出席国民党一大代表）介绍加入国民党；由宋聘三、刘绩学（均为河南省出席国民党一大代表）保荐报考黄埔军校；同年 5 月到广州，6 月考入黄埔军校第一期入第四队学习；同年加入中国共产党，参加"中国青年军人联合会"活动；任黄埔军校教导 2 团排长，第四期入伍生团区队副。参加第一、二次东征和北伐战争。

1926 年秋，任第 20 军教导团 1 营营长。

1927 年，参加南昌起义，随军南下于潮州竹杆山战斗中牺牲。

21. 宋华

宋华，生于 1902 年，出身于佛冈县三八乡诚径水口村贫苦农民家庭。

1922 年，宋华经熟人介绍，到广州河南如泰油厂做工。他作为一个榨油工人，很快就接受了党的宣传鼓动，积极投身工人运动，并被推选为油业工会的负责人。

1924 年 8 月，经过广州油业工会的推荐，宋华进入第二届广州农民运动讲习所学习，是年参加了共产党。9 月 12 日，孙中山督师北伐，广州工团军和农团军（第二届农讲所学员组成）赴韶关训练。于是宋华又与本届学员一起，于 9 月 21 日到达韶关，接受了孙中山的检阅和训话，受到了很大的鼓舞。

9 月 22 日，农团军分赴附近农村，深入调查研究，宣传革命道理，动员群众组织农会，支援北伐。同年 11 月，宋华与赖彦芳建立了清远县的第一个农会。

1926 年秋，宋华前往仁化县，加强对该县农运的领导。

1927 年 4 月，上海"四一二"和广州"四一五"反革命政变。中共广东区委组织召集各县工农自卫军，成立北江工农自卫军总指挥部，举旗北上。6 月 15 日，到达武汉整训。7 月底，随部队转到南昌，参加了南昌起义。起义后，北江工农军编入贺龙领导的第 20 军第 3 师，宋华任师下属连指导员。

1929 年 1 月，宋华受中共广东省委的派遣，前往南雄开展工作，后被叛徒出卖，牺牲于广州东较场，年仅 27 岁。

22. 张树才

张树才，生于 1914 年，湖北省黄冈县阳逻镇（今武汉市新洲区）

人。10 岁丧父，到武汉在纱厂做学徒工。

1927 年 4 月，参加贺龙领导的国民革命军 20 军，任 20 军教导团战士。

23. 陈昌

陈昌，出身于农民家庭，幼年入私塾启蒙。

1911 年，考入湖南一师，与毛泽东、何叔衡、蔡和森等结识。

1915 年，一师毕业后应聘到徐特立创办的长沙五美高小任教，常以列强侵略中国的历史教育学生不忘国耻，坚决反对袁世凯复辟帝制。

1918 年 4 月，加入毛泽东等创建的"新民学会"，主张用布尔什维主义改造社会，积极参与毛泽东组织俄罗斯研究会和文化书社的活动。

1920 年秋，受毛泽东委托，回浏阳筹办浏阳分社，从事马克思主义的传播工作，年底加入社会主义青年团。

1921 年冬，经夏明翰介绍加入中国共产党。不久，浏西特别支部成立，陈昌任书记，后受中共湘区委委托，与其他同志创办党的干部学校——湘江中学。

1924 年初，先后赴湖南兰田镇、醴陵、宁乡等地从事党的组织工作。

第一次国共合作期间，被推选为国民党湖南省党部执行委员，曾赴湘西同贺龙协商援助广东革命政府之事，并帮助筹建了国民党水口山党部。还曾前往河南北伐前线担任国民革命军 35 军第 2 师政治部主任。

1927 年，在贺龙部任团长，并参加南昌起义。起义部队在潮汕地区受挫后与部队失去联系，辗转脱险回湘。

1928 年，前往迁至上海的湖南省委机关工作。

1930 年 1 月，以中央特派员身份，赴湘鄂西根据地工作的途中，在澧县不幸被捕。敌人企图以高官厚薪拉拢，遭严词拒绝，继而施以酷刑，亦始终坚贞不屈，决心"献身党的事业，死而无憾"。

1930 年 2 月 23 日，被杀害于长沙浏阳门外，临刑前高呼："革命一定成功！劳苦大众一定要解放！"

24. 陈恭

陈恭，生于 1905 年，湖南省醴陵泗汾镇人。1919 年，入醴陵县立中学。

1923 年，加入共产主义青年团。

1924 年 10 月，入黄埔军校第二期步兵科。同年底加入中国共产党。参加了东征讨伐陈炯明的战斗，以出色的宣传和讲演能力，多次受到东征军政治部主任周恩来的称赞。

1926 年初，任国民政府海军局政治部秘书，主持部务工作。后任国民革命军军事委员会政治训练部秘书长。7 月参加北伐，任左翼军宣传队副队长。

1927 年 2 月，任国民革命军独立第 15 师政治部秘书。6 月初，独立 15 师扩编为国民革命军第 20 军，他任军政治部秘书长。同年 8 月，随贺龙参加了南昌起义。起义后任第 20 军第 2 师党代表。同年 12 月，参加叶挺等领导的广州起义。

1928 年 1 月，受党组织派遣，带领 20 多名干部赴湖南岳阳建立中共湘北特委。

1928 年 4 月，湖南军阀派兵"进剿"醴陵革命武装。8 日，去东乡召集军事会议，在返回的途中被捕。

1928 年 4 月 12 日，在醴陵县城状元洲被敌人杀害，年仅 23 岁。

25. 陈浴新

陈浴新，又名东方望，生于 1890 年，湖南安化人。保定陆军军官学校第三期肄业，北京陆军部讲武堂、陆军大学特别班第一期毕业。

1916 年，任湖南护国军第 1 军湘西游击支队支队长兼第 1 师机枪营营长。

1920 年，任沅陵镇守使署参谋处长。

1923 年 2 月，任湘西讨贼军第 1 军参谋长。

1926 年，任国民革命军前敌总指挥部高参，参加北伐。

1927 年，任国民革命军第 20 军参谋长，南昌起义后脱离部队。

26. 陈赓

陈赓，原名陈庶康，生于 1903 年，湖南省湘乡市龙洞乡泉湖村人。

1916 年，入湘军当兵。

1921 年，脱离湘军，在长沙的铁路局当办事员，参加爱国运动，得到共产党人何叔衡、郭亮等的帮助，接受了共产主义思想。

1922 年，加入中国共产党。

1924 年 5 月，考入黄埔军校第一期，毕业后留校任连长、副队长，参加了平定商团和讨伐陈炯明的东征等战斗。

1925 年 10 月，在第二次东征时，东征军在华阳附近战斗失利，叛军逼近，在前线督战的蒋介石恐被叛军俘虏，拔枪企图自杀，陈赓夺下手枪，不顾个人安危，连背带拖，将蒋救离险境。

1926 年秋，被派到苏联学习。

1927 年初，回国。8 月，参加南昌起义，到贺龙部队任营长。之后，由香港转赴上海。

1928 年起，主持中共中央特科的情报工作。

1931 年 9 月，赴鄂豫皖苏区，任中国工农红军第四方面军的团长、师长。

1932 年，因负重伤秘密到上海就医，曾向鲁迅详细介绍鄂豫皖红军的斗争事迹。

1933 年 3 月，被捕，由上海解往南昌。正在南昌指挥对中央苏区第四次"围剿"的蒋介石亲自用高官厚禄进行劝降。陈赓严词拒绝。经中共和宋庆龄等营救，脱险后返回中央苏区。

长征中任干部团团长，曾率干部团一部强占皎平渡渡口，使第一方面军得以顺利渡过金沙江。到陕北后任第 1 军团第 1 师师长。

1937 年 2 月，入抗日军政大学学习，兼任第一队队长。

抗日战争爆发后，任八路军第 129 师第 386 旅旅长。

1940 年，任太岳军区司令员，次年任太岳纵队司令员，参与领导创建晋冀豫根据地。

1943 年 11 月，赴延安，入中共中央党校学习。

1945 年 6 月，当选为中共第七届中央候补委员。

抗日战争胜利后，率太岳纵队（后来改为晋冀鲁豫军区第四纵队）参加上党战役。

1946 年初，他作为中共代表参加临汾、太原三人小组，调处国共军事冲突和监督双方执行停战协议。

1946 年 7 月，国民党发动全面内战后率第四纵队和太岳军区部队转战晋南，连续进行闻（喜）夏（县）、同蒲、临（汾）浮（山）战役，歼灭国民党军 3 万人，其中包括号称"天下第一旅"的胡宗南的整编第 1 旅。

1947 年 4 月，指挥晋南攻势。8 月，开辟豫陕鄂解放区，配合刘（伯承）邓（小平）和陈（毅）粟（裕）野战军，在中原地区进行战略进攻。

在淮海战役中，率第四纵队协同兄弟部队在徐州西南切断津浦铁路，参加围歼黄维兵团。

1949 年，任人民解放军第四兵团司令员兼政委，率部横渡长江，解放南昌。

1950 年初，指挥所部经 14 昼夜强行军，直抵云南边境，歼灭企图逃往国外的国民党军 2 万余人。

1950 年 2 月，进驻昆明，任西南军区副司令员、云南省人民政府主席、云南军区司令员。

1950 年 7 月，应邀赴越南，帮助越南军民进行抗法战争，取得边界战役的胜利。

1951 年，参加抗美援朝战争，任中国人民志愿军副司令员兼第三兵团司令员、政委。

1952 年 6 月回国，筹办人民解放军军事工程学院，并任第一任院长兼政委，培养了大批国防科技人才。

1954 年 10 月，任人民解放军副总参谋长。

1955 年，被授予大将军衔。

1956 年，当选为中共第八届中央委员。

1958 年 9 月，兼任国防科学技术委员会副主任。

1959 年 9 月，任国防部副部长。

1961 年 3 月 16 日，在上海病逝。

27. 欧百川

欧百川，生于 1894 年，贵州松桃盘信镇柳浦寨人，北伐将领。

1920 年，入国民党黔军，历任排长、事务长、营长、团长等职。

1927 年，脱离国民党，追随贺龙参加八一南昌起义，时任国民革命军第20军第1师第2团团长。

新中国成立后，历任西南军政委员会委员、贵州省民族事务委员会主任委员、中央民族事务委员会委员、贵州省副省长、贵州省政协副主席、第一届全国人大代表、贵州省中苏友好协会副会长、贵州省民革委员会副主任委员、贵州省保卫世界和平分会副主席等职，是我国知名的爱国主义人士。1970年9月1日在贵阳去世。

28. 罗统一

罗统一，生于1897年，侗族，出身于榕江县朗洞镇色边村农民家庭。

1919年，罗统一为当地恶势力逼迫无奈，告别妻儿到玉屏县投入"滇黔联军"杨松青部新编第1营当伙夫。

1924年夏，贺龙率领川南混成第9旅由四川进驻贵州铜仁，收编杨松青部，罗统一任团副兼第2营营长。

1926年9月，罗统一参加周逸群创办的"政治讲习所"，不久加入中国共产党。

1927年6月，国民革命军独立第15师扩编为第20军，贺龙任军长，罗统一就任3团2营营长。8月1日，罗统一率2营随贺龙参加南昌起义，打响了武装反抗国民党反动派的第一枪。8月25日，起义军第3团团长牺牲后，罗统一升任第3团代理团长。

1928年2月中旬，罗统一随贺龙、周逸群到湘西北开展武装斗争。7月初，贺龙部正式改编为工农革命军第四军，罗统一先后任中队长、营长。

1929年1月，罗统一任红四军第4团团长。

1930年3月至7月，在红四军主力与红六军胜利会师的转战征途中，罗率四团与追堵敌军进行了大小战斗数十次，屡战屡胜。

1932 年 3 月，罗率领全团参加文家墩战役，与红三军其他部队配合歼敌 48 师 144 旅数千敌军，生俘敌旅长韩昌俊以下敌军 2000 余人。粉碎了敌人对江陵、荆南苏区的"清剿"计划。4 月，国民党"剿共"左路总指挥徐源泉率两万余人实施"清剿"计划。在皂市保卫战中，罗指挥全团打退了敌人多次进攻，在战斗中受伤。5 月，罗伤愈出院，调任湘鄂西警卫团团长。

1932 年 5 月底，川军组织 10 个团兵力三路进犯苏区，罗统一指挥警卫团避实就虚，一举歼灭敌第 4 师范绍增部，生俘 3000 余人，缴枪 2000 余支。7 月，升任警卫师师长。8 月上旬，在反"围剿"作战中向夏曦直抒己见：避敌锋芒，迅速将部队转移，寻机歼敌。夏曦非但不听，反说他是在散布失败情绪，动摇军心，借机向党中央分局进攻，下令将罗统一逮捕，并在周老嘴失守前夕，以"改组派"的罪名，将他杀害。罗统一牺牲时年仅 35 岁。

29. 周小康

周小康，1924 年，考入长沙岳云中学读书，阅读了《新青年》《共产党宣言》等进步书刊，开始接受革命思想，并参加了党领导的学生运动。

1926 年，加入中国共产党。

1926 年 7 月，回安乡领导农民运动，任中共安乡特别支部委员、县农协秘书长。

1927 年初，安乡特支改为县委，任县委委员。仅半年时间，全县建立了区农协 6 个，乡农协 60 多个，培养了 343 名农协干部，发展了 6 万多名会员，还建立了拥有 800 人、600 支枪的工农武装。

1927 年 5 月 21 日，湖南发生马日事变。县委书记陶季玉被枪杀。

他出走长沙、武汉等地，寻找党的组织，继续从事革命活动。

1927 年 7 月，进入贺龙的部队，参加了八一南昌起义。南昌起义后，与许光达等受中央委派到鄂西工作。

1928 年 1 月，任鄂西特委委员。

1930 年 7 月，在鄂西第三次党代表大会上当选为鄂西特委书记。9月，改任湘鄂西特委常委兼组织部长。在鄂西工作期间，他辗转各地，冒风雨，受饥寒，与红军指战员一起艰苦奋斗，深受鄂西人民拥戴。1931 年 3 月 2 日，任湘鄂边特委书记。经过一段时间的努力，建立健全了鹤峰、石门、五峰、桑植、长阳县委，举办了党员、干部、妇女训练班和镇反训练班，为党培养了一批领导骨干。

1931 年六七月间，他和王炳南带领特委机关和独立团转移到长阳县黄柏山双河灌，整编独立团，并兼任政委。独立团屡建战功，在红二军团战史上写下了光辉的一页。

1931 年 9 月 6 日，湘鄂边特委做出决定，放弃湘鄂边根据地，向洪湖苏区转移。他率特委机关、独立团到达洪湖苏区江陵沙岗，与红三军一部会合。王明"左"倾错误路线的代表不顾当时湘鄂边被敌军重兵"围剿"的客观条件，硬说他们来洪湖是放弃湘鄂边苏区，是"改组派"，在"肃反中"中牺牲，时年仅 25 岁。

30. 周文在

周文在，生于 1906 年，江苏省常熟市人。

1925 年，加入中国共产党。

1926 年，入黄埔军校学习。曾任国民革命军第二方面军 20 军学兵营连政治指导员，参加了南昌起义。

土地革命战争时期，从事党的秘密工作。抗日战争时期，任江南人民抗日义勇军第三支队副支队长，新四军挺进纵队第一团营政治教导员、副营长，苏北指挥部第一纵队军需处处长，新四军第 1 师一旅供给部政治委员，苏中军区第 3 军分区政治部组织科科长、政治部副主任兼组织科科长，泰县独立团政治委员，苏中军区第 2 军分区政治部主任。解放战争时期，任苏中军区政治部组织部部长，华中野战军第七纵队政治部副主任兼组织部部长，华东野战军苏北兵团政治部组织部部长，第十兵团政治部组织部部长。中华人民共和国成立后，任第十兵团兼福建军区干部部部长，福州军区干部部部长、政治部副主任，福建省军区副政治委员。

1955 年，被授予少将军衔。1994 年，因病逝世。

31. 周邦采

周邦采，生于 1902 年，河南唐河人，出身于农民家庭。幼年受私塾教育。

1915 年，入唐河县立高等小学。

1919 年秋，入开封河南留学欧美预备学校。

1924 年，入南京东南大学。不久，赴广州入黄埔军校第三期学习。

1925 年，在黄埔军校参加中国青年军人联合会，积极为"青年会"主办的《中国军人》《青年军人》《兵友必读》等刊物撰稿，宣传孙中山的三民主义，揭露帝国主义和封建军阀的罪行。此间，经周逸群介绍加入中国共产党。6 月，随军校第三期入伍生参加了对滇系杨希闵、桂系刘震寰军阀叛乱的平叛。10 月，参加第二次东征，全歼陈炯明叛军。

1926 年 10 月，任国民革命军第 17 军第 2 师党代表兼党部主任。

1927 年，经周逸群提议，贺龙军长任命他为国民革命军 20 军第 3 师军官教导团参谋长兼该团党支部书记。同年 8 月 1 日参加南昌起义，和侯镜如一起带部队驻大校场，担负消灭朱培德嫡系 79 团的任务。后随朱德占瑞金，打会昌，转战潮河、汕头。10 月 7 日，在茂芝的干部会议后，根据党在汉口召开的"八七"会议精神，上级派他回河南，组织领导武装斗争，开辟豫皖边革命根据地。

1928 年初，他以中央长江局军事特派员身份到汝南视察工作。7 月 28 日，在攻打水屯寨的战斗中，身中数弹，壮烈牺牲。

32. 周其鉴

周其鉴，1921 年，加入中国共产党。

1922 年秋，任中国劳动组合书记部广东分部广州油业工会秘书，积极从事工人运动。

1924 年初，任中共广东区委农委委员。不久兼任广宁农民协会委员长。领导全县农民开展减租减息斗争，建立农民自卫军。

1925 年 5 月，当选为广东省农民协会执行委员，兼省农协驻西江办事处主任。

1926 年 5 月，当选为广东省农民协会常务委员，兼驻北江办事处主任。蒋介石发动"四一二"政变后，回广宁积极扩大农民自卫军，任广东工农讨逆军副总指挥，率千余人北上支援武汉地区工农运动。

1927 年，参加南昌起义，编入起义军第 20 军 3 师 6 团。部队南下受挫后，率余部转入海陆丰，被选为中共广东省委候补委员。同年 11 月去北江组织农民武装，成立清远红军独立团。同年 12 月，参加广州起义。

1928 年初，再度赴北江领导发动武装暴动时，在清远被国民党军队逮捕。同年 1 月 26 日英勇就义。

33. 周逸群

周逸群，生于 1896 年，贵州铜仁城关镇人，祖籍湖北蒲圻（今赤壁）。

1919 年，赴日本留学。曾参加反对帝国主义、北洋军阀的爱国活动。

1923 年回国，在上海参加创办《贵州青年》旬刊，宣传反帝反封建思想。

1924 年 10 月，入黄埔军校第二期学习。同年 11 月，加入中国共产党。积极从事青年军人运动的宣传和组织工作，任"青年军人联合会"主任。

1926 年，参加北伐战争，在国民革命军贺龙部军政治部主任。

1927 年 8 月，参加南昌起义，起义军南下后任第 20 军第 3 师师长，率部参加瑞金、会昌等战斗。介绍贺龙加入中国共产党。起义军在广州潮汕地区失利后，辗转到上海。

1928 年 1 月，周逸群任中共湘西北特委书记，与贺龙赴湘西北地区开展武装斗争，途中参与领导鄂中鄂西地区年关暴动和桑植起义。

1928 年 3 月上旬，到达湘西桑植洪家关，与贺龙一起组织工农革命军，举行桑植起义。

1929 年春，把江陵、监利等县游击武装整编成鄂西游击大队，后扩编为鄂西游击总队，兼任总队长。

1929 年 12 月，主持召开鄂西地区中共第二次代表大会，制定并通过《关于鄂西党目前的政治任务与方针》《关于军事问题》等项决议案，推动了鄂西地区革命斗争的继续发展。

1930 年 2 月，周逸群领导组建中国工农红军第六军，兼任政治委员，与军长旷继勋率部连克潜江、郝穴、调弦口等城镇。

1930年4月，主持召开鄂西第一次工农兵代表大会，成立鄂西苏维埃联县政府。

1930年7月，率红六军与红四军在公安县会师组成红二军团，任军团政治委员、中共前委书记，与贺龙领导创建以洪湖为中心的湘鄂西苏区。

1930年9月，任中共湘鄂西特委代理书记兼湘鄂西苏维埃联县政府主席。

1931年5月，夏曦取消湘鄂西特委，周逸群改做兵运工作。周逸群由洞庭湖特区返回江北汇报工作，途经湖南岳阳贾家凉亭时，遭国民党军伏击，不幸壮烈牺牲，时年35岁。

34. 赵天鹏

赵天鹏，生于1903年，上海南汇泥城乡横港村人。青少年时代，先后就读于南汇县第六小学和川沙简易师范。在学校里，他受到学校教师林钧等革命者的启迪，懂得了革命的道理，决心投身于革命事业。

1926年九十月间，赵天鹏到达武汉，考入前敌总指挥部政治训练班学习。结业后被分配到贺龙领导的北伐军独立第15师，参加"八一"南昌起义。

1927年八九月间，回到浦东家乡。同年10月，在奉贤曙光中学由林钧和赵振林的介绍，加入了中国共产党，公开身份为南汇县鲁家汇县立观涛小学教师。

1928年6月16日，不幸被捕。7月2日，被反动派枪杀，时年25岁。

35. 柳直荀

柳直荀，生于1898年，湖南长沙高桥镇中兰村人。

1912 年，考入长沙广益中学，后考入雅礼大学预科。其间，结识了进步人士杨昌济，以及毛泽东、何叔衡、张昆弟等人，在毛泽东等人影响下开始学习和研究马克思主义。

1920 年 10 月，加入中国社会主义青年团。

1924 年 2 月，经何叔衡等人介绍加入中国共产党。

1926 年 7 月，北伐军攻占长沙，柳直荀当选为新成立的省政府委员，并任省农民协会秘书长。

1927 年，"四一二"反革命政变后，他立即发出声讨蒋介石的联合通电，动员民众与国民党新军阀作坚决的斗争。5 月 21 日，长沙马日事变发生当天，他迅速发动农民自卫军奋起抵抗，组织数万农军进攻长沙。7 月，与郭亮等人经武汉到南昌，被党组织编入贺龙的部队，参加南昌起义，后随军南下广东。不久被党派往上海、天津等地从事秘密斗争。

1928 年 9 月，任中共顺直省委秘书长，参加了周恩来主持的中共顺直省委扩大会议。

1929 年冬，调任中共湖北省委书记，不久又任中共中央长江局秘书长和中央军委特派员。

1930 年 4 月，受命到洪湖革命根据地工作，任红二军团政治部主任、军团前敌委员会委员兼红六军政委。

1931 年 3 月，红二军团改称红三军，柳直荀任红三军政治部主任和前委委员。他与贺龙、段德昌等同志率部队打退了敌人的多次围攻，使湘鄂西革命根据地得到了巩固和发展。

1931 年 6 月，中共鄂西北临时分特委成立，柳直荀任特委书记兼房县县委书记。此后，柳直荀先后受命组编红 25 师、鄂西北独立团、洪湖独立团，后合编为红 8 师，柳直荀均兼任政委，为巩固和发展革命根据地做出了巨大贡献。在此期间，他坚决反对党内和根据地内已经发展起来的"左"的错误方针和政策，被撤销在党和红军中的领导职务。

1932 年 9 月，柳直荀在湖北监利肃反扩大化中牺牲，时年 34 岁。

36. 钟纬剑

钟纬剑，生于 1907 年，湖南醴陵人，出身于富裕农民家庭。曾先后就读于长沙明德中学附小、醴陵北联高等小学、长沙长郡联立中学。

1922 年，入长沙长郡中学读书，曾与曾三等进步学生组织"新雷声社"。

1925 年秋，入黄埔军校三期步兵科学习，其间加入中国共产党。

1926 年秋毕业，分配到国民革命军第 6 军第 17 师，先后任连政治指导员、连长、副团长等职，参加北伐战争中三克南昌、强攻南京的战斗。

1926 年夏，在黄埔军校学习期间，加入中国共产党。

1927 年，随 20 军开赴南昌参加起义。

1935 年 2 月，任红三军团 10 团参谋长。2 月 26 日与团长张宗逊率团参加攻打遵义城的战斗。28 日，在遵义城南老鸦山战斗时，不幸腹部中弹牺牲。

37. 侯镜如

侯镜如，生于 1902 年，河南省永城市人。

1924 年 5 月，考入黄埔军校第一期。11 月毕业后，任教导一团排长。

1925 年 2 月，侯镜如参加国民革命军第一次东征。冬，由周恩来、郭俊介绍加入中国共产党，翌年 7 月参加北伐，任国民革命军第 1 军 14 师团参谋长。北伐军到达福州时调任国民革命军第 17 军第 3 师党代表兼师政治部主任。

1927 年 2 月，侯镜如离开北伐军到上海，在周恩来领导下参加上海工人第三次武装起义的准备和指挥工作，为暴动指挥成员之一。

"四一二"反革命政变时，在与敌人搏斗中右胸负伤，伤愈赴汉口任国民革命政府武汉三镇保安总队长。7 月，汪精卫集团公开反共。侯接受中共中央前敌军委指示，任贺龙的 20 军教导团团长，在南昌参加"八一"起义。

1952 年 10 月，任国务院参事。

1954 年，任第二届全国政协委员。

1956 年 2 月，当选民革中央候补委员。

1959 年，任国防委员会委员。

1960 年 8 月，当选民革中央委员。

1977 年，任北京市政协副主席。

1978 年，任第五届全国政协常委、中国国民党革命委员会北京市委员会主任委员。

1979 年，任北京市人大常委会副主任，政协全国委员会祖国统一联谊委员会副主任，中国人民争取和平与裁军协会副会长，中国和平统一促进会会长。

1981 年，任中国国民党革命委员会副主席。

1984 年 2 月，当选为黄埔军校同学（会长徐向前）副会长。

1988 年 2 月，当选黄埔军校同学会会长。9 月当选中国和平促进统一会会长。

1989 年 3 月，当选全国政协（主席李先念）副主席。

1986 年 7 月 9 日，他作为黄埔军校同学会的副会长。

1989 年 3 月，当选为中国人民政治协商会议第七届全国委员会副主席，同年 11 月任黄埔军校同学会会长，侯镜如还是政协第二、三、四届全国委员会委员，第五、六届全国委员会常务委员。

1994 年 10 月 25 日，在北京逝世，享年 92 岁。

38. 贺文选

贺文选，生于 1899 年，湖南桑植洪家关人。年幼随堂叔贺星楼读两年私塾，稍长，随胞叔贺文治贩运盐巴，走南闯北，广结志士，胆识智勇兼备。

1919 年，贺龙任靖国军独立营长，他即邀贺锦斋等族戚投奔麾下，转战川黔边境，因他作战英勇顽强，先后晋升为排长、连长、营长。

1926 年北伐时，任国民革命军第 9 军第 1 师（贺龙任师长）2 旅 6 团团长。翌年 6 月，贺师扩编，他升任 20 军 2 师副师长兼 4 团团长。

1927 年"八一"南昌起义中，他率部执行阻击敌人增援、就地歼敌任务，为起义建立奇功。8 月 25 日，起义军南下至壬田时遇强敌封锁，贺文选英勇负伤，9 月 12 日，乘担架至上杭时，在船上牺牲，年仅 28 岁。

39. 贺声洋

贺声洋，生于 1905 年，湖南临澧夹山镇官渡桥村（今属石门县）人，早年毕业于本县余市乡高小及湖南公立工业专门学校。

1924 年初，由林永言（大元帅府军政部科员）、石盛祖（国民党中央农民部干事）介绍，加入国民党；由谭延闿（驻粤湘军总司令）保荐，考入黄埔军校一期第二队，后加入中国共产党；毕业后任第三期入伍生总队少尉排长，中尉区队长，第四期入伍生部第一团上尉连长，参加第一、二次东征和北伐战争。

1926 年，任第 34 团第 2 营上尉副营长。第 34 团改为叶挺独立团，任第 2 营代理营长，后在第 9 军第 1 师贺龙部任少校营长。9 月中旬，国民革命军总司令部决定由第 9 军、第 10 军（军长王天培）组成北伐军左翼军，肃清湘西之敌，会师武汉；此时，贺声洋调任北伐军左翼宣传队（队长周逸群）任副队长。

1927 年 8 月，参加南昌起义。10 月，贺声洋奉派赴苏联，入莫斯科东方大学学习。

1929 年初，夏返沪，在中共中央军事部（部长杨殷）工作。

1930 年初，贺声洋奉命进入江西中央苏区，任中国工农红军军官学校第一分校学生总队长。

1931 年春，在"肃反"扩大化中牺牲，年仅 27 岁。中华人民共和国成立后，贺声洋被追认为革命烈士。

40. 贺学定

贺学定，生于 1908 年，土家族，湖南桑植洪家关人。13 岁参军，在贺龙部队当勤务兵。

1923 年春，受贺龙选派去云南讲武堂第十八期学习。

1925 年 5 月，贺龙出任湖南澧州镇守使，贺学定从云南讲武堂学成回乡，正值贺龙从澧州回桑巡视防务，便跟随贺龙到澧州，在贺锦斋团 2 营二连当见习排长。在贺龙镇守澧州期间，因功升任连长。

1926 年 3 月，贺龙在贵州铜仁接到北伐军总指挥部挥师北伐向湖南的命令，率部由铜仁出发，贺学定连为先锋，攻克麻阳，连夺辰溪、沅陵之后，大军分水、陆直捣常德府，贺学定连又作为贺部主力前锋攻西门，经过 3 天激战，城门告破。

1927 年 2 月，贺龙大军进驻湖北鄂城，改编为国民革命军独立 15

师，贺学定升任营长。4月下旬，贺师第二次北伐至广水，由于当地反动迷信武装"红枪会"数千人破坏交通，拦截军车，妄图切断大军的联系和北进的道路。他率全营官兵冲锋在前，将"红枪会"从广水赶至三里河。接着在信阳与鸡公山一带的东双河，又遇大批的"红枪会"匪众，在贺龙的指挥下，他率全营战士连续冲锋，击毙匪徒大部，残部向罗山方向狼狈逃去。战后，贺龙对贺学定说："你是一个不怕死的好角色，真是个'舍命王'。"从此，"舍命王"诨名在部队传开。6月，贺部扩师成军奉命回汉，贺学定遂担任军需长。7月中旬，20军准备开赴九江，万余人的部队要乘船东进，他率军需处的士兵四处寻得数百条木船，20日，贺龙率20军官兵，从黄石港浩浩荡荡向九江进发。26日，抵达南昌，军需处冒着敌人的封锁，给分散多处的部队运送粮食、弹药，贺学定身先士卒，指挥军需人员，躲过敌人岗哨，将军需物资送到赣江彼岸。南昌起义时，担任第20军军需长。10月初，南昌起义部队南下广东，到达流沙，他率军需处人员随第1师师长贺锦斋按总指挥部计划往葵潭前进，后又奉党中央指示重返湘鄂西，在荆江两岸的监利、石首一带开展武装斗争并加入了石首中心县委，很快组织起一支近百人的游击队伍，打土豪，夺取团防枪支，壮大革命力量，等待贺龙的到来。其间，贺学定担任湖北省委与石首中心县委联络员，多次单独执行任务，来往于根据地和武汉之间。

1928年4月，贺学定为县委运送武器时被叛徒出卖，在湖北籍池镇与国民党军队作战中牺牲，时年20岁。

41. 贺春轩

贺春轩，字学周，又名贵生，生于1907年，湖南桑植洪家关人。家庭贫苦，无一产业，自幼丧母，靠父亲贺文华做皮匠维持生计。16

岁约贺学定、贺学魁 3 人去贺龙部投军。贺春轩先做护卫，不久提升为手枪连连长。

贺龙升任 20 军军长，贺锦斋升任第 1 师师长，贺春轩给贺锦斋当助手。八一南昌起义，贺锦斋师驻前敌委员会（南昌大旅社二楼），距军部驻地较远，贺春轩带着一支队伍往返其间，担负着前敌委员会和起义总指挥部的联络工作。

南昌起义失利，起义部队南下广东，在潮汕受挫，贺春轩返回汉口与贺学传等会合，又聚众十余人找到了师长贺锦斋。在贺锦斋的领导下，很快组织了一支百多人的队伍，称之为第十九路军，活跃在荆江两岸，不久部队返桑参加了桑植起义。

1930 年 4 月 7 日，贺春轩等奉命赴洪湖瞿家湾，途中遭敌伏击，英勇牺牲，年仅 23 岁。

42. 贺声洋

贺声洋，生于 1905 年，湖南临澧夹山镇官渡桥村（今属石门县）人，早年毕业于本县余市乡高小及湖南公立工业专门学校。

1924 年初，由林永言（大元帅府军政部科员）、石盛祖（国民党中央农民部干事）介绍，加入国民党；由谭延闿（驻粤湘军总司令）保荐，考入黄埔军校一期第二队，后加入中国共产党；毕业后任第三期入伍生总队少尉排长，中尉区队长，第四期入伍生部第一团上尉连长，参加第一、二次东征和北伐战争。

1926 年，任第 34 团第 2 营上尉副营长，第 34 团改为叶挺独立团，任第 2 营代理营长，后在第 9 军第 1 师贺龙部任少校营长。9 月中旬，国民革命军总司令部决定由第 9 军、第 10 军（军长王天培）组成北伐军左翼军，肃清湘西之敌，会师武汉；此时，贺声洋调任北伐军左翼宣传队（队长周逸群）任副队长。

1927 年 8 月参加南昌起义。10 月贺声洋奉派赴苏联，入莫斯科东方大学学习。

1929 年初夏返沪，在中共中央军事部（部长杨殷）工作。

1930 年初，贺声洋奉命进入江西中央苏区，任中国工农红军军官学校第一分校学生总队长。

1931 年春，在"肃反"扩大化中牺牲，年 27 岁。中华人民共和国成立后，贺声洋被追认为革命烈士。

43. 贺勋臣

贺勋臣，本名贺士忠，外号"老太爷"，生于 1891 年，湖南桑植人。儿时与贺龙叔侄甚睦，平时二人兼习武功。21 岁时，从军入伍。

1913 年，从云南带回 3 支枪，加入农民武装。2 月，贺龙率领农民武装袭击芭茅溪盐局，贺勋臣作战勇猛，擒获盐局局长，夺取枪支十余条。从此跟随贺龙拉起一支农民队伍。贺勋臣随贺龙一道走上革命道路，南北转战，参加北伐战争。

1927 年，在南昌起义战斗中负伤，经贺龙同意，回家疗养，因人告密，不能安身，伤稍好后，在湖北监利找到部队。

1928 年春，随贺龙、贺锦斋等回到湘西，参加桑植起义。他以传统草药为部队伤兵员治伤，士兵都称他为"医官长"。在长达八年的湘鄂西、湘鄂川黔革命根据地时期，贺勋臣历任红军医主任，游击队长等职。

1935 年 11 月，贺勋臣参加长征。

1936 年 2 月，在战斗中抢救伤员时，一颗子弹从锁骨边穿过，身负重伤，留下残疾。

新中国成立后，他为四川省政协委员，常住重庆、成都两地。

1970 年 8 月 24 日，去世，享年 81 岁。

1978 年 8 月，中共四川省委为贺勋臣同志举行追悼会，悼词中说："由于林彪、四人帮反党集团对贺龙的诬陷和残酷迫害，贺勋臣受到牵连，遭到残酷的精神折磨和肉体摧残，身患重病又得不到及时治疗而逝世。贺勋臣同志是中国共产党党员，省政协委员，参加革命后，立场坚定，旗帜鲜明，在艰苦战斗年代，英勇作战，不怕牺牲，曾光荣负伤，特别是在举世闻名的二万五千里长征中，由于他具有祖传草药医术，在参加战斗的同时，还担负着保卫红军领导干部的安全和医务工作，在工作中兢兢业业、勤勤恳恳、任劳任怨、全心全意为党工作；在药物极为缺乏情况下，不畏艰险，跋山涉水，采集草药，千方百计，为伤病员医伤治病，并为组建扩大红三军医疗卫生队伍，做出了很大贡献。"

44. 贺秦封

贺秦封，别名贺文松，生于 1896 年，湖南桑植洪家关人。家里兄弟姐妹众多，家庭贫寒，与贺龙同庚，儿时与贺龙同上族叔贺士奎的私塾读书。贺秦封天资聪明，读书十分用功，深得老师的喜爱，以作为秀才苗子培养。

清末民初，废除科举制度，时局动乱，贺秦封因家庭极度贫困辍学，与贺龙一起赶骡马，奔波于湘、鄂、川、黔边境。

1915 年，洪家关设一税务局，贺秦封任局长，他以仪表脱俗，善言词，声誉很高，深得族众和乡邻称赞。

1918 年，贺龙任湘西靖国军营长时，贺秦封任营部副官。

1925 年，秦封等 10 人去云南讲武堂深造，毕业归来，晋升营长，时所在团团长出缺，旋即再晋为团长。

1927 年 7 月，贺龙奉命挥师武汉，鉴于贺秦封在二次北伐中有功，委任为该部第 1 师副参谋长。20 军经九江开赴南昌过程中，贺秦封与师长贺锦斋为先头部队至九江、南昌选定住址。起义队伍南下广东，潮汕失败，贺秦封跟随师长贺锦斋回湘，参加荆江两岸的年关起义。

1930 年，红二军团东下洪湖，贺秦封身患重病，随军不便，贺龙派人秘密送他去澧州就医，因叛徒告密，贺秦封于澧州城祁南山被敌人抓获，慷慨就义，时年 34 岁。

45. 贺桂如

贺桂如，又名贺学福，生于 1897 年，湖南桑植洪家关人，土家族。贺氏家族耕耘之余，世代习武，贺家祖上曾是"簪缨蝉联，门第鼎盛"的"军家"望族，几代人曾出多名武秀才。贺家祖上热心公益，曾独家"倡首鸠工"，修建永安桥（现称"贺龙桥"）。后家道中落，贺家无田少地，生计艰苦，贺桂如的父亲贺文清给盐商当驮工，积劳成疾而死，当时贺桂如年仅满周岁，一家四口依靠母亲陈桂英炸油粑粑和做小工糊口，幼年备受欺凌，左手曾被人打伤。10 岁左右，寄居舅父家，随表兄一道学裁缝，稍长参加农活。这样的环境和生活经历，培养和锻炼了青少年时代贺桂如吃苦耐劳、坚忍不拔的性格和同情人民疾苦，敢于反抗强暴的豪爽品质。

1916 年 3 月 17 日，贺桂如随其堂叔贺龙等 21 人，"两把菜刀"闹革命，在芭茅溪刀劈盐运税局长，夺取了 12 支九子毛瑟枪，为响应蔡锷"讨袁护国"的号召，组织起一支"桑植讨袁民军"。自此，贺桂如一直跟随贺龙从事革命，戎马一生。

1925 年，贺龙任澧州镇守使，贺桂如任步兵营长。不久晋升团长。

1926 年春，贺桂如随贺龙赴贵州铜仁，随后兴师北伐。此时，贺龙结识了共产党员周逸群，成立了"国民革命军 9 军 1 师政治讲习所"。贺桂如在这段时间也受到了教育，接受了如《中山主义大纲》《社会主义大纲》等政治教育，也学习了《步兵操典》《阵子要务令》及战略战术等军事教育，并加入中国共产党。其后，贺桂如随贺龙，按在北伐军总部策定，参加了进占常德，收复津澧，宜昌会战，中原会师的战斗。

1927 年，贺桂如随贺龙的第 20 军参加南昌起义。

1929 年 10 月 11 日，在桑植县庄耳坪与敌战斗中壮烈牺牲，时年 31 岁。

46. 贺锦斋

贺锦斋，生于 1901 年，湖南桑植人，贺龙的堂弟。跟随贺龙参加北伐战争，历任国民革命军第 9 军第 1 师团长、代理旅长，指挥所部参加澧县、武胜关、逍遥镇等战斗，屡建战功。

1927 年，任国民革命军第 20 军第 1 师师长。南昌起义时，指挥所部攻打敌第 5 路军总指挥部。8 月 5 日，率部南征，壬田战斗中指挥所部作战，在流沙附近遭敌人截击，与总指挥部失去联系，带手枪连突围，由广东经上海、回到武汉，加入中国共产党。他参加创建湘鄂边革命根据地的工作，是贺龙同志的主要骨干。1928 年 4 月任工农革命军第 4 军第 1 师师长。同年 9 月 8 日，在战斗中牺牲。

贺锦斋遗作：

1919 年参加桑植军事讲习所

黑夜茫茫风雨狂，跟随常兄赴疆场。

流血生死何所惧，刀剑丛中斩豺狼。

1926 年大战黄金口绝句

其一

黄金口是古龙关，战血纷飞水尚丹。

此地兵家皆重视，芦茅深处有龙蟠。

其二

斗湖堤畔雾烟笼，路被铜墙矢壁封。

烂额焦头皆不顾，短兵相接看谁雄。

1928年桑植起义洪家关

其一

要吃辣椒不怕辣，要当红军不怕杀。

跟着贺龙干革命，脑壳砍了碗大疤。

其二

我军一到万家欢，擦掌摸拳望揭竿。

女绣红旗男荷戟，翻天勇气似湘南。

47. 秦光远

秦光远，生于1890年，贵州镇远江古乡人。先后毕业于镇远读完小学、中学，考入贵州讲武堂。毕业后参加黔军的"护国"、"护法"战争。

1920年，任贺龙川南混成第9旅副官长兼第1团副团长。

1924年8月，秦光远建议贺龙率部到铜仁整编。秦光远到铜仁后，利用父亲和岳父（铜仁县长）在铜仁的影响，奔走于各商会和开明人士之间，积极为部队筹饷、筹粮进行扩军，准备转战湘西。

1925年，任贺龙部第3独立团团长。

1926年5月初，贺龙率部在铜仁誓师北伐，秦光远率领前卫部队开赴晃县、芷江，向沅陵进发。7月23日，秦光远部在作战中屡立战功，得到上级的通电嘉奖，电称："贵军连日以来，迭告克捷，足见各官兵奋勇杀敌，至堪嘉欣。"

1927年春，贺龙部奉调从宜昌进驻鄂城整编，由国民革命军第9军第1师改为国民革命军独立第15师。秦光远仍任该师团长。二次北伐从河南回到武汉后，面对国民党右派的白色恐怖，党中央把湖南、湖北等地逃脱追捕的工农骨干和汉口的工农革命武装编入贺龙的部队。当时贺龙任第20军军长，贺锦斋任第1师师长，秦光远任第2师师长。8月1日，率部参加南昌起义。秦光远主要任务是进攻省政府，以及对赣江下游的警戒。敌人以猛烈的火力封锁起义进攻的必经要道。秦光远率领第2师主力部队，奋不顾身与敌激战三个多小时，歼敌一部，迫使残敌缴械投降，第2师占领了省政府大楼，出色地完成了任务。

南昌起义后，秦光远突围由汕头经香港到达上海。秦光远要求返湖南重整革命武装。贺龙将秦的想法汇报周恩来，周积极支持，立即派中央特科李强科长给秦光远送去两百块大洋，作返湘费用。秦光远先在国民党军队中进行策反工作，后受中央委派到白区开展统战、兵运工作，不料被叛徒出卖，强行送往南京军官学校高教班"学习"，被蒋介石批令"永不铨用"，并投入狱中。

1933年，秦光远出狱后，准备参加李济深部在广西的反蒋起义，被委任为起义军参谋长，他在前往广西就任途中遭国民党特务机关再次逮捕。"西安事变"后，他作为"共党要犯"释放出狱。

1937年夏，秦光远从武汉带领三个儿子大雅、大雕、大双和妻子，奔赴延安参加八路军。中央依据形势决定其留在国统区工作，朱德、贺龙将决定通知秦光远，他坚决服从党的决定返回白区，继续从事统战、兵运工作。行前，贺龙将女儿贺捷生托秦光远带回湖南老家。他几经周折，摆脱特务的追踪，将贺捷生交给乾州的陈景尧抚养。

1940年5月初，秦光远抵湖南沅陵，不幸突然病逝。

48. 秦雨田

秦雨田，生于1894年，出身于农民家庭。

1922年，考入长沙修业学校农业部学习。受"五四"运动新思潮的影响，他向往进步，常与同学们探讨改造社会的方法。

1925年底，毕业回家乡从事农民运动。

1926年1月，加入中国共产党。同时，根据党组织的决定，以个人名义加入国民党，先后任国民党华容县塔市区分部组织委员、华容县赵家坊乡农民协会执行委员长。同年2月，他由中共湖南区委通过国民党湖南省党部选送到广州国民党中央党部主办的政治讲习班学习。同年夏，从讲习班结束学习后，即被分配到国民革命军第2军政治部宣传队任宣传员。随军北伐进入湖南境内后，以国民党湖南省党部特派员身份奉派回华容东乡指导农民运动。大革命失败后，潜往武汉参加贺龙领导的国民革命军第20军，并随部参加南昌起义。

1927年10月，随起义余部突围到广东海陆丰开展游击战。

1928年7月，奉党的指示回到华容任特派员，在东山领导地下革命斗争。同年秋，在中共华容县委和湖南省委均遭严重破坏，省委机关被迫迁往上海的情况下，奉命前往上海向省委请示汇报工作。同年10月，根据省委的指示，回到长沙寻找失散的党员，不幸被捕，关押在湖南省清乡督办署监狱。敌人用尽各种手段，威逼他自首，均被严词拒绝。次年8月，在长沙浏阳门外识字岭刑场被杀害。

49. 袁仲贤

袁仲贤，曾用名袁策夷，生于 1904 年，湖南长沙人，黄埔军校一期生。

1922 年，加入中国社会主义青年团。

1923 年底，入湘军讲武学堂学习。

1924 年，转入中国共产党，同年 11 月入黄埔军官学校第一期，后曾在黄埔军校政治部、国民革命军第 4 团、补充第 5 团和 22 师工作。

1927 年，南昌起义时在国民革命军第二方面军第 20 军第 3 师任参谋处处长；不久赴苏联莫斯科中山大学学习。1930 年回国。

50. 柴水香

柴水香，19 岁进宁波华泰绸织厂当工人。1925 年初，通过夜校学习，接受革命宣传，参加了宁波声援上海"五卅"运动的斗争。曾多次发动华泰绸织厂工人反对厂主欺压的罢工斗争。

1926 年 2 月，加入中国共产党。同年 10 月，当选为宁波手工业工会主席，积极开展工人运动和迎接北伐军抵甬的活动。

1927 年，"四一二"反革命政变后，撤离宁波，赴汉口入江浙同志训练班学习。7 月初，毅然从军反蒋，加入国民革命军第 20 军第 3 师教导团学兵队，随部队到达南昌，参加了"八一"起义。南下攻占潮州战斗中被俘，随即设法逃出敌营。10 月，参加中共宁波县委组织的"鄞南暴动委员会"，从事武装暴动的准备工作。11 月，在敌大肆搜捕中共地下党员时被逮捕，转押至杭州浙江陆军监狱。在敌人刑审面前，始终不暴露真实身份，后以"共党嫌疑"罪被判刑。

1929 年，保释出狱，旋赴上海，找到党组织。

1930 年初，前往浙南组织农民武装。同年 5 月，中国工农红军第十三军在永嘉成立，任政治部主任。6 月，当选为中共浙南特委军事委员。9 月初，因患病留在上董养病，遭叛徒出卖，陷入敌手。9 月 21 日，英勇就义。

51. 徐以新

徐以新，原名徐一新，生于 1911 年，浙江省衢州人。在浙江衢州第八中学（现浙江省衢州第一中学）读过书。

1926 年 12 月上旬，北伐军第 26 军第 2 师胜利进驻衢州城。在衢县第一位中国共产党的党员华月峰介绍下，徐以新接触了北伐军第 2 师政治部王天元等一批共产党员。16 岁的徐以新决定参加北伐军，北伐军长官考虑到徐以新看上去像个小鬼模样，就没有带他走。但徐以新参军决心很大，3 天后他瞒着家人，身穿老师送给他的一件旧大衣，怀揣一块银圆，一路追赶北伐军，直追到杭州附近的富阳才赶上队伍。

1927 年 1 月，正式加入北伐军。由于徐以新在学校做过宣传工作，后担任了北伐军第 26 军第 2 师宣传科见习官。

1927 年 3 月，参加上海工人第三次武装起义，在总指挥部工作。4 月，在武汉中共中央军委任技术秘书，经陈赓等介绍加入中国共产主义青年团。7 月，调国民革命军第 11 军政治部任科员。参加八一南昌武装起义。在赴广州途中任第 20 军第 3 师师长周逸群的机要秘书。9 月，任贺龙的机要秘书。10 月到香港从事党的地下工作。

1927 年 12 月，赴苏联留学。

52. 徐特立

徐特立，又名徐立华，原名懋恂，字师陶，生于 1877 年，湖南长沙善化四都观音塘（今长沙县江背镇观音塘）人。

1905 年，入长沙城宁乡速成中学，毕业后在长沙周南女校任教。后兴办私学（如梨江学校、长沙平民夜校等）。

1910 年，往日本考察教育；支持武昌起义，被选为湖南临时议会副议长。

1913 年，任长沙师范学校校长。

1919 年—1924 年 6 月，远赴法国勤工俭学，并考察了比利时和德国的教育。

1924 年，回国后创办长沙女子师范学校和湖南孤儿院。

1927 年 5 月，在大革命遭受严重失败的白色恐怖中，徐特立毅然加入中国共产党。同年参加南昌起义，任革命委员会委员、第 20 军第 3 师党代表兼政治部主任。

1928 年，到苏联莫斯科中山大学学习。

1931 年 11 月，当选为中华苏维埃共和国中央执行委员会委员。

1934 年，参加长征。

新中国成立后，曾任中央人民政府委员会委员。1968 年 11 月 28 日在北京逝世，享年 91 岁。党中央曾评价他"对自己是学而不厌，对别人是诲人不倦"，"中国杰出的革命教育家"。

53. 郭亮

郭亮，原名郭靖笏，生于 1901 年，长沙临湘都文家坝人。因仰慕诸葛亮而改名郭亮。6 岁入其父的蒙馆。12 岁入西湖寺高小预科，后转到长沙县第四高小。

1915 年秋，考入省会长郡联立中学，因家境变故被迫中途辍学，回乡执教于郭氏祠堂。

1920 年秋，考入湖南省立第一师范，与毛泽东交往频繁，参加了新民学会、湖南马克思主义研究会。

1921年10月，加入中国社会主义青年团。同年冬，由毛泽东介绍加入中国共产党。

1922年5月，中共湘区执行委员会成立。他任委员，分管工人运动，到长沙新河、岳州车站开展铁路工人运动，建立粤汉铁路岳州工人俱乐部，发展党员，组建岳州站支部。同年9月，为抗议铁路当局虐待工人，他带头卧轨，发动了震撼全国的粤汉铁路大罢工。11月，全国铁路工会早期组织粤汉铁路总工会成立。他被推选为秘书。同时，湖南省工团联合会成立。毛泽东和他分别当选为总干事和副总干事。

1923年1月，他回铜官领导陶业工人抗税斗争，迫使长沙县府取消"窑门捐"、"执照税"等。曾任铜官陶业工会名誉委员长，中共湘区委员会委员、工农部长，湖南外交后援会主席，积极创办《救国周刊》，组织群众向省长赵恒惕请愿，开展查禁日货、对日经济绝交的爱国活动。毛泽东调中央工作后，他继任总干事。

1924年，国共第一次合作，他根据党的指示，以个人名义加入国民党，并被选为国民党湖南省临时省党部委员、国民党湖南省党部执行委员，负责工农运动。上海五卅惨案发生后，他联络各界成立青沪惨案湖南雪耻会，被公推为主席，组织长沙两万多人举行夏节（农历五月初五）总示威，宣布对英、日的五项经济绝交公约。12月，又联合各公法团代表火烧日商趸船，要求收回长沙大金码头，使长沙人民的反帝爱国运动再度高涨。

1926年5月，在第三次全国劳动大会上当选为中华全国总工会候补执行委员。不久，他回到衡阳，同何叔衡、夏曦、曾三、熊亨瀚等组成了国民党湖南省党部特别委员会，大力声援北伐。全省工团联合会正式改组为湖南省总工会后，他任委员长。他用很大精力训练工运学员，扩建工人纠察队，还潜心研究几年来工人运动的经验，写出了《湖南工人运动之过去与现在》一文，用以指导当时的湖南工运。

1927 年 4 月，在中共五大上当选为中央候补委员。5 月，他代理中共湖南省委书记，应对马日事变后长沙出现的危险局势。事变后辗转到武汉，出席第四次全国劳动大会，当选为全国总工会执行委员。

南昌起义前夕，中共中央长江局派他到贺龙部做政治工作。后与组织失散，辗转经香港到上海找到党组织，被党中央任命为湖北省委书记。

1928 年 1 月，又被任命为新组建的湘西北特委书记，后又改任湘鄂赣边特委书记。

1928 年 3 月 27 日，由于叛徒告密，他在岳州被捕并连夜押往长沙。28 日午夜被秘密杀害于长沙司门口"湖南铲共法院"前坪，牺牲时，年仅 27 岁。

54. 郭德昭

郭德昭，生于 1904 年，湖北人。1924 年，考入黄埔军校第一期学习，由周恩来介绍加入中国共产党。毕业后，任周恩来的秘书，协助周恩来筹办"中国青年军人联合会"。后任军校入伍生总队区队长、连长。参加第一、二次东征和北伐战争。

北伐时任国民革命军第 9 军第 1 师教导队长，独立第 15 师团特务长。在国民革命军 20 军第 3 师任经理处长。

1927 年 8 月 1 日，参加了南昌起义，后随军南进，在江西会昌大柏山作战时英勇牺牲。

55. 唐子奇

唐子奇，生于 1907 年。1927 年 2 月，参加永和区农民协会的工作。3 月加入中国共产主义青年团。8 月加入贺龙第 20 军教导团，参加了南昌起义。南昌起义后，在转战福建途中因病落队，不幸被捕入狱，在狱中任凭敌人酷刑拷打，坚贞不屈，始终保持革命气节，后被组织营救出狱。

1928 年，他在洪湖市从事党的秘密工作。

1930 年，中共长江局调他到汉口工作。

1931 年 7 月，唐子奇同志在湘赣苏区参加中国工农红军，历任团文书、师见习参谋。

1932 年，加入中国共产党。

1933 年，任红 17 师作战科科长。

1934 年，起历任红六军团司令部作战科科长、侦察科科长、通讯主任等职。

1936 年，在延安军政大学学习。

1938 年，任八路军 120 师 359 旅参谋长。

1945 年 10 月，唐子奇同志任晋绥军区第 6 军分区司令员。

1946 年 11 月，任晋绥军区总兵站站长，全力组织战场急需的兵源、物资、运输等，为战斗战役提供了强有力的供应保障。

1947 年 10 月，任西北野战军六纵队参谋长。

1950 年，任林业部林政司司长。

1956 年，任林业部部长助理。

1959 年，任林业部副部长、党组成员。

唐子奇同志是第五、六届全国政协委员。

2009 年 9 月 23 日，在北京逝世，享年 102 岁。

56. 唐天际

唐天际，生于 1904 年，湖南安仁杨柳田村人。青少年时期，一边参加劳动，一边发奋读书。在读中学时受五四运动影响，开始接触马克思主义，参加进步学生运动。

1925 年，加入中国共产主义青年团，同年考入黄埔军校第四期。参加了广东革命政府第二次东征陈炯明作战和国共合作的北伐战争。

1926 年，受党组织委派回湖南工作，参加国民革命军第 8 军湖南政治讲习所学习。8 月，任国民革命军前敌总政治部宣传队分队长。9 月，任国民革命军第 36 军第 11 旅政治指导员，加入中国共产党。

1927 年初，任国民革命军第 36 军第 1 团第 3 营党代表。参加北伐战争。6 月，任国民革命军第 20 军特务营警卫连副连长。参加八一南昌起义，任南昌警备司令部副官长。8 月，任军委参谋团参谋，南下先遣队粮秣处副官长。9 月，兼任福建上杭县县长。

1928 年 1 月，发动本县农民暴动，参加湘南起义。3 月底，随朱德率领的工农革命军主力向井冈山转移。

后历任中共七大代表，第四次全国人大代表，第五届全国人大常委会委员，第二、三届全国政协委员，第四届全国政协常务委员。

1978 年，当选为中共中央纪律检查委员会常务委员。1955 年被授予中将军衔，获一级八一勋章、一级独立自由勋章、一级解放勋章。1988 年获一级红星功勋荣誉章。

1989 年 2 月 20 日，在北京逝世。

57. 涂国林

涂国林，湖南华容人。1926 年参加革命，同年加入中国共产主义青年团。

1927年，参加了"八一"南昌起义，任军官教育团分队长。

1928年1月，转为中国共产党党员。历任过中央白区工作部秘书，中央工农部秘书，中央党报委员会材料科科长，解放社发行科科长（解放社发行科为新华书店前身），中央宣传部秘书，马列学院材料部主任，湖南省委秘书长，新华日报营业部主任，云南省工委负责人，南方局宣传部出版发行科科长，南方局政策研究室组长，新华总社编辑、资料室主任，中央人民广播电台新闻科科长等职。

新中国成立后，历任西南人民广播电台副台长兼总编辑，中央人民广播电台政治广播部主任，电力工业部水力发电建设总局处长，电力部计划司副司长，水电部云峰水力发电工程局局长，二机部政治部宣传部长等职。

1977年，"文化大革命"结束后，平反恢复工作，任二机部政治部顾问。

1998年12月12日，在北京逝世，享年89岁。

58. 黄振常

黄振常，别号涤强，生于1903年，湖南醴陵人，黄再新之堂兄黄埔军校第一期毕业生。

1923年冬，到广州入大本营军政部陆军讲武学堂学习。

1924年，秋该校并入黄埔军校第一期，编入第六队学习，加入中国共产党。毕业后任黄埔军校教导第2团见习排长，第1旅通讯队副队长，国民革命军第6军第18师连长；参加东征和北伐战争。

1927年，任国民革命军第20军特务营中校营长，参加八一南昌起义；南下潮汕时任第3师营长，作战失利后参加湘南暴动农军，任副大队长。

1928 年,随农军上井冈山,同年秋在作战中牺牲。

59. 黄霖

黄霖,原名罗永正,字直方,生于 1904 年,四川新都人。

1925 年,毕业于四川陆军讲武堂。

1926 年,参加北伐军。

1927 年 7 月,加入中国共产党,任贺龙部队第 20 军特务营第 1 连(警卫连)上尉连长,跟随贺龙同志参加了"八一"南昌起义并随军南征。12 月,参加广州起义。

1928 年初,返回四川从事党的地下工作,曾任中共新都县城区区委书记。

1949 年 5 月,任中共江西省委委员、南昌市委书记兼南昌警备司令部政治委员。此后,历任中共江西省委党校校长兼党委书记、中共江西省委常委、省人民委员会交通办公室主任、省委交通工作部部长、江西省副省长兼文教办公室、外事办公室主任,江西省政协副主席。

1985 年 10 月 13 日,因病逝世。

60. 萧人鹄

萧人鹄,又名萧鸿鹬、萧云鹄,生于 1898 年,湖北黄冈人,出身于私塾教师家庭,自幼随父读书。

1915 年,考入武昌大学中学部。

1917 年,冬加入恽代英组织的互助社。

1918 年 5 月,同林育南组织黄社,宣传新文化。

1919 年,五四运动爆发后,参加武汉学生游行示威,并参加学生联合会工作。

1920年，参与发起创办利群书社，宣传革命新思想，同年秋，加入黄冈农村共产主义研究小组。

1921年8月，加入中国共产党，在黄冈秘密发展党员。

1923年春，随陈潭秋赴武汉，参加二七工人大罢工。

1924年夏，被派赴广州，考入黄埔军校第二期学习。

1925年2月，参加讨伐军阀陈炯明的第一次东征作战。

1926年，到杞县、睢县一带建立农民协会，发展党的组织，曾率数千农民进入杞县城迫使县知事接受农民要求。4月，主持成立河南省农民协会，被推选为主席，并兼中共党团书记。同年11月，被中共中央指定为中央农民运动委员会委员。

1927年3月，在武昌主持召开河南省武装农民代表大会，成立省农民自卫军临时执行委员会，被选为委员长。4月成立中华全国农民协会临时执行委员会，被选为执行委员。不久返回河南，到豫东将农民自卫团改编为国民革命军别动队，有力地配合北伐军进军河南。不久被调往武昌，任叶挺部第24师独立团参谋长。南昌起义后，在中共中央军事部工作，加入南下的起义军，在潮州任贺龙部第20军师长。

1928年春，率部在洪湖畔瞿家湾一带开展游击战争，是鄂中农民秋收起义主要领导人。9月，被党中央派到开封，任中共河南省委军委书记。同年12月下旬，被国民党当局逮捕，在狱中威武不屈。

1932年2月10日，在洛阳英勇就义。

61. 曹素民

曹素民，生于1901年，绍兴青坛村人。

1919年初，在上海严乾生中药房当装药工。

1924年初，曹素民结识当时在上海书店工作的共产党员王承纬后，开始接受马克思主义。是年 6 月 10 日，上海店员联合会宣告成立，曹素民当选为该会 7 名委员之一。

1925 年春，经王承纬推荐到广州黄埔军校第三期学习。同年 9 月，加入中国共产党。

毕业后参加国民革命军第 1 军，跟随周恩来参加第二次东征。北伐前夕，曹素民被分配到第 6 军第 19 师 56 团 3 营担任教导员。"四一二"反革命政变后，曹素民随六军渡江去武汉，在贺龙部任营长。参加"八一"南昌起义。

10 月，奉中共党组织指示回浙江工作，先后被派往嘉兴、兰溪等地负责军事及农民运动，任中共浙江省委常委兼杭州县委书记。

1929 年 11 月 4 日，曹素民被捕。次日，与其他 13 位被捕同志一起被押解到浙江陆军监狱秘密杀害。

62. 龚楚

龚楚，生于 1901 年，广东乐昌人。大革命时期加入中国共产党。

1925 年 6 月下旬，受中共广东区委的派遣，龚楚以国民党中央农民部特派员的身份，赴省农民协会北江办事处，从事农民运动工作。7 月中旬，武汉政府宣布分共，龚楚率部到江西，于 8 月 1 日参加了南昌起义。任第 20 军第 3 师 6 团 3 营营指导员。后在红军中担任过许多重要职务。

1935 年叛变，他的叛变投敌，给南方红军和游击队特别是赣粤边区红军和游击队造成了重大损失。

新中国成立后，龚楚后改名龚松庵，在香港定居 40 年之久，曾出版《我与红军》《龚楚将军回忆录》。

1990 年，年近九旬的高龄返回大陆定居。1995 年，在家乡辞世。

63. 蒋作舟

蒋作舟，生于 1927 年，中国共产党党员。

1927 年参加南昌起义，任国民革命军第 20 军第 3 师军需主任。后随军南进，途经会昌时，遭敌十一个团阻击。8 月 24 日，该师受命担任左翼，向会昌城北大柏山守敌发起进攻，其亲临第 6 团参加战斗，不幸中弹牺牲。

64. 程俊魁

程俊魁，1923 年，毕业于武汉湖北第一中学。

1924 年，考入黄埔军校第二期，并加入中国共产党。

1925 年，广州沙基惨案发生时，他冒着枪林弹雨，组织工人游行示威，同帝国主义和反动派军警作坚决的斗争。在声讨陈炯明的两次东征战役中，英勇奋战，历尽艰险。

1926 年，参加北伐战争，任国民革命军第 20 师政治部秘书，后调任国民革命军第 2 军教导团政治部指导员。“四一二”反革命政变后，辞去政治部指导员职务，随贺龙军队入南昌，从事党的军事工作。南昌起义军南下后，曾一度回黄梅参加秋收起义，任中共黄梅县委军事委员。黄梅秋收暴动失败后，离黄梅返南昌，任中共赣南特委军事委员。1928 年 4 月，赣南特委机关遭破坏，被捕牺牲于赣州市。

65. 傅光夏

傅光夏，出身于农民家庭，在家乡读了 8 年私塾。

1924 年 9 月，考入由中共湘区委员会创办的湘江中学农村师范部学习。同年夏，加入中国社会主义青年团。次年转为中国共产党党员。

1926 年 2 月，由中共湖南区委、国民党湖南省党部选派入国民党中央党部在广州开办的政治讲习班学习。结业后，被编入宣传队随军北伐。同年 7 月底，受国民党湖南省党部派遣，以农民运动特派员身份赴湘阴县开展革命活动。同年 10 月，被选为湘阴县农协执行委员长，兼国民党湘阴县党部常务委员，领导全县普遍建立区乡各级农民协会，掀起了大革命的高潮。12 月，出席在长沙召开的湖南省农民代表大会。

1927 年 1 月，辞去国民党湘阳县党部常委职务，任中共湘阴县地方执行委员会农运委员。马日事变后，在群众掩护下，于 6 月初转移到武汉，由中共湖南省委安排在国民革命军 20 军学兵团当战士，并随部队参加南昌起义。

1928 年，起义部队南下广东后，辗转回到华容东山，和家乡的共产党员一道，组建一支游击队，并于元宵节举行暴动，有力地打击了敌人。不久，因县反动当局大举"清乡"，暴动队和党组织遭受严重损失，只身前往上海寻找党组织。

1929 年秋，被派往洪湖苏区工作，曾任洪湖红军军政学校（红军军官学校第二分校）政治部主任。任职期间，培训了大批红军骨干。

1931 年 4 月，军校停办后，调湘鄂西红三军，历任 24、25 团政委，8 师政委和政治部主任，并在中共湘鄂西省第四次代表会上，被选为省委委员。

1932 年 8 月，因抵制湘鄂西中央分局主要领导人奉行的王明"左"倾路线，在洪湖"肃反"中牺牲。

66. 傅维钰

傅维钰，生于 1901 年，湖北省英山县土门坛人。

1920 年，考入安庆第一师范读书，是安庆学联的骨干。

1921 年，参加了安庆"六二"学生运动。同年，为了反对曹锟贿选总统，带头参与捣毁安徽贿选代表、国会议员张伯衍、何雯的家宅，遭当局通缉，赴大连转至上海。

1923 年，加入中国社会主义青年团。

1924 年 6 月，考入黄埔军校第一期学习。同年冬，由周恩来介绍转入中国共产党，是中共黄埔军校特别支部成员、中国青年军人联合会主要负责人之一。

1925 年，参加平定滇桂军阀叛乱。

1926 年，任国民革命军第 1 军第 3 师第 9 团党代表，任周恩来举办的高级训练班第 3 队队长。参加了北伐战争，并担任了国民革命军第 25 师团长。

1927 年 7 月中旬，随周恩来由武汉到黄石港，周先赴南昌，留傅维钰在黄石港把鄂城、大冶一带各地工人纠察队员、农民自卫军骨干和进步青年千余人，组成一个团，在大冶附近的石灰窑编入第 20 军第 6 团，傅维钰任团长，参加南昌起义。在会昌大柏山与钱大钧部作战时，傅担任主攻任务，立下战功。回到广东后被派往苏联莫斯科中山大学学习。

1929 年，回国，奉党指示，在北京雍和宫以做和尚为掩护，从事地下工作。

1930 年夏，到上海，任"上海民众抗日救国义勇军"组织部长（直属中央军委领导）。

1932 年 3 月 1 日，在上海石灰港被特务杀害。

67. 蔡申熙

蔡申熙，生于 1906 年，湖南醴陵人。

1920 年，入县立中学读书，积极参加进步学生运动。

1924 年春，入孙中山的建国陆海军大元帅府军政部陆军讲武学校，后转入黄埔军校第一期学习。同年秋，加入中国共产党。毕业后留校教导团工作。曾参加平定广州商团叛乱和讨伐军阀陈炯明的两次东征。

1926 年，参加北伐战争，先后任国民革命军第 4 军营长、第 20 军团长。

1927 年 8 月，参加南昌起义，任第 5 团团长。南下途中参加了会昌、三河坝等战斗。起义军在广东潮汕地区失利后，他转赴广州。同年 12 月，参加广州起义。后到上海，在中共中央军事部工作。

1928 年，任中共江西省委军委书记、吉安东固地区游击队第一路总指挥。曾率部攻克峡江县城，配合湘赣边区的革命武装斗争。

1930 年初，蔡申熙任中共中央长江局军委书记，不久被派赴鄂东南阳新、大冶和蕲（春）黄（梅）广（济）地区领导游击斗争。同年 10 月，组建了中国工农红军第十五军，任军长。红十五军组建后，蔡申熙率部东进皖西，攻克太湖县城，后经英山、罗田等地，于 12 月到达鄂豫皖苏区，参加第一次反“围剿”。

1932 年 7 月，当国民党军对鄂豫皖苏区发动第四次“围剿”时，蔡申熙临危受命，出任红二十五军军长。10 月 9 日，国民党军增加兵力后继续进攻。蔡申熙指挥部队顽强抗击敌人，不幸腹部中弹。他捂住伤口，咬紧牙关，躺在担架上坚持指挥战斗，直至壮烈牺牲，年仅26 岁。

68. 蔡树鸿

蔡树鸿，生于 1907 年，江西九江人。南京中央军校高级班步兵队毕业。

1925 年夏，入黄埔军校第四期学习。毕业后参加北伐战争，任国民革命军总司令部宪兵团少尉连副。

1927 年，参加南昌起义，任起义军第 20 军上尉副连长。

1930 年，加入中央军校高级班学习，毕业后留校任教，先后任少校教官、中校教官、上校教官等职。

1941 年，任陆军第 165 师少将副师长。

1945 年，任第 94 军政治部少将主任。

1947 年，任国民政府东北行辕政工处少将副处长。

1949 年 1 月，在淮海战役中被人民解放军俘虏，于华东军区战俘管训处学习改造。

1975 年，获释后任北京市西城区政协文史专员、第五至八届区政协委员，北京市黄埔军校同学会理事、顾问等职。

1995 年 6 月 28 日，在北京去世。

69. 谭衷

谭衷，生于 1902 年，湖南衡阳耒阳余庆谭家村人。曾就读于耒阳县立高级小学、省立第一中学。

1918 年，入北京大学文学院学习，次年参加五四运动。

1923 年，在北大参加中国共产党。

1924 年冬，弃文从武，考入黄埔军校。不久，因病退学返乡，在当地从事革命。

1925 年 8 月，任中共耒阳地方执行委员会委员、组织部长、《耒阳民报》主编。同期，还主办了耒阳县农民运动讲习所。

1927 年 5 月，"马日事变"后，谭衷离开耒阳赴武汉，在贺龙部任营教导员，参加南昌起义。起义部队南下到潮州，因作战负伤离队，回郴州养伤。

1928 年 2 月，参加朱德、陈毅领导的湘南起义，带领工农革命军攻克耒阳县城后，任工农革命军第 1 师政治科科长。4 月初，起义失败后，随部队转入井冈山。是年 5 月，进入井冈山的耒阳农民重组为中国工农红军湘南第一路游击队，返回耒阳开展斗争，谭衷随队返乡。

1929 年 3 月，耒阳成立赤色游击总队，谭衷任总队长。8 月 5 日夜，游击总队分三路攻克县城，歼敌 50 余人，缴枪 80 余支。10 月，谭衷被毒蛇咬伤，从东乡来到北乡元子山治伤。28 日晚，他的警卫黎毛古叛变投敌，带领敌人前来围捕，谭衷中弹牺牲。

70. 戴绍鼎

戴绍鼎，1921 年，考入省立荆南中学。因在校领导反帝爱国运动，被开除学籍，后考入武昌法政学堂。

1924 年，加入中国共产党。

1925 年，由中共武汉地方执行委员会派遣回乡，发动家乡革命运动，组建了江陵县第一个共产党组织——中共田金南支部，任书记。

1926 年秋，参加北伐战争。

1927 年初，回乡任教于郝穴镇文昌官中学，参加国民党江陵县党部三分部工作。"四一二"反革命政变发生后，被国民党当局以反蒋罪名通缉，由中共派往贺龙部，在 20 军教导团工作，参加了"八一"南昌起义。起义之后，重返江陵，同江陵县彭之玉、陈香波等人一起，领导了沙岗、普济等地的年关斗争。此后，参加中共石首县委工作，任县委秘书。

1929 年 2 月，任中共宜昌县委书记。同年冬，回江陵工作，任县委委员，主要负责地方赤卫队武装建设。

1930 年底，国民党对湘鄂西根据地发动第一次"围剿"，他率江陵县地方武装投入反"围剿"斗争。在敌众我寡、四面受敌的紧急关头，率部翻东山、走巴陵，而后辗转进入洪湖与红军会合。

1931 年冬，在余家埠附近与国民党刘佐龙部遭遇，率部激战，中弹牺牲。

71. 魏亮生

魏亮生，原名以禄，化名杨仁清、郭佛，生于 1904 年，湖北大悟人，出身于农民家庭。因家境贫寒，10 余岁，始入私塾读书。

1925 年，就读于汉口博学书院（英教会学校），时值"五卅"惨案发生，举国震怒，三罢运动在全国展开。博学书院校方竟封锁外界消息。他获悉后，当即站出来组织和领导该校学生进行反帝斗争。是年 7 月，愤然退学，到广州投考黄埔军校，被录入第四期政治大队学习。10 月，随国民革命军东征，参加了攻克惠州、收复东江的战斗，加入了中国共产党。

1926 年 7 月，随国民革命军北伐，进抵武汉，被任命为中共汉阳县委书记。任内领导改组了国民党县党部，建立统一战线，发动工农群众同帝国主义、封建军阀和土豪劣绅作斗争。

1927 年春，调任中共黄石地委委员和大冶县长。到任后，清查监狱，释放政治犯和无辜群众，镇压反动的公安局长，并积极为贺龙领导的国民革命军筹粮筹款。宁汉合流后，随贺龙军参加了"南昌起义"，任军政治部秘书科长。后辗转汕头、广州，旋又经香港到上海，找到了党中央，留在上海做党的地下工作。

1928 年春，党中央派遣他到沙市，任中共鄂西特委委员兼秘书。后被国民党特务发现，不幸被捕。敌人严刑逼供，一无所获，终被杀害。

72. 廖乾吾

廖乾吾，原名正元，又名华龙，曾用名刘省三，生于 1886 年，陕西平利人。

1922 年，在武汉加入中国共产党。

1923 年 2 月，参与领导京汉铁路工人大罢工。

1924 年 1 月，赴广州，作为汉口代表出席国民党一大。会后派任中共汉口地委委员，参与国民党武汉执行部工作。不久再度赴广州，入黄埔军校政治部任教官。同年被周恩来指派入建国陆海军大元帅府铁甲车队，任车队国民党代表、中共党小组长。曾与铁甲车队正副队长徐成章、周士第等率部先后参加支援广东广宁县农民运动、平定滇桂军阀叛乱和"五卅"罢工后封锁香港的沙鱼涌战斗。

1925 年 11 月，调任国民革命军第 4 军第 12 师政治部主任。

1926 年 10 月，任第 4 军政治部少将主任。北伐战争中，与第 4 军副军长陈可钰率部参与指挥平江、汀泗桥、贺胜桥以及攻克武昌的战斗。

"四一二"反革命政变后，他主持召开第 4 军国民党各级执委、监委联席会议，通电声讨蒋介石。7 月下旬，赴九江参加南昌起义的准备工作，起义中协助第 24 师师长叶挺指挥所部进行战斗。起义后被任为革命委员会总政治部秘书长、宣传委员会委员，及第 20 军党代表兼政治部主任等。起义军南下由香港转赴上海中共中央机关和中央军委工作。

1930 年，被中共中央派赴湖南，任中共湖南省委军委书记。不久因叛徒出卖被捕。国民党湖南省主席何键惧于他的威望和声誉，不敢公开审讯，于 9 月 3 日秘密将其杀害。

第五章　贺龙回忆南昌起义

第一节　一切依靠党和群众（节录）[①]
——八一访问贺龙将军
王敏昭

在 1920 年的下半年，贺龙将军在旧军队中任支队长，驻军湖南桃源的时候，从上海来了两个留洋学生，一个是湘西人陈图南，介绍贺龙将军参加中华革命党；一个是宝庆人，日本留学回来的花汉如，他带有很多进步的书籍。他们在司令部住了两个星期，每天都在研究争论，陈谈克鲁泡特金，花谈社会主义。贺龙将军说："当时，我听谈克鲁泡特金的，无论在理论上，政权、国家、军队等问题上都没有什么根据。而谈社会主义的，我听到条条有道理，有根据。我就问花汉如，有没有谈社会主义的书，他找了一些书念给我听。过了几天我又问他，有没有这样的党？他说有国际党[②]。我对于这个印象是很深的，对于我的思想是一个很大的启发。"1923 年，贺龙将军任旅长，驻军在贵州铜仁，时逢

[①]　本文载于重庆《新华日报》，1951 年 8 月 7 日。

[②]　国际党，指 1919 年成立的共产国际，即第三国际。

国民党改组，黄埔军校成立，有同事的弟弟到广东去入军校，给他们寄来很多谈到广州和黄埔军校情况的信，还寄来了青年军人联合会的简章。贺龙将军说，这对于他是第二次思想上的推动。

北伐时进军到湖南常德，周逸群带领一个宣传队到贺龙将军的队伍中来工作，后来他才知道，这个宣传队中有很多共产党员，他还记得袁国平、李涛同志这时也在这个宣传队里。贺龙将军说："第二天早晨，周逸群来找我，我刚起床正在漱口，他就坐在办公室看报，我说很对不起，在贵州吃了他家收租来的谷子，他说不要紧，只怕革命军吃少了，越吃得多越好。我想他一定是共产党员。第三天我就和周逸群说，我要参加共产党和改造部队。他答复我，共产党是不关门的，只要够条件，一定有人找你。改造部队靠广东派干部来不可能的，要自己找一部分学生，并从部队中选派一部分干部进行学习训练，培养改造部队的干部。"贺龙将军完全同意了他的意见，周逸群就派人在常德招学生，并派人从部队中挑选干部，开办了两千多学生的政治讲习所。贺龙将军说，这是他第三次，也是真正的接近了共产党。从此他就和周逸群同志在一块工作，曾经很多次要求参加共产党。贺龙将军笑着说："有的材料写着我七十次找党，算上历次的要求，我也记不清了，没有七十次，恐怕也有几十次吧！"他的部队中有一个营长名叫罗崇义，周逸群要介绍他参加共产党。他跑来问贺龙将军可不可以参加，贺龙将军回答说："好得很，赶快参加。"后来他这个师成立了国民党的党部，要他参加，他无论如何也不参加，坚决地要求参加共产党，一心跟着共产党走。这就是贺龙将军思想上接近共产党的过程。

因此，贺司令员说："我参加'八一'南昌起义，是由于很早就接近了共产党，是思想发展的必然结果，而不是偶然的。第二个原因是政治上没有出路，看到国民党革什么命呢？尽是军阀政客争权夺利，腐化堕落，感到个人政治上没有出路，整个军队也无出路。另方面却看到共产党的主张好，有办法，能够救中国，这是最重要的原因。第三我本身出身是贫农，家里很苦，穷人的痛苦我知道得很深。所以，在我的部队中是不准贪污搞钱的，跟我走的都是穷光蛋。我有一个亲三姐夫，本来家里也很穷，跟我多年。我一手提拔他当了旅长，后来因为搞钱，就不想再当我的旅长，而我让他走了。我参加'八一'南昌起义的第四个原因，是我对于毛主席的信仰。自从1916年以后，在我们湖南人中，就听说有个毛泽东，诲人不倦，常与青年学生或群众讲话，湖南的学生都说毛泽东是革命领袖，而和我说的这些人又是我们县里有学问的人，因而我对于毛泽东敬仰得很，认为他是一个了不起的人物。"

在分析了"四一二"反革命政变，特别是武汉政府也叛变了革命的紧急情势之后，贺龙司令员谈到了准备南昌起义的情况。他说："我们从武汉出发时，武汉政府还没有公开叛变革命，原定是东征去打蒋介石的，许多共产党员，以及很多被反革命追捕的两湖各地农民协会的委员长都跟着我的部队。但是到了九江，情况就变了，说我的部队太红，朱培德要我和叶挺到庐山去开会。当时叶挺住在黄琪翔的司令部，在鄱阳湖①中的一座庙里。朱培德走了以后，叶挺同志、叶剑英同志和我，三个人在湖中小筏子上开了一个会。我们谈到并决定了三件事情：第一，考虑是否到庐山去，他们问我去不去？我说不去，他们同意了，并说这样很好。第二，张发奎命令队伍要集中德安，我们研究不到德安，开牛行车站，到南昌去。第三，决定叶挺的部队明天开，我的部队后天开，我的车先让给叶挺。"

"到南昌以后，二十八号周恩来同志和我谈到起义的问题，我说很

_____

① 应为甘棠湖。

好，我完全听共产党的命令，要我怎样干就怎样干。28 号到 29 号情况是非常紧张的。29 号清早，陈赓同志就把江西省银行的行长扣起送到我的司令部来，陈赓同志是当时党派到我那一个军任 6 团团长的。刘伯承同志也曾到我的司令部来，我们以前就很熟悉的，帮助我拟起义的计划。计划都准备好了，到了 30 号下午 4 点多钟，我把我部队中团长以上的军官都找来，宣布下面几条：第一，国民党已经叛变了革命，国民党已经死了，我们今天要重新树立革命的旗帜，反对国民党，反对反动的政府，打倒蒋介石。第二，我们大家在一块都是很久的，我今天起义了，愿跟我走的我们一块革命，不愿跟我走的可以离开部队。第三，我们今后要听从共产党的领导，绝对服从共产党的命令。大家表示都愿意跟我走，我就宣布了起义的计划，先把下边某些不可靠的连长都换成共产党员。我的 20 军当晚解决省政府和司令部，叶挺的部队解决第 6 军。”

南昌起义，就是这样开始了，经过几小时的战斗，在 1927 年 8 月 1 日的早晨，红旗已飘扬在南昌的城头。起义以后，由于敌人力量的强大，革命军队往哪里去？实质上是武装斗争的方针与路线问题。贺司令员回忆说：“由于我们当时对于毛主席的武装斗争和军队建设的思想体会很少，领导武装斗争的经验不多。起义军队又没有与湘赣高涨的农民运动相结合，所以在向东江前进中，遭到了挫折。直到井冈山，与毛主席亲自领导的秋收武装起义的工农群众武装会合以后，在毛主席天才的领导下，才创造了中国人民武装斗争和人民军队建设的完整路线。从此，中国人民才开始了胜利的武装斗争。”

但是，南昌起义的部队是十分坚决和英勇的，退出南昌向广东进发的途中，虽然反革命军队在沿途阻拦，天气炎热，物质供给十分困难，而起义军队的斗争情绪是始终高涨的，而且群众纪律极其严明，部队经常是饿饭行军，也没有随便吃老百姓的粮食，在群众中，称这支军队为

"仁义之师"。

就在这艰苦英勇的进军途中，贺龙将军达到了他生平最大的夙愿——加入了共产党。由于他沿途多次的要求，在部队到瑞金时组织上接受了他的请求，介绍人是周逸群，在瑞金河边的小学里举行了入党宣誓。

起义部队在广东失败以后，贺龙将军回到了他的家乡，依靠着党的领导和群众革命斗争的热情，创造了湘鄂西革命根据地和红军第二方面军，后来虽然受到"左"倾机会主义路线领导的损害，使苏区与红军都受到很大的损失，但他始终依靠着党和毛主席的领导，依靠着群众，垮了又搞起来。他沉痛地回忆了这段历史之后，坚定不移地指出了一个真理："离开了党和毛主席的思想和领导，脱离了群众，没有不失败的；掌握了毛主席的思想，紧紧地依靠党和群众，就一定能够获得胜利。"

第二节　贺龙副总理谈"八一"起义

（1959 年 10 月 18 日）

一、在八一纪念馆中

在鄱阳湖岛上开欢迎会，欢迎朱培德。我的 20 军是外来的，他要我们到庐山开会，讲完了他就急忙走了。怕我们把他抓起来。当时是"红帽子"不要见朱培德。

在鄱阳湖小船上我们开会：叶挺提出你把你的车皮给我，我先走。我把车皮给他，24 师先走，再运我的 20 军。为什么呢？因为我们是集中德安要打蒋介石。后来我们就一直开往牛行车站，进入南昌。那时是军阀时代，我跟着共产党走，和他们不同。蔡廷锴 3 个团（25、29、

30）有 9000 人，他们团当中没有我们的人，只是参谋长是我们的人。

朱培德有个警备团，教导团，又称"训练团"。

起义军 6 号离开南昌，24 师先走，我是起义后瑞金河边小学校里加入共产党的。起义时我不是党员，是党外人士。介绍我入党的是周逸群、廖乾吾，党派周逸群做我的工作。那时，我见到共产党人挂党旗知道他们要开会，我不是党员就走开回避。入党那天开会有周恩来、廖乾吾、周逸群（还有张国焘）。在汀州开了一次小组会，叫做中央直辖特殊小组。过了党的生活，后来又参加了中央的大会，那时劲头大呀，有信心。那时党抓 20 军，因为几年才发展一个党员。

本来在汉口就搞起义的，我和叶挺谈了，准备在追悼会上搞掉汪精卫。到了武汉没有行动，很明显后来没被批准。

革命委员会好几个主席，周恩来也是主席，主持一切党政军工作他都管。我们都叫周主席，有的女同志脚痛了也问他，他说："跳跳再走。"

起义时，我穿的白衬衫，也戴条红领巾在脖子上，打完仗把衣服脱下来都染红了。楼下（大旅社）右边房子里是手枪队、警卫连。实际上有两个手枪队，一个步枪队。那时不准出去的，只准穿便衣出去，11 时半就开始了，原定 12 时，听到打音（吹号）的就行动了。10 时戒严。敌人 25、28、30 团和我的教导团打起来，打了三个多钟头才结束。省政府打的厉害，收回了六千支步枪，七百八十挺水机关。（汉阳造）

敌人朱培德有个教导团 2 个营，9 军金汉鼎的几个团，程潜的 17、18 师还有独立团 18 个连 3000 多人。

大旅社开好几次会，周恩来是负责人，他找我谈话。大旅社是第 1 师司令部，那里住的不叫 24 师。

那时的口令是"还我山河"。

第 1 师的党代表是方维夏，住在刘伯承那里，还有贺锦斋住那边靠大旅社楼下左边。

总指挥部参谋长是刘伯承。

暴动后成立 11 军，以叶为首。离开武汉时，武汉农民运动讲习所的船要炸掉，我说带着走。

二、在艺术剧院看"八一风暴"

那时汪精卫、朱培德、张发奎、唐生智都在庐山。就是我和叶挺、朱德同志没有去。

那时上头不敢动。我们从汉口来，朱培德也不敢动，住在鄱阳湖的庙里。我那时住在九江饭店。这是千钧一发的时候，要就往九江庐山、要就往南昌，朱培德软化革命。

起义前，前敌委员会派刘伯承到我那搞起义的计划，我照办。在武汉，两湖的农民协会委员都到我这来了，工人纠察队解散了，我也收了。那时思想上没提到武装斗争、搞暴动、搞革命。

我那时是坐火车来的，我的司令部在九江。第 1、第 2 师在德安，东站我们都很熟悉。

起义前两个云南人，走漏了消息。

故事搞真实一些教育意义就更大。

三、在汉江船上 ①

起义后，有几万条枪，当时有几个方案：第一，发给农民；第二，

---

① 据刘云记录整理，1958 年 8 月，现存江西档案馆。

直接打广东；第三，到福建，最后走会昌，可战可守。打垮了钱大钧，走古城到汀州、上杭，到潮汕，到海口了。那么多的枪弹怎么办，那时没有考虑，有人只认为到了广州就解决问题，他说革命只有"海陆丰"。

在武汉时，毛主席提出打许克祥、攻长沙都没被机会主义领导采纳。后来主席把秋收起义的队伍拉上井冈山，在这之间没有自己的路线，执行共产国际的路线。

我们八一暴动几万人，最后我们三十几个人撤到香港。后来我从香港到湘西又搞起来了。为什么搞起来了，我贺龙没有天大的本事，我没有三头六臂，这是共产党有了方针、政策，组织武装打反革命，这条路正确就执行。

暴动时想也没有想到这条路线——武装斗争，如懂就不走了，就发动群众。那时的 3、6、9 军一打就过来了。他们是给钱就来。不会搞吗？到广东去，打了海口，再回来二次革命想去靠苏联，没有发动工人、农民。

在汉口时我和周逸群说："不管打得怎么样，你共青团人不走，我就有办法"。

20 军编了一个军，那年我 31 岁，党决定我走就走。后来我到香港看到中国人受气，看不得。我跑上海一看也不得了，后来我就要求搞红军。我说："南方几个省我都熟悉，后来党同意了"。贺锦斋（第 1 师师长），从上海回来搞八条枪，就搞起来了。

那个时候一条路是死，二条是跑，我走了第三条路重新拿起武器斗起来。

起义前张国焘在九江打电话阻止暴动。以后到南昌，我第一次见到张国焘时，周逸群同志偷偷地告诉我"那是党内有名的老鸡婆"。我是起义的早晨认识他的，那时他没有正式的工作岗位，谭平山学孙中山的，到汕头讲土地革命主张 300 亩以上才可以没收。我们大家说："广州是另外一个天"，那时内线是有，朱德请他们团长打麻将去，这是真的，请客吃饭也是真的。下午五时半，我从大旅社回去，召集团营长开会，会完了，有两个营副跑了，走漏到三军（他们大部分是云南人）朱德那里找他们打牌，我们这边就解决了。他们下边来告诉说军事行动，找他的团长回去。朱德同志说："没有那回事"，里面也有酒席、麻将，还有便衣。枪响了，都不准走。我们保护他，就这样解决了几个团长。

那时暴动有没有必要？那时举共产主义的旗帜、发表宣言，敌人孤立了。打起了革命的旗帜，敌人要消灭我们。我们打起革命旗帜来斗争，不暴动怎么办？没有暴动是不行的，当时有部分人不愿意干军事，只愿当政工人员，给张发奎、唐生智扩大部队，自己不要，结果反动派一翻脸就完了，不拿武器不行。

第三节　从两把菜刀起义到南昌起义 ①

一、少年时代

我是 1896 年丙申年旧历二月初九生于湖南省，桑植县，洪家关一个贫农家里。我的乳名叫贺文常。

家里有四丘出，有三丘整的，还有一丘和二伯各种一半。每丘可打一至三挑毛谷。家里有五、六间房子，房子后面有一块小菜园。我家和钟家共养一头牛。

---

① 内容为贺龙《我的自述》（片段）。

图 5—1

1916 年初，贺龙同志为了反对当地官府的剥削和压迫，以"两把菜刀"闹革命，拉起了一直农民武装。此后，他参加讨袁的护国军，在旧军队中历任团长、旅长、澧州镇守使。这是贺龙同志 1925 年任澧州镇守使时的照片。

家中除父亲外，还有祖母，母亲都是家庭妇女。另外还有三个姐姐，两个妹妹，一个弟弟。父亲有三兄弟。大伯叫贺士选，是裁缝；二伯贺士造，是农民，以后发展成地主。父亲贺士道农忙务农，农闲时做裁缝。有时活多了，父亲就和别人变工，他帮助别人缝衣服，别人帮他插秧。

我母亲姓王，她总是担心我，怕我闯乱子，经常拉着我的手苦口婆心讲道理。母亲对我不打不骂，我尊敬她，尽管她的道理不一定对，我在她面前从不顶嘴。祖母喜欢我。特别是母亲责备我时，祖母就把我拉在怀里，从上到下摸呀摸呀。我知道祖母疼我，是喜欢我的性格。

父亲看见有钱人家的孩子念书很体面，将来一定有出息。他也希望我能念书。父亲托人和私塾老师说了许多好话，我五岁时父亲好不容易把我送到私塾去读书，当时给我起了个学名叫"贺平轩"。

我学过《百家姓》《三字经》等等。当堂我总是第一个背下来，但我对学堂里背书、给老师磕头作揖、打手板非常反感，放学后光玩不读书。第二天背不出来，老师打手板，骂我笨，不可造就，有钱的小伙伴也耻笑我。有时我还打赤脚上学，穿的衣服破破烂烂，有钱人家的孩子瞧不起我，当面骂我穷鬼，我气不过很不愿意上学。

年幼时经常看到保长到村子里不是催粮，就是逼债，受苦人苦苦哀求，对他们说多少好话也不行。这些狗仔子不管穷人的死活，穷人时常遭到他们的毒打。有一次在玩的时候，有一个小伙伴要演保长。我问他："你长大了做什么?"他装作一副盛气凌人的样子说："我就想当保长。"我对保长本来就很反感，一气之下就打了他一个耳光子，打得他哇啦哇啦地直叫。他边叫边说："你家穷，想当保长当不上。你长大了做什么?"我气不过当即对他说："我长大了以后，要专当打保长的人。"我总觉得《三字经》中的"人之初，性本善"不是这样的。那时候，有钱人和狗腿子欺人太甚，穷人没有好日子过。

读到10岁我就不读了，在家割牛草，扯扯眼绳。13岁学会耕田、插秧。父亲把我的名字"贺平轩"改成了"贺振家"，希望我好好种田养家糊口。当时家庭生活不好。家里人一心指望我长大成人，能兴家立业。我开始懂事起了，只想着将来怎么养活家庭。

我在十四岁时和当地人许家桥王家茂二佬等，赶着骡马到湖北、四川、贵州，运过盐、贩过马，赚了一些钱，全交给父亲了，父亲用它买了些地。这个活太辛苦，白天走路，夜间要自己喂马遛马，在野外睡觉，天气不好时也要赶路，吃不上饭，有时就在路上吃几口干粮，太累了。但是自从离开家，我也算开了眼界。真是天下乌鸦一般黑，受苦受难的都是穷人老百姓。

1913年，我和父亲走到湖北恩施一带，走累了进到一个小茶馆里。这个茶馆只有一张桌子，两条板凳，旁边坐着一个大约三十岁的人拿着长烟袋吸烟。我们叫他："你是卖茶的吗?"他不说话。这时进来一个人，他拿着一个大铁壶给我们沏了两碗茶说："你们走路辛苦了，喝点水。"

我们说："你是卖茶的吗？"他说："不是。"并指着旁边那个吸烟的人说：
"他是这里的主人，因邻居被当差的抓走了，他上去劝阻不要抓人，结
果被当差的毒打了一顿，把耳朵打聋了。"我站起来又问："这是什么时
候的事？我要找他们算账，这些狗娘养的太欺负人了！"他对我说："老
弟，这些不公平的事太多了，请你们坐下来。"这时我们彼此介绍了自
己的姓名。这位和我们讲话的人叫康伯义，他又问了我们的家庭情况，
并说："我们都是穷苦人出身，出门在外不容易，我们交个朋友。"这时
我很高兴。康伯义讲桃园三结义，排满复汉，讲汉流即哥老会的主张
"杀富济贫，打倒贪官污吏，为穷人打天下"。我听后认为很有道理。这
样我参加了哥老会，立志杀富济贫，为穷人打天下。

二、参加中华革命党

1914 年，天气冷了的时候，桑植县小学教师陈图南找过我几次。
以前知道这个人但没有个人交往。记得我们初次见面我对他说："听说
过你的大名，未曾见过面。"陈回答说："虽然未曾见面，你的大名如雷
贯耳"。

陈图南给我讲中华革命党的宗旨。他说："中国很大，国民要团结
起来，打倒帝国主义列强。帝国主义列强对中国的侵略是不能容忍的！"
陈图南又说："还要打倒袁世凯卖国贼！中国一定要富强！孙中山先生
提出了平均地权，节制资本。他还提出改造中国的政治制度。"等等。
我当时就表示同意孙中山先生的主张。"他的主张很好，穷人是拥护，
就怕实现不了。"陈图南说："只要大家齐心奋斗，孙中山先生的主张会
成功的。我想如果孙中山先生的理想能实现的话，对老百姓，对受苦的
穷人有好处。"我向他表示同意参加中华革命党，当时我才 18 岁还打了

手印。

　　陈图南分配三项任务给我：第一，杀掉本县民愤极大的朱海珊；第二，当团防；第三，找人到警备队当兵。我对陈图南说："当团防我不干。"陈图南说："是名义。"我说："名义也不干，找人到警备队当兵可以。"当时我想找几个可靠的人去当兵，可以借机了解一下那里的情况，杀朱海珊，以平民愤。我改名叫"贺云青"，开始到沅陵一带联络军队。

　　桑植有个马玉堂，买了十几只羊赶到桃源去卖，我随马玉堂到了桃源。马玉堂把羊卖了，我和他商量把卖羊的收条给我，上面写上我的名字。他回桑植我去了沅陵。

　　我到了沅陵，住在远房叔叔贺士寿家里。在这里了解到部队情况，认识了几个士兵，结拜了几个把兄弟。结果因为其中一个士兵，吃醉酒，把拜把名单拿出去了。我在这个名单上用的名字叫贺平轩，为了安全我只好暂时赶回桑植去。

　　走到沅陵和大庸交界地方，碰到十几个土匪，抢了我的钱和一个包袱，被他们带到熊壁岩山上，继续索钱。他们说捉到了一只肥羊。第二天清晨，警备队上山打土匪，把我和土匪一块儿抓回沅陵，关押在丁房。我向他们声明自己是卖羊的，他们在土匪的册子上也看到写着，抓到一只羊，拿到几十吊钱。以后父亲托常德堂兄贺寿文保我才放出来，共关了一个月零四天。从那以后，我一直想搞枪，组织自己的队伍。要打倒土豪劣绅，穷人翻身，必须有枪。

三、参加反袁护国

　　蔡锷为了反对袁世凯当皇帝，举行了起义，宣布独立，脱离袁世凯。他组织了护国军讨袁。第二年1916年我20岁，湘西的农民都起来反对本地军阀统治者。我和谷纪亭，还有陈图南领导了桑植的农民起义。我们抢了盐局的枪，后来又抢了申典三分团总的枪 80 多支，带着农民进城杀了大恶霸地主朱海珊。因为当时不懂怎么领导农民，杀了朱海珊以后他们纷纷跑回家了。

三月间又组织大庸、慈利、永顺、桑植、龙山五县农民暴动。那时只要一号召，成千上万的农民很容易发动起来，曾经占领过永顺、龙山、桑植三县。当时缴获了很多各种枪支。农民起来以后怎么干，没有章法。领导大庸民军的罗建筹已去贵州。我和桑植的民军回了桑植。没过多久，我又带了 30 多人，十几支枪到永顺去接罗建筹。他在铜仁遇到了黔军，并被委任为护国军左翼独立司令。我当了第一梯团第 2 营营长。我们到了大庸，这时澧州镇守使王子斌派兵来打我们。罗建筹带部队到了常德，又由常德到了长沙。我外出侦察情况，与部队失去联络。这时贺连元（堂兄）写信叫我去长沙，这样我也到了长沙，我的部队也被谭延闿改编了。

1917 年，在长沙听说谭延闿已派人到北方去找段祺瑞告第 2 师师长陈复初的状。北洋军阀就派傅良佐任湖南督军。这样引起了党人（中华革命党）的反对，并提出了"攻谭（延闿）杀赵（恒惕）灭梅（子庚）"的口号。

党人都到林秀梅的住地开会。会后廖湘云把我留下，叫我用手榴弹爆炸谭延闿的住地。这件事情走漏了风声我被捕关押在警卫队里。谭延闿和党人谈判了一个星期我被释放出来，很多党人到警卫队门口接我。这一次谭延闿还送了党人一部分钱。

廖湘云又找我，叫我跟着熊希龄老婆家里的人，去拜访北方傅良佐派来的秘书长和副官长，借吃饭之机准备刺杀他们。结果这两个人都没去。这件事也就算啦。

我觉得搞暗杀不解决问题，还是要拉起队伍来干。当时我只有 21
岁，怕人家讲"嘴上没毛，办事不牢"，开始留起胡子，改名叫贺龙。

1917 年 10 月底，我来到大庸、永顺一带，重新掌握了原来民军武
装力量，改变了张永川与民军的对抗形势。部队集中在沅陵的时候，我
是护法军游击司令，后来经朋友介绍认识了林秀梅派来的代表，护法军
湘西左翼司令罗福龙。我跟罗福龙去了常德。张永川为了缴我们的枪，
把我和罗福龙扣押起来。部队冲了出去，张永川未缴到枪，把我们也放
了。这时父亲很怕我再遇到风险叫我回家，我没答应。我觉得当时组织
部队困难很多，前后经历了大起大落九次，我就是不屈服，就是要继续
抢枪。

当时和刘汉元、谷膏如、谷顺如商议，决定叫刘汉元、谷顺如回桑
植，取回原来存放的两支枪。我和谷膏如到慈利凉水井搞枪。谷膏如进
城后因买枪被捕，但枪已托熟人送到凉水井。

我在路上想探听一下谷膏如的消息，这时碰到一青年从远方跑来。
我向前走了两步，对这个青年问话："你为什么跑得这样急？你叫什么
名字？"他说自己姓吴叫吴玉林，因打了官府的人，后边有人追赶。我
又问："你父亲叫什么？"吴玉林说他叔叔叫吴佩卿，我一听吴佩卿是哥
老会的把兄弟，又问吴玉林："你想跑到哪里去？"他说："我去投奔贺
龙。"我说："我就是贺龙。"吴玉林向我上下打量一下，立即跪下，我
手扶吴玉林起来时，发现吴玉林身上有两把菜刀。我又问："你要刀做
什么？"吴玉林说："杀富济贫。"我拍着吴玉林的肩膀说："好样的，是
条好汉子。"我把吴玉林留在身边。巧得很，这时县太爷的轿子路过，
后边有警备队护送，等轿子过去了，护送县太爷的警备队掉队的士兵，
在路卜吊儿郎当，调戏妇女，我和吴玉林各持菜刀一把。我对吴玉林使
了个眼色，我们夺了掉队的两个士兵的枪。后来便跑到石门袍哥大爷陈

耀武家里，在这里计划发展队伍。这时已有二十多支枪，三四十人。到石门去会见林德轩，林德轩委任我为护国军独立营营长。

这时我三姐夫谷青云从桑植把原来存放的两支枪送来了。他还带了十几个人，部队进桃园黄市在黄市又买了十几支枪和几千发子弹，又发展了八十多人。这时刘汉元回来了，他想当个支队长，我想不妥当，当时给了他两个人，两支枪，以后到了沅陵他跑了。林德轩看到我的部队有发展，他又委任我为第 1 军第 2 营营长，驻防桑植。

我的部队纪律严明。马德祥部队破坏军队纪律，民愤很大，我奉徐越池团长命令，打死马德祥，得到群众拥护。

刘汉元一直跟踪我部，他想到黔军当官，企图利用黔军解除我的武装，其阴谋未得逞，我叫刘汉元离开队伍走了。谷膏如本来和我一块到慈利去搞枪的，因他被捕失掉联系，出来后表现不好，没有在部队担任什么职务。谷膏如对我怀恨在心，部队发展较快，我对他早有警惕，担心他得不到兵权捣乱。结果 1920 年 5 月，他竟指使神兵烧了我家的房子，并且把我父亲和弟弟打死了。

由此我更加认识到兵权的重要，时刻注意巩固自己的队伍扩充兵力。

四、在靖国军

林德轩部队突然改编为靖国第 5 军，他们离开桑植，我的部队未动；我那时担心去常德有被缴械的可能，驻防桑植比较牢靠。

林德轩走后，我的部队归了澧州镇守史王子彬管辖，王子彬死后，由其子王育寅掌管兵权，命我部攻打慈利。在慈利我为了保存自己的兵力，便提出请林修梅当湘西总司令。林修梅委任我当了第三梯团团长。

林修梅告诉我他主张集中力量搞赵恒惕，王育寅反对。林修梅告诉我不要与王育寅共事，林修梅要走，我护送林修梅，林修梅走后，我的部队开到鹤峰与桑植两县交界的一个小村子。这时和陈渠珍部下张子清打了一仗，战后给张子清送伤员，并叫他离开桑植，经对方同意，我部又开到桑植驻防，陈渠珍是湖南区司令，陈渠珍叫我当团长，后来又叫我当剿匪第二支队长，部队在桃源整训。

1921 年 9 月，陈图南介绍他的朋友方汉如来支队部。他们经常谈论社会主义，无政府主义。方汉如讲苏联如何好，说苏联消灭了剥削阶级，建立了崭新的没有剥削的社会制度，并积极宣传"五四"新文化运动。方汉如讲的条条是理，陈图南的无政府主义却漏洞百出。当时我感到什么平均地权，节制资本都是空话，根本不能实现。我问方汉如有没有实现社会主义的政党？方汉如说："有！就是过激党，即共产党。（过激党是日本译音）"这时共产党在我脑子里有了很深刻的印象。陈图南语无伦次，他思想变化很大，说什么中国永远统一不了，谁管得了天下这样大的事，没有人能镇得住，永远是一盘散沙，应当允许谁能干，就随他自己搞吧！方汉如说陈图南讲的话是克鲁泡特金的主张。知道有共产党以后，我就特别注意这个党了。

这时我部又开到铺市驻防，支队收了谭延闿属下师长鲁涤平叛变出来的一个连。陈图南出主意给鲁涤平打了电报"你部叛变出来的一个连在桃源和沅陵之间的路上被我部出兵围剿。缴获多少枪支，抓了多少人，请你部派人领回。"鲁涤平回电说"人枪都交你部处理"，陈渠珍听了这事，他很害怕我。

这时四川石青阳到陈渠珍部队来借兵，陈渠珍说可以。于是陈渠珍派人来我部，并对我说陈司令讲如果你感到陈司令的地盘小了，也可以到别处去干吗！陈渠珍委任我为剿匪游击司令，写信给我叫我到四川归石青阳指挥。我去四川以后，陈渠珍又宣布我部叛变了。

五、进川回湘任澧州镇守使

进川后开始驻酉阳龙潭后到涪陵，石青阳委任我为警卫旅旅长。他当了川东边防军总司令后，又委任我为边防军第 1 混成旅旅长。刘玉九委任我为陆军暂编第 9 混成旅旅长，熊克武委任我为讨贼联军第 1 混成旅旅长。我部与汤子模在涪陵附近打杨森部队。

周西城是石青阳的一个旅长。在刘总司令部开会时，我发现周西城带的随员统统把驳壳枪子弹上了堂，我怀疑他要动手打我，因为我的职务多，弹药比他多，他妒忌，当时我不放心。散会后周把我部住在城里的两个排打散了。我在城外集合队伍开到彭水。

这时贵州鸦片帮请贵州部队派部分人押送鸦片烟到涪陵，这部分人为了要鸦片，在路上叛变了，我部 2 营把这部分人改编了，以后和他们谈判愿意当兵地留下来，不愿意当兵的可以回家，结果都带着鸦片回家了，枪支留下来了。

我有一个朋友徐伯魁在武汉打电报告诉我，武汉到四川的日本客轮"宜阳丸"上，装有许多援助杨森的枪支弹药。我得知这一消息后，在青溪场劫了日本轮船，缴获枪支弹药很多。这批军火分给汤子模一部分外，当时还抓了两个日本人，经过审讯、罚款，放回去了。当时日本人问我"我们犯了什么罪？"我告诉他们是砍头之罪！重庆杨森部队未得到接济因此加速失败。

这次组织攻打成都的部队有熊克武、赖光辉、石青阳、刘玉九、周西城。敌方有杨森、刘湘、邓锡侯等人，还有贵州部队。这时已到了1923 年，我部由涪陵到江津，由江津到内江，奉命打乐至、安岳（杨森部队）准备从赵家渡进成都。这时我们在成都，附近的部队很多，有的已经进了成都，我有信心一定把成都拿下来，在成都守了几天几夜。

这时赖光辉和刘湘谈判成都之战怎么办？谈完之后赖光辉出来，我以为谈判成功了，没想到赖光辉妥协了。刘湘叫赖光辉当了省长，仗不打了，赖光辉叫部队都开走。

我看到部队之间争权夺利，尔虞我诈太多了。孙文派下来的人，只会吹牛，引起我不满情绪。我认为这样打来打去，不但不能为民除害，战争反而给老百姓带来灾难，这样干下去是没有出路的。我想回湖南，等待时机消灭赵恒惕。

这时听说唐生智反赵恒惕，就与熊克武商量先到铜仁，经铜仁回湖南。在铜仁还可以补充些粮饷。士兵们听到这个想法都很高兴。

去铜仁的路上沿途有杨森部队很难通过。这时我想办法通过私人关系给杨森部属，原是石青阳部下的杨春芳取得联系。我当时是用报话机与杨春芳通话的，双方讲话都很清楚。我想让他给我让路，杨春芳回答我可以，他私下叫部队让路。因我们过去是朋友，不愿意在战场上刀戈相见，就这样顺利通过杨森的防区。杨春芳不但接济了部分钱粮，还给我们介绍了川东情况。

部队过了江津，经过娄山关、桐梓、湄潭到达铜仁。以后熊克武、汤子模也进铜仁，在铜仁解决了粮饷。

在铜仁接到友人从广州寄来的黄埔军校《青年联合简章和宣言》。我对"联俄联共，扶助农工"三大政策非常拥护，我认为要使革命成功，一定要这么办。我觉得在政治上找到了出路。只有共产党才有办法，部队在共产党带领下，才能发挥作用。当时准备去广州找共产党，熊克武阻挠未能成行。

这么多部队在铜仁，时间久了给养又出问题，还是要回湖南去。当时与熊克武、汤子模商量，他们叫我先走，他们后走。

我的部队从铜仁先到湖南麻阳。那时我部上下官兵情绪很好，一进麻阳就收编陈渠珍两个团，再进到辰溪、沅陵时，熊克武、汤子模也来了，他们驻常德。

1924 年，汤子模代石青阳总司令委任我为川东边防军第 1 师师长。我的部队扩大了，内部杂乱，自己没有抓拢。汤子模对我非常妒忌，从常德来攻打我，我退出澧州。汤子模在澧州又派兵打津市，被我击溃，退出澧州回到常德。贺锦斋在津市收了唐荣阳下边的一个团。

我在澧州的时候，熊克武先后两次来找我。他提出："联络旧同志组织新政府"。我问他："旧同志是什么人？新政府是什么政府？北洋是反动政府，广东是国民政府。新政府归谁管？还是管谁？"我和严仁珊不同意他的说法，结果熊克武去了广东。汤子模也随熊克武去了广东。但是他收编唐荣阳的一个旅没带走。我乘机打了唐荣阳回到澧州。

看我壮大了，1925 年 4 月，赵恒惕委任我为澧州镇守使。

这时湖南参议员熊贡卿来找我，他说赵恒惕的老婆缺钱用，女儿又有病，要我把澧州的税收交给她。我拒绝了，赵恒惕十分不满意。他命我部，只允许驻桑植、大庸、慈利、永顺。这样形势很紧张，随时准备打仗。大姐和廖汉生等回桑植，准备后方工作。

赵恒惕的参谋长与我关系很好。他告诉我赵恒惕准备进攻我的兵力部署：贵州二旅，湖北一个师，湖南三个师。还有于学忠部队、陈渠珍部队攻打澧州，已下了命令，马上攻打你部。为保存实力我离开澧州。

这时杨子清的团跑了，只剩下 5 个团不到一万人。在离永顺二三十里路的地方，叶开鑫的部队从左翼打来了，我们把叶的部队击溃赶走。陈渠珍的部队又来攻打我们，这时部队炮兵营营长叛变，把缴获唐荣阳的一门山炮也抬走了，还带走了一个炮兵连。击退陈渠珍后，部队进驻永顺城。在永顺又跑了两个连，一个连跑到慈利，一个连跑到桑植，跑到桑植的连被大姐收留。第二天出永顺，架浮桥准备渡河，去四川和湖南交界的一个市镇。

这时贵州的 13 旅、15 旅派来两个代表到我部。他们的目的是了解部队情况，想吃掉我们。严仁珊和他们谈好，说明我们不是溃兵。这两个代表也看见我们能打仗就走了。13 旅、15 旅调走后，我的部队接防，派二旅去接防秀山，我占领了松桃，打下了铜仁。

六、参加国民革命军与誓师北伐

在铜仁听到唐生智反赵恒惕的消息。当时四川袁祖铭拉贵州省长彭汉章。我也想借彭汉章的力量从贵州回湖南去。彭汉章派人来铜仁与我联系，我便约彭汉章率部队到铜仁，彭汉章来了。

1926 年，我由贵州先到沅陵，然后到常德。彭汉章之后到沅陵，蒋介石委任他为国民革命军第 9 军军长、彭汉章委任我为国民革命军第 9 军第 1 师师长。杨其昌任第 2 师师长。

我在常德认识了周逸群。他是从长沙来的，名义是北伐军左翼指挥部宣传队队长。我向他表示坚决跟共产党走。我问周逸群广东部队是如何领导的，并提出要改造自己的部队。周逸群说改造部队不要希望广东派干部来，我们自己招一部分学生，在部队里再选一部分青年干部，办一个青年干部讲习所。我提出招收学生、选拔干部都由周逸群负责，所长也由他担任，经济问题全部由我负担。

这时贺耀祖住澧州，周逸群提出打贺耀祖，我同意立即出兵打澧州慈利的部队，这时杨其昌（第 9 军师长）叫我与贺耀祖讲和，我的腰杆更硬了，没有同意，坚决打了这一仗。我部进了澧州，赶走了贺耀祖，这时彭汉章来了。

王天培的第 10 军从四川也来到了澧州。我听说王天培和北洋军阀有来往。这时周逸群通过我动员大家北伐，我们先打宜昌北洋军阀。杨其昌和第 10 军 29 师都垮了。我部伤亡也很多，阵亡旅长一名。第 9 军、第 10 军两军长要去常德，已经上船。周逸群叫我动员他们回来。以后王天培和北洋军阀接洽好，自己偷偷去了宜昌。

之后我带一个旅进宜昌，这时看到宜昌的北洋军阀都换上了王天培的番号。我在宜昌城外，缴了北洋军阀一部分枪。

1926 年，部队奉命从宜昌开到武汉，部队驻鄂城、黄冈。周逸群外出两个月才回来。部队由国民革命军第 9 军第 1 师改为国民革命军独立第 15 师，周逸群任政治部主任。部队在周逸群的指导下，搞起了政治工作，他给军官、士兵上政治课。从此部队就直接接受了党的领导。当时党在部队中影响很大，部队因为有了明确的政治方向进步很快。但党的组织却未得到发展，据我所知两年内只发展了一个党员。

这时，我部内部发生了一件事，由于陈图南和副官长白文忠、旅长刘丙安等人在部队活动闹饷，他们以闹饷为名，企图搞垮部队，阻止北伐，他们不愿去河南。我到汉口附近的一个团去讲话。在讲话中有人向我打黑枪。我回来报告周逸群。周逸群开始批评贺锦斋没做好工作，后来查明是陈图南等人搞的。他们目的就是企图搞乱这个师。当时把带头闹事的陈图南等送到保安处处决。另一方面在部队中进行说服教育，把事情平息下来。

我们的部队进河南，沿途打神兵，打通铁路线，部队先到信阳，后到驻马店，打了逍遥镇就打古城、小商桥，又配合张发奎部打了古城附近的一个县城。以后部队开到许昌、又到开封，这时接到武汉电报委任我为国民革命军第 20 军军长。

这个时候蒋介石在上海发动了"四一二"反革命政变，开始屠杀共产党员和工农大众。时局非常紧张，我和周逸群同志谈话："时局虽然这样紧张，我坚决服从共产党的领导，坚决执行共产党的决定和政策。所有在部队里工作的共产党员，不要离开，还要继续工作。"

反动派对我没办法，我的部队又不断打胜仗，士气很高，战斗力很强。当时他们曾企图将我们消灭于河南，这可不是那么容易的，我警惕到这一点。以后20军经许昌返回武汉。军部驻武昌，部队仍然在鄂城、黄冈驻防。

七、参加南昌起义

回武汉后，听武汉和湖南人议论，希望唐生智回湖南解决马日事变问题。当时湖南农民协会有些人往武汉跑，汉口的纠察队交了枪。周逸群问我："有一部分纠察队你要不要？"我说："要，为什么把这些人到处赶。"我收留了这批人，并解决了他们穿衣问题。

在武汉还发生了这样一件事。有一天周逸群对我说："给你一个任务，今天要来一个客人，叫李仲公，他是蒋介石的亲信，是来策反的。你把这个人抓起来，送到唐生智处就算完成任务了。"我在刘湘办事处宴请李仲公，彼此之间都是客套话，吃饭没话说。晚间我在严仁珊家中以打麻将为名约李仲公。此时外边警卫森严，备有汽车。打完麻将，将李仲公抓起来，用汽车将他送到唐生智指挥部。李仲公很紧张，抓他的时候我说："我贺龙可不是好惹的，就是蒋介石来了，我也照此办理。"

不久，国共正式分裂，我部先进驻大冶后到九江。这时汪精卫在庐山召开会议，要我去参加。我和叶挺、剑英同志研究的结果，不去开会，把部队全部带到南昌。我和叶挺先后到达南昌，部队一到南昌，大家就开始研究如何起义的事。

起义前我拜访了林伯渠，在武汉林伯渠就来过我的部队看我，我和共产党有缘。和林伯渠见面时，一见如故，因早年我与林伯渠的哥哥林修梅关系很好，林修梅对我思想帮助很大。见到林伯渠时，当面表示感谢林修梅，林伯渠说保留你这支队伍不容易。林伯渠还讲了当时的形势，对我鼓励很大。我告诉林伯渠我会坚决跟着共产党走，来南昌前我已知道要起义。看林伯渠一是礼节性拜访，二是表示自己的决心。

起义前与周恩来会面。周恩来我知道他是共产党中央负责人之一。周恩来反复征求我对起义还有什么其他想法后，代表中国共产党前委宣布任命我为起义军总指挥。

随后刘伯承来到我司令部草拟定了起义计划。叶挺搞程潜部队，我部搞省政府和朱培德部队。

一切准备妥当，遂于 1927 年 7 月 31 日晚发动了起义。不过几个钟头，叶挺同志的 24 师就解决了敌人两个师，我部亦解决了敌第 9 军一部和朱培德的总指挥部，江西省政府、警察所等机关。缴获了大批军火、武器。

起义成功以后，成立了革命委员会。党在军队中的领导机关是参谋团，周恩来同志任团长，刘伯承同志任参谋长。部队编为 11 军，叶挺同志任军长；20 军我任军长，并代理第二方面军总指挥。

部队在南昌住了五天。由于对组织领导武装斗争的经验很差，没有与江西、湖南等省农民运动相结合，却南下向广东进发。在进军广东途中，敌人实行了坚壁清野，起义军给养运输都很困难，再加以不断地和反动军队作战，所以部队拖的很疲惫，减员很大。到了广东又和数量强大的敌军作战，结果是失败。

剩下的一小部分队伍，由朱德同志带回井冈山与毛泽东同志会师。

图5—2　薛明

在这里值得特别追述的是：在进军广东时，经过江西瑞金。九月初由周逸群、谭平山同志介绍，我参加了中国共产党。参加我入党仪式的有周恩来、周逸群、廖乾吾，还有张国焘。

贺龙 1968 年口述

薛明　记录

第六章 毛泽东的"八一"情怀

第一节 建军节的由来

一、历史上最早的南昌起义纪念日

1930 年 6 月，红一军团成立，下辖红四军①、红六军、红十二军。红十二军由伍中豪任军长，谭震林任政委。同年 8 月 1 日，红十二军代

---

① 中国工农红军创建初期同时有三个红四军。第一个"红四军"，1928 年 4 月，朱德、陈毅率领的南昌起义保存下来的部队和秋收起义毛泽东领导的工农革命军胜利会师。5 月 4 日举行会师大会，正式宣布成立工农革命军第四军，同年 6 月 4 日，中共中央指示改称中国工农红军第四军。1930 年 6 月 19 日，根据中央决定，红四军与红三军、红十二军在合编为中国工农红军第一路军，旋改称红一军团。1930 年 8 月 23 日，红一军团与红三军团合编组成红一方面军。第二个"红四军"，1928 年 6 月，成立的中国工农革命军第四军，军长贺龙，参谋长黄鳌。1929 年春，改称中国工农红军第四军。1930 年 7 月 4 日，红四军与周逸群、段德昌领导的红六军合编成红二军团，红四军改称红二军。第三个"红四军"，是 1931 年在鄂豫皖边区建立的。1931 年 1 月，由许继慎为军长的红一军与蔡申熙等领导的红十五军合编，改称红四军。军长旷继勋（后由徐向前接任），政委余笃三（后由曾中生、陈昌浩先后接任）。这三个红四军，在红军史上占有极其重要的地位，后来发展成红军三大方面军，实际上就是分别在这三个红四军基础上逐步形成的。

军长罗炳辉（伍中豪因病留在长汀休养）率部进到南昌对岸的牛行车站，隔江向南昌鸣枪，以纪念南昌起义三周年。

1933 年 6 月 26 日，中共苏区中央局发出《关于"八一"国际反战争斗争日及中国工农红军成立纪念日的决定》。

1933 年 8 月 1 日，第一个"八一"建军节庆祝活动在瑞金城南举行。傍晚，苏区军民打着火把，从四面八方朝这里涌来，工农剧社组成的欢迎表演团站在入口处，边舞边唱。庆祝活动分阅兵式和分列式，为防敌机轰炸，决定阅兵式在 17 点到 19 点半进行完。17 时，阅兵式开始，军乐奏起，礼炮齐鸣，毛泽东、朱德、项英三位领导策马而行，检阅长达六百余米的红军队列，红军指战员以注目礼相迎，欢呼声、口号声响彻云霄。第二项是宣誓。中央革命军事委员会向新成立的红军工人师和少共国际师授军旗，向两个师发出奔赴前线英勇杀敌的战斗命令，工人师和少共国际师组成两块方阵，指战员高举拳头进行宣誓。第三项是授旗授奖。中革军委领导分别给各红军学校授校旗，给红军各团队授战旗，向功勋卓著的红军指挥员颁发红星奖章。中央政府和各党、群团体代表致祝词，分列式随之开始。红军第 2 团、第 5 团、第 37 团、第 40 团等方队在一面面战旗引领下阔步通过检阅台，战士们一面高呼着口号、一面向检阅台上的首长行注目礼。长长的受阅队伍从检阅台前整整走了一个多小时。坚定的步伐踏破夜幕，踏碎尘土，踏动着这个令人难忘的夜晚，把"八一"两个大字嵌入史册。

二、1930 年纪念南昌起义三周年

1930 年，毛泽东和朱德在江西高安发布红军第一军团命令，以纪念南昌起义三周年。1930 年 6 月下旬，按照中共中央关于夺取南昌、

九江的命令，红军第一军团由于闽西长汀入赣。7 月 24 日，攻克樟树，歼灭国民党军第 18 师一部。随即由毛泽东、朱德召开红一军团干部会议决定不打南昌，只以攻击牛行车站为目标，隔江向南昌鸣枪，举行"八一"示威，以纪念南昌起义三周年。

进占牛行车站的命令①
（一九三〇年七月二十九日）

（1）戴岳部②之一团于二十五日由新余开到新干，朱耀华部③之一〇七团于二十六日由崇仁开至樟树，一〇八团亦奉有张辉瓒④命调省，似有急赴南昌防御我军之势。本日据樟树来人云，朱耀华率一〇三、一〇七两团及十三师（邓英⑤）之一团由樟树乘船下南昌。

（2）本军团以原任务期于八一国际反帝示威节⑥及中国之南昌暴动纪念日进占南浔路⑦，以扩大政治影响，决定北上第二步之第二期推进计划，拟于三十日全军团进至万寿宫、石子岭一带相机进占牛行车站。

（3）第十二军应即于本（二十九）日午后向南昌方向移

① 引自《毛泽东军事文选》第一卷，军事科学出版社 1993 年版，第 152—154 页。

② 戴岳部，指国民党军第 9 路军第 18 师第 52 旅，旅长戴岳。

③ 朱耀华部，指国民党军第 9 路军第 18 师第 54 旅，旅长朱耀华。

④ 张辉瓒，当时任国民党军第 9 路军第 18 师师长。

⑤ 邓英，当时任国民党军第 9 路军新编第 13 师师长。

⑥ 1929 年 7 月，共产国际执行委员会第十次全会决定 8 月 1 日为国际反对帝国主义战争日。

⑦ 南浔路，指南昌至九江（旧称浔阳）的铁路，即今向九线一段。

进，至离城三十里附近择地宿营。明（三十）日派出一纵队进占生米街，并相机进占牛行车站，其余则进驻万寿宫（万寿宫之宿营地及警戒由十二军罗代军长① 分配）。第三军应于明（三十）日由此地出发，经杨家坊、李村、赤土街到达石子岭一带，三十一日即在原地休息待命。总部直属队随革军委与第四军于明（三十）日由此地出发，经祥符观街、梁村到达万寿宫宿营，三十一日，就地休息待命。

（4）各部队到达目的地后，应即发动群众并努力筹款。

（5）第十二军派出占领生米街之部队，一占领牛行车站后，须即破坏南浔铁路，注意破坏铁桥及附近电线。

（6）出动时予随总部行止。

右令

附记：

（1）明（三十）日总部及四军之出发时间及行军序列如左：

Ａ.出发时间总部及直属队暨革军委特务大队，应于一时半起床二时半出发。

第四军于三时出发。

Ｂ.行军序列按总部特务队、总部、革军委与其特务大队、交通队及第四军之次序行进，直属队行李在交通队后行进。

Ｃ.行军警戒，第四军应配派出后卫。

（2）到万寿宫之路线如左：

---

① 罗代军长，指罗炳辉。

由本城经冷村——王村——五口桥——左家山、祥符观街——熊陂桥——彭楼铺——昭山——梁村——万寿宫。

（3）到石子岭之路线如左：

由本城——连城桥——谢家岭（宋家）——杨家坊——小港（北异）——胡村——李村——赤土街——落瓦——石子岭。

（4）第三军须注意问明行进路线，以免与第四军交叉。

根据中央档案馆保存的原件刊印

三、中央革命军事委员会命令
——关于决定"八一"为中国工农红军成立纪念日[①]
（1933 年 6 月 26 日）

1927 年 8 月 1 日发生了无产阶级政党——共产党领导的南昌暴动，这一暴动是反帝的土地革命的开始，是英勇的工农红军的来源。中国工农红军在历年的艰苦战争中，打破了帝国主义国民党的历次进攻，根本动摇了帝国主义国民党在中国的统治，已成了革命高涨的基本杠杆之一，成了中国劳苦群众革命斗争的组织者，是彻底进行民族革命战争的主力，本委会为纪念南昌暴动的胜利与红军成立，特决定自 1933 年起，每年 8 月 1 日为中国工农红军成立纪念日。

我们纪念工农红军成立的"八一"日子，正是全世界工农劳苦群众每年举行反帝战争的日子，特别是我们现在决定开始来纪念之时，正是帝国主义新的世界大战与反苏联战争的危险极端紧张，特别是国民党与日本订了卖国的华北停战协定，移兵进攻苏维埃和红军之时，凡我红军

---

① 原载《红色中华》第 93 期，1933 年 7 月 11 日。

军人，更要学习与提高军事学术和政治知识，以造成百万铁的红军，完全粉碎帝国主义国民党四次"围剿"，与帝国主义直接作战，武装拥护苏联，反对帝国主义大战，为苏维埃新中国胜利而奋斗等实际行动来纪念这一光荣日子，此令。

代主席　项英

四、中央政府关于"八一"纪念运动的决议 ①

（1933 年 7 月 1 日）

8 月 1 日是全世界反帝国主义战争纪念日，同时是中国南昌暴动纪念日，中国工农红军即由南昌暴动开始，逐渐在斗争中生长起来。今年的"八一"，正是帝国主义新的强盗战争及反苏联战争的危险极度紧张的时候，正是日帝国主义大规模侵略中国，中国国民党公开出卖东三省热河与华北的时候，同时是全国反帝反国民党运动极大的高涨，苏维埃运动与革命战争得到空前伟大胜利的时候，因此今年的"八一"有着非常伟大的革命斗争的意义，中央执行委员会为了纪念中国工农红军的成立及奖励与优待红军战士起见，特为决议如下：

（一）批准中央革命军事委员会的建议，规定以每年"八一"为中国工农红军纪念日。并于今年"八一"纪念节授予战旗于红军的各团，同时授予奖章于领导南昌暴动的负责同志及红军中有特殊功勋的指挥员和战斗员。

（二）责成内务人民委员部制定红军家属优待证，发给一切红军战士的家属收执。

---

① 《红色中华》第 95 期，1933 年 7 月 23 日。

（三）在区苏土地部与乡苏之下，组织红军公田管理委员会，管理红军公田的生产收获，及收获品保管等事宜，在区苏土地部与内务部的共同管辖下及在乡苏下组织优待红军家属委员会，管理优待红军家属的一切事宜。

中央政府主席　毛泽东

副主席　项　英

张国焘

第二节　政治风雨

一、1967 年的"八一"建军节

1967 年的"八一"建军节，是中国人民建军 40 周年纪念日。围绕着还纪念不纪念"八一"建军节和谁出席"八一"招待会的问题，周恩来总理与林彪、江青一伙进行了一场斗智斗勇的较量。林彪一伙否定"八一"建军节，要将建军时间改为 9 月 9 日。他们说："八一"南昌起义是失败的，只有"九九"秋收起义才是成功的，因此应该把"九九"定为建军日。周总理将此事报告了毛主席。①

"八一"前夕，毛泽东把代总长杨成武叫去吩咐："建军节要到了，你回去参加建军节招待会。"

杨成武说："现在有人不赞成'八一'作建军节，还要把军事博物馆顶上的'八一'军徽砸掉。"

---

① 摘自罗青长：《赫赫战功将　堂堂正正人——纪念徐帅百年诞辰》，《解放军报》2001 年 11 月 12 日。

"为什么？"

"他们提出要九月九日，也就是秋收起义那一天作建军节。"

毛泽东皱了皱眉，说："这是错误的。八一南昌起义嘛！秋收起义是九月九日，一个在先，一个在后嘛。"

主席觉得口说无凭补充道："你记，我说……"

杨成武赶紧拿起纸笔，只听毛泽东说道："八一南昌起义是中国人民在中国共产党的领导下向国民党反动派打响的第一枪。我们是历史唯物主义者。1933 年，中央苏维埃做过决议。他们不晓得历史。南昌起义是全国性的，秋收起义是地区性的。今年建军节招待会规模要大些，请各位老帅都参加，由你致祝酒词。"

杨成武说："还是老帅讲好。"

毛泽东说："你报告总理，由总理定吧。"

杨成武记完给毛泽东复述一遍，毛点点头说："就这样。"杨成武带着重大使命回去了。

二、军博经历的政治风云①

1958 年，为了迎接中华人民共和国建国十周年大庆，根据中央统一部署，军队组建了中国人民解放军迎接建国十周年大庆总筹委会。我是总筹委委员之一，兼任办公室主任，在总筹委领导下，主要负责组建军事博物馆的工作。建馆后，我担任第一任馆长和党委书记。

军事博物馆的展出是为了纪实我军战斗的历程，保存历史资料，总

---

① 本文和后文内容均引自贾若瑜同志回忆，贾若瑜为中国人民解放军军事学院原副院长。

结我军在战斗中成长壮大的革命经验，弘扬我军的优良传统，用以教育官兵和年轻一代，促进社会主义建设事业和我军"三化"建设。因此，实事求是就是历史博物馆陈列中的根本原则，是不可动摇的思想原则。承认这一条准则并不难，难的是要如实地贯彻实施。在实施过程中难免有不同的认识，甚至出现尖锐矛盾与斗争。关于南昌起义的领导人和排列次序曾有一段故事。

"八一"南昌起义是中国共产党独立领导人民军队进行的武装起义，是我军历史的开端。据当时暂代中共党史教材的《中国共产党三十年》一书所提，1927 年"八一"南昌起义领导人及其序列是周恩来、朱德、叶挺、贺龙四位。我查看史料后，觉得这种提法不够准确。为了慎重起见，我带着问题向周恩来同志请教。我说："总理，'八一'南昌起义，你当时是主要的领导人，请你考虑当时领导人的情况。"周总理认真地想了想后说：中国共产党 1927 年 8 月 1 日领导南昌起义的领导人及其排列次序应是周恩来、贺龙、叶挺、朱德、刘伯承五人。并对这几位领导人当时的地位和作用都做了详细的说明。还亲笔写了南昌起义领导人的姓名和排列次序。于是，我们根据周恩来同志所提供的材料，不仅在解说词中加以体现，并请画家黎冰鸿同志据此画了巨幅油画，作为辅助展品。

不久后的一天，突然接到中宣部的通知，要我们把南昌起义领导人的巨幅油画带到兄弟博物馆去参加会议。去开会时，见到那里已陈列一幅按周、朱、叶、贺次序排列的南昌起义巨幅油画。

会议由中宣部副部长张际春同志主持。他说："在同一个地区，对同一历史事件的展出出现两种说法，这样不好。今天我们来统一认识解决关于南昌起义领导人和排列次序的问题。"这本是讨论解决问题的会议，没想到张副部长的话音刚落，就有同志把"帽子"甩过来了，说我反党反中央。南昌起义在胡乔木同志的《中国共产党三十年》中提的是周、朱、叶、贺，你们却提出周、贺、叶、朱、刘。反对胡乔木同志，就是反对党中央。接着你一句我一句，措辞激烈，慷慨激昂。我对这些意想不到的话语，感到十分惊讶。我们冷静地耐心地听着他们的发言，只听不说话。

后来，张际春同志说："老贾，你有什么话说呢？"这时，我说："我想问两个问题：南昌起义时周恩来同志当时担任什么工作的、胡乔木同志是担任什么工作的？现在周恩来同志是担任什么工作的、乔木同志是担任什么工作的？怎么周恩来同志说的就是反对胡乔木同志，反对胡乔木同志就是反对党中央，我不理解。"

张际春同志又问："有什么根据吗？"我说："有！"我就从上衣口袋里掏出周恩来同志亲笔写的关于南昌起义领导人排列次序的字条。张际春同志看了字条后说："会先开到这里。"他就同与会的中宣部有关同志到另一个房间去了。经他们研究之后，张副部长出来说：老贾，把这幅南昌起义的油画留在这里，军博再另画一幅。我们就按照张副部长的要求做了。一场对历史事件的纷争，就这样解决了。由于有南昌起义主要领导人周恩来的亲笔出证，这个问题才得到圆满解决。

三、军博的陈列与林彪的斗争

1966 年 8 月，召开的八届十一中全会，林彪当选中央副主席。在毛泽东主席以下只有林彪一人，显然林彪是毛泽东主席的接班人了。社会上都称为林副统帅。当时林彪权倾一时，几乎是一呼百应。

正是在八届十一中全会以后，有一天我去军博，在军博西一楼会客厅开会，与馆内一些同志讨论关于军博陈列的修改问题，主要是增添些什么。当时我强调的是要突出宣传毛泽东军事思想和毛泽东的统帅地位和作用，没有提到宣传林彪副统帅的问题。

这里有段插曲，林彪当选副主席后，新华书店给总政来函说，当前林彪的地位变了，原来由总政编辑的《林彪同志论政治思想工作》一书，现新华书店内部供应的存书只有五百本了。由于林彪地位的改变，这本书的销售量可能会有增加。对此，总政对这本书的内容是否有增加？于是我把这封来信送给了萧华主任，他就交给政工研究处办，又增加了林彪对政治工作论述的一些文章，并要我送林彪审查后交给新华书店。我把这部书稿派摩托兵送到林办，并给叶群打了电话告诉此事。叶群很客气地说："没问题。"事隔两天，林彪批回来了。原文是："现在要集中宣传毛主席，不要宣传我。"（后来我才知道，在这批文背后，林彪曾说："贾若瑜很坏，他要我林彪批准宣传林彪，我才不上他的当。"）当时我认为林彪很谦虚，就此我向总政各部的办公室主任和政工研究处、秘书处的同志展示了林彪的批示。这就是我当时强调要突出宣传毛主席而没有提宣传林彪的根据。

在会上军博陈列宣传处处长张云程同志说："馆长，你讲了一个多钟头的话，却还没有提到党的八届十一中全会当选副统帅的林彪应该如何宣传呢？"我回答道："红军时期他不是副统帅，抗战时期和解放战争时期他不是副统帅，抗美援朝他没有参加，现在才是副统帅。在馆里陈列的文物中，他仅次于毛泽东同志，与刘少奇同志并列各 28 件，已经超过了周恩来同志和朱德同志，我看够了。"

会后，我回总政机关（当时我任总政治部代秘书长兼军博馆长和党委书记）。在与会者中有人向林彪反映开会情况并说：当有人提出没有提宣传林副统帅时，贾若瑜竟说："不要宣传他。"

事后林彪便派工作组，由一位上将率领十几位校官到军博各陈列馆进行检查。详查十多天后就在军博五楼贵宾接待室召开团以上干部参加的会议。军博有五十多人，加上工作组人员，大致有八十来人。会上首先由领队上将同志根据检查人员写的讲话稿宣布：军事博物馆有两大错误：一是博物馆的陈列中朱毛并列。如军博会客厅悬挂一幅朱德、毛泽东在井冈山会师，他们互相握手的国画。还有在党的七大上，毛泽东作政治报告《论联合政府》，朱德作军事报告《论解放区战场》，这些必须撤去；二是林副统帅不突出，从红军馆到现代馆都很少见到林副统帅的陈列，因此必须进行调整。

这时，军博与会同志都睁着眼盯着我，当时我们既不能开党委会，又不能置若罔闻不表态。于是，我就开口说了："首长率工作组来军博检查陈列工作，我们很感谢。但我根本不同意你的说法。军博根本不存在朱毛并列的问题。在文物陈列中，毛泽东同志有 520 多件，而朱德同志仅仅 20 件。在陈列布置上毛主席用的是通栏贴金标题，朱德同志没有。陈列部位，毛主席均在显著的地方。进门大厅中有一尊毛泽东同志的汉白玉雕像，各分馆均有毛泽东同志的雕像，这些朱德同志都没有。在党的代表大会上毛泽东同志作政治报告，朱德同志作军事报告，这是很正常的合理的。至于井冈山会师国画所反映的内容，那是历史。至于林副统帅不突出，那是因为红军时期他不是，抗日战争和解放战争时期他都不是，抗美援朝他没有参加，现在才是副统帅。他陈列的文物在数量上已经超过朱德同志了……"这位上将同志很生气地说："我不听了！"我说："我还没有说完呢！"他说："我要走了。"我说："你要走我送你。"他说："不要你送了。"我说："意见归意见，礼节归礼节。"我就送他到五楼电梯口。他要我回去，我就向他行个军礼告别。

回到会议厅后，我对军博与会同志说：军事博物馆从陈列大纲到陈列细目都是经中央军委和周恩来同志审定和批准的，后来又先后经中央军委、中央书记处、中央政治局集体审查批准的，不能由哪一个人说三道四就要作修改。我们是历史馆，今后就是撤销一张照片也要告诉我。会后我就回总政机关了。又是上面所提的那个人，把开会的情况向林彪报告了。于是林彪说："此人对我有刻骨仇恨，要逮捕法办。"这就成了我囹圄之灾的罪证。直到 1971 年"九一三"事件后，我才被抹去反对林副统帅罪状释放出狱并解除劳改。其实，我是根据林彪的历史说了真话罢了。

军事博物馆陈列中所遇到的问题，不仅这些，只是它很突出很典型，可以说明按照历史的原貌，实事求是地反映也不是一件容易的事情。

第三节　毛泽东的建军之路

一、从农民运动讲起

农民运动讲习所最初创办于 1924 年 7 月，是在共产党人彭湃等人倡议下，经中国国民党中央执行委员会通过而开办的培训农运干部的学校。

广州农民运动讲习所（简称"农讲所"），是第一次国共合作时期培养农民运动干部的学校。从 1924 年 7 月至 1926 年 9 月，共举办了六届，有毕业生 797 名。

北伐军占领武汉后，1927 年 3 月至 6 月，在武昌举办了中央农民运动讲习所。在这一时期，其他许多地方如广西、湖南、福建等地也举办了农民运动讲习所或农民运动讲习班。讲习所的学员分到全国各地发动群众进行反帝反封建斗争，对中国革命做出了重大贡献。它在中国革命史和教育史上占有重要的地位。

农讲所的名称先后略有不同：第一至五届统称"中国国民党中央执行委员会农民运动讲习所"，第六届称为"中国国民党农民运动讲习所"。

农讲所的主持人：第一至五届称为主任，第六届称为所长，全部是共产党人。他们在国共两党中及农运组织里都兼有重要职务。

《中央农民运动讲习所开学宣言》中所说，"是要训练一班能领导农村革命的人才出来，对于农民问题有深切的认识，详细的研究，正确解决的方法，更锻炼着农运的决心，几个月后，都跑到乡间，号召广大的农民群众起来，实行农村革命，推翻封建势力。中央农民运动讲习所可以说是农民革命大本营。"

毛泽东同志在大革命时期，曾三次到广州从事革命活动。第一次是1923年6月，来穗出席中央"三大"，并当选为中央委员，中央局秘书。第二次是1924年1月，来穗参与中国共产党帮助孙中山先生改组国民党，并出席国民党"一大"，当选为国民党中央候补执行委员。第三次是1925年9月来穗，10月担任国民党中央宣传部代理部长，主持国民党政治委员会机关刊物《政治周报》。第二年5月至9月，主持第六届农民运动讲习所并亲任所长。

1926年5月3日，为了迎接北伐战争，推动全国农民运动，在当时任国民党中央农民部长林伯渠的倡议和支持下，在广东继续开办了第六届农民运动讲习所。毛泽东任所长、高语罕任政治训练主任、萧楚女任教务主任，共设25门课程。周恩来、彭湃等先后主持授课。

第六届农讲所较之前五届招生范围扩大到全国20个省，有学员327名，中途退学9人，有318人结业。成为全国性的农民讲习所。这届讲习所，在整个教学工作中，始终坚持理论联系实际的学风，引导学员参加社会活动，进行调查研究。全体学员按地区组织了十多个农民问题研究会，研究各地农村状况和农民运动的经验。毕业之前还到广东海丰参观和实习。

这届农讲所还编印了《农民问题丛刊》52 种，毛泽东为此写了《国民革命与农民运动》的序言。在序言中，毛泽东全面地总结了中共成立以来从事农民运动的经验，特别是彭湃领导广东海陆丰农民运动的经验，深刻论证了农民问题在中国民主革命的中心问题。他明确指出：农民问题乃国民革命的中心问题；还指出：经济落后半殖民地的农村封建阶级，乃是国内统治阶级和国外帝国主义之唯一坚实的基础，不动摇这个基础，便万万不能动摇这个基础的上层建筑物。他又说："建立联合战线"。因此，中国革命的形式只是这样：不是帝国主义军阀的基础——土豪劣绅贪官污吏镇压农民，便是革命势力的基础——农民起来镇压土豪劣绅贪官污吏。中国的革命只有这一种形式，没有第二种形式。

1927 年 1 月，由于北伐的胜利进军，广州革命政府迁到武汉。在毛泽东倡议下由湘鄂赣三省农讲所扩大成立中央农民运动讲习所。这届农讲所是在一方面全国农民运动急剧发展，另一方面又是国民党右派猖狂活动，反对、破坏工农运动，准备公开叛变革命之时开办的。1927 年 3 月开学，6 月 18 日结束，学员 700 多人。设在武昌北城角翚巷（现红巷）13 号，邓演达、毛泽东、陈克文为负责校务的常务委员。课程增设了毛泽东同志的《中国社会各阶级的分析》《湖南农民运动考察报告》等重要内容。除此而外，农讲所里毛泽东还安排了军事课。

二、从秋收起义到三湾改变前

1927年9月9日，湘赣边界秋收起义爆发。铁路工人破坏了长沙至岳阳和长沙至株洲的铁路。工农革命军第1军第1师第1团和师部在驻地江西修水县城宣布起义。第1团立即从修水出发，向湖南平江长寿街进军，先师部一天到达渣津。同日毛泽东与潘心源途经浏阳张家坊时，被团防局的清乡队抓住，在被押送去团防局处死的路上，毛泽东机智脱险，死里逃生。9月10日，到达江西铜鼓萧家祠第3团团部。在全团排以上干部参加的中秋聚餐会上，传达中共中央八七会议精神。关于这段脱险情节，毛泽东在1936年同斯诺谈话时曾详细讲述过："当我正在组织军队，奔走于汉冶萍矿工和农民武装之间的时候，我被一些国民党勾结的民团抓到了。那时候，国民党的恐怖达到顶点，数以百计的共产党嫌疑分子被枪毙。那些民团奉命把我押到民团总部去处死。打算贿赂押送的人释放我，可是负责的队长却不允许。因此我决定设法逃跑。但是，直到离民团总部大约不到二百米的地方，我才找到机会。我一下子挣脱出来，往田野里跑。跑到一个高地，下面是一水塘，周围长了很高的草，我在那里躲到日落。士兵们在追踪我，还强迫一些农民帮助他们搜寻。有好多次他们走得很近，有一两次我几乎可以用手接触到他们。尽管有五六次我已放弃任何希望，认为自己一定会再次被抓住，可是不知怎么的我没有被他们发现。最后，天近黄昏了，他们放弃了搜寻。我马上翻山越岭，彻夜赶路。我没有穿鞋，脚底擦伤很厉害。路上我遇到一个友善的农民，他给我住处，后来又带领我到了邻县。我身边有七块钱，用这钱买了一双鞋、一把伞和一些食物。当我最后安全到达农民武装那里的时候，我的口袋里只剩下两个铜板了。"

湖南省委秋收暴动计划及安源张家湾会议确定的军事部署：正式宣

布驻铜鼓部队改编为工农革命军第 1 军第 1 师第 3 团，要求全体指战员响应湖南省委号召，立即武装起义。

9 月 11—15 日，在湘赣边界工农革命军第 1 军第 1 师各团分别进攻平江、浏阳的同时，长沙县及醴陵、平江、株洲、浏阳等地均有不同规模的农民起义，配合行动，但没有形成预期的声势。

9 月 14 日，率第 3 团退至浏阳上坪，获悉第一团已在金坪失利。当晚，召开第 3 团干部会议，主张放弃原定攻打长沙的计划，暂时向江西萍乡方向转移，要第 1 团尽快与第 3 团会合。并致信中共湖南省委，建议停止执行长沙暴动计划。15 日，湖南省委决定停止原定 16 日晨在长沙举行暴动的计划，暴动延期举行。

9 月 17 日，同苏先俊率领第 3 团辗转到达浏阳与第 1 团会合，会合后部队召开中共湖南省委前敌委员会会议，讨论军事行动问题。余洒度主张继续进攻长沙，毛泽东等多数人主张向南撤退。会议决定退往湘南。会后，第 1、第 3 团分两路向文家市前进。

9 月 19 日，秋收起义部队第 1、第 3 团及第 2 团余部会师浏阳文家市，尚有一千五百余人。晚上，毛泽东在里仁学校主持召开前敌委员会会议，讨论工农革命军的行动方向问题。会议经过激烈争论，否定了师长余洒度等坚持的"取浏阳直攻长沙"的意见，在总指挥卢德铭等支持下通过了毛泽东关于放弃进攻长沙的主张，决定转向敌人统治力量薄弱的农村、山区，寻求落脚点，以保存实力，再图发展。这是从进攻大城市转到向农村进军的新起点。

同日，中共中央作出再攻长沙的决定，指令湖南省委"应一面命令萍（乡）、浏（阳）、（平）江一带工农军进攻长沙，一面立即爆发长沙的暴动"。这个决定没有实行。同日，中共中央临时政治局会议通过《关于"左派国民党"及苏维埃口号问题决议案》。指出：各派军阀已经把国民党变成政治的尸首，彻底的民权革命"已经不用国民党做自己的旗帜"，"八月决议案中关于左派国民党运动与在其旗帜下执行暴动的一条必须取消"；"现在的任务不仅宣传苏维埃的思想，并且在革命斗争新的高潮中应成立苏维埃"，但只能先在中心地方如广州、长沙等城市实行，在小县城里面要坚决地拒绝组织苏维埃，而在农村中最近时期仍然是"一切政权属于农民协会"。

9月20日早晨，在里仁学校操坪向工农革命军第1师全体人员讲话，宣布中共前敌委员会关于不打长沙转兵向南的决定。毛泽东说：中国革命没有枪杆子不行。这次秋收起义，虽然受了挫折，但算不了什么胜败乃兵家常事。我们的武装斗争刚刚开始，万事开头难，干革命就不要怕困难。我们有千千万万的工人和农民群众的支持，只要我们团结一致，继续勇敢战斗，胜利是一定属于我们的。我们现在力量很小，好比是一块小石头，蒋介石好比是一口大水缸，总有一天，我们这块小石头，要打破蒋介石那口大水缸。大城市现在不是我们要去的地方，我们要到敌人统治比较薄弱的农村去，发动农民群众，实行土地革命。

9月21日，同卢德铭、余洒度率领工农革命军，由文家市出发，沿罗霄山脉南下，向江西萍乡、莲花前进，开始向敌人力量薄弱的农村山区进军。

9月28日，中共中央临时政治局常委会讨论长江局人选问题。经过反复讨论，通过瞿秋白提出的由罗亦农、陈乔年、任旭、王一飞、毛泽东五人组成长江局的建议。瞿秋白说："泽东能来，必须加入，我党有独立意见的要算泽东。"同日工农革命军向永新三湾方向前进。

9月29日，同余洒度率领工农革命军进驻永新县三湾村。当地群众由于不了解工农革命军，大都躲进山里。毛泽东要求各单位立即分头上山喊话，向群众做宣传，群众陆续回村。当晚，主持召开中共前敌委员会扩大会议。会议决定对部队进行改编。主要是：第一，整顿组织，将一个师缩编为一个团，称工农革命军第 1 军第 1 师第 1 团，陈浩为团长，下辖 1 营、3 营、特务连和军官队、卫生队。改编时，提出去留自愿，愿留则留，不愿留发给路费，希望他们继续革命。第二，建立党的各级组织和党代表制度，支部建在连上，班排设党小组，连以上设党代表，营、团建立党委，部队由毛泽东为书记的中共前敌委员会统一领导。第三，部队内部实行民主制度，官长不准打骂士兵，士兵有开会说话的自由，连、营、团三级建立士兵委员会。这次改编，称作"三湾改编"，奠定了建设新型人民军队的基础。

9 月 30 日，在三湾枫树坪，毛泽东向全体指战员宣布中共前敌委员会关于部队改编的决定。

三、三湾改编经过

1927 年 9 月 9 日，毛泽东领导的湘东赣西秋收起义爆发。秋收起义部队到浏阳文家市集合后，毛泽东否定"浏阳直攻长沙"的错误意见，把部队引向罗霄山脉建立革命根据地。当部队走到萍乡县芦溪镇时，遭遇敌军和地主反动武装的偷袭，部队伤亡三分之一，部队士气低落，士兵不断逃亡，军官中军阀习气严重。当部队到达莲花县三板桥时，毛泽东叫来何长工，要他到永新去找一个上井冈山途中安全的休整地。

9 月 29 日上午，毛泽东率领湘赣边界秋收起义部队到达江西永新县三湾村。三湾村地处湘赣边区的九陇山区，是茶陵、莲花、永新、宁冈四县的交界地，有 50 多户人家，群山环抱、没有地方反动武装的，在山区算是较大的村庄。当时，原有 5000 多人的秋收起义部队仅剩不足 1000 人和 48 匹战马，组织很不健全，思想相当混乱。

当时，旧式军队的影响还严重存在，加之作战失利，连续行军，斗争艰苦，一些意志不坚定的人开始动摇。在这种情况下，如果不改进部队存在的问题，不加强党对军队的领导，不仅难以适应艰苦的环境，而且无法完成艰巨的革命任务。

9月30日，毛泽东在住的"泰和祥"杂货铺里召开了前敌委会议决定对起义部队进行整顿和改编。

毛泽东首先分析了大革命失败的原因在于共产党没有掌握自己的军队，提出了"党建在连上"重大主张，当时担任师长的余洒渡提出各种异疑，陈浩、徐韩等人也站出来反对，争论非常激烈。

第三天清早（10月1日），师长余洒渡召集部队在枫树坪下集合了，毛泽东站出来讲话，首先鼓舞士气说："同志们！敌人只是在我们后面放冷枪，没什么了不起，大家都是娘生的，敌人有两只脚，我们也有两只脚。贺龙两把菜刀起家，现在带了一军人。我们有两营人，还怕干不起来吗？你们都是起义出来的，一个可以当敌人十个，十个可以当他一百！没有挫折和失败，就不会有成功！"

接着宣布"三湾改编"的三项决定：第一，整编部队，把原来的工农革命军第1军第1师缩编为一个团，下辖两个营十个连，称工农革命军第1军第1师第1团。第二，党组织建立在连上，设立党代表制度，排有党小组，班有党员；营、团以上有党委，全军由毛泽东领导前委，从而确立了"党指挥枪"的原则。第三，连队建立士兵委员会的民主制度，实行官兵平等，经济公平，破除旧军雇佣关系；并初步酝酿出"三大纪律、六项注意"。随即，部队开始整编。

10月3日清晨，改编后的中国工农革命军第1军第1师第1团集体在三湾村的枫树坪，毛泽东向部队做了重要讲话，进一步阐明了向井冈山进军的意义，坚定了广大指战员的革命信心和意志，同时宣布了行军纪律：一切行动听指挥、筹款要归公、不乱拿群众一个红薯。这就是后来对人民军队建设有重大意义的三大纪律的开端。

1927 年 9 月 29 日至 10 月 3 日，毛泽东在江西省永新县三湾村，领导的"三湾改编"，是我党建设新型人民军队最早的一次成功探索和实践，标志着毛泽东建设人民军队思想的开始形成。

三湾改编初步解决了如何把以农民及旧军人为主要成分的军队建设成为一支共产党领导的，为人民群众服务打天下的革命军队，保证了党对军队的绝对领导，奠定了政治建军的基础。

同时，三湾改编的三项重要内容之一——实行民主主义，也对团结广大士兵群众、瓦解敌军起到了巨大作用，从这个意义上说，三湾改编又丰富了我党早期的统一战线思想，从理论和实践上对统一战线做出了很大贡献。

四、古田会议经过

在福建上杭县古田村召开的红四军党的第九次代表大会，史称"古田会议"。古田会议是中国共产党历史上的一次重要会议，会议认真总结了南昌起义以来建军建党的经验，确立了人民军队建设的基本原则，重申了党对红军实行绝对领导，规定了红军的性质、宗旨和任务等事关党的事业兴衰成败的根本性问题。

由毛泽东同志起草的著名的古田会议决议的第一部分《关于纠正党内的错误思想》，是中国共产党及其领导的人民军队建设的纲领性文献，其精神至今仍有重要的现实意义。

古田会议解决了如何把一支以农民为主要成分的军队建设成为共产党领导下的新型人民军队的问题，确定了从思想上建党和从政治上建军

图6—1　油画《古田会议》

的原则。为后来的农村包围城市、武装夺取政权道路思想的形成、发展和成功实践奠定了基础。

从南昌起义、秋收起义；经过三湾改编，毛泽东上井冈山并与朱德率领的南昌起义部队会师，开辟井冈山革命根据地；再到古田会议，中国共产党真正有了自己的军队。最终完成了南昌起义肩负的，武装反抗国民党反动派，创建人民军队的历史使命。

后　记

　　转眼间黄霖叔叔去世32年了，今年又恰逢迎来中国人民解放军第90个建军纪念日。在这个伟大节日到来之际，缅怀黄霖叔叔这位跟随爸爸参加过南昌起义的第20军警卫连连长，心里始终充满了敬佩、亲切之情。

　　1982年前后的一个暑期，妈妈和黄霖叔叔都在北戴河休息。中直疗养院和组织部疗养院只隔一道街、一个坡。那年"八一"的清晨一大早，黄霖叔叔夫妇很早来到我们家。

　　"薛明同志我们来看看你，祝你建军节快乐！"一头白发的黄霖叔叔把一束鲜花献给了妈妈。这是他们老两口一路边走边采的鲜花。

　　妈妈非常高兴。"快请坐，黄霖同志。咱们一杯清茶一起过个'八一'吧！"叔叔告诉妈妈，他与爸爸从起义后分手，一直到延安才重逢。爸爸紧紧拉着他的手说："那个时候我真不愿意和你们分开。"

　　1985年，黄霖叔叔走了。1995年，我带着《铁血春秋》摄制组到子固路第20军军部拍专题片，我特意去看望了黄霖叔叔的家人。他的老伴告诉我，叔叔走前特别交待，要把他的骨灰放一部分在指挥部小楼外面的墙角下，不许立标志。叔叔说："南昌起义时我给老总在这里站岗，我走了还要在这里给老总站岗。"这件事情我还是向纪念馆反映了。

　　建军70周年的时候，我再去子固路，看见这里的管理人员在墙上黄霖，原名罗永正，字直方。1904年5月18日生于四川省新都县。1926年毕业于成都"四川讲武堂"。1927年投奔国民革命军参加北伐战争，同年6月任第二十军（贺龙部）特务营第一连（警卫连）连长，7月加入中国共产党，"八一南昌起义"期间担任起义总指挥部的警卫任务并参加了攻占敌第三军军部的战斗，起义部队在陆丰失败后，随即又参加了"广州起义"。1928—1937年，先后在四川、上海等地从事党的地下工作。1937年10月到达延安，在中央机关工作。解放战争时期，在吉林省工作。建国后，他是首任中共南昌市委书记兼中国人民解放军南昌警备区政治委员，后曾任中共江西省委常委、副省长某省政协副主席等职。"文革"期间遭迫害，十一届三中全会后得到平反，党中央将其安置在北京。1985年10月13日病逝于北京。根据他生前的遗愿，其骨灰被葬在曾经战斗过的"南昌起义贺龙指挥部"旧址。

黄霖纪念碑，现存南昌子固路第 20 军军部旧址墙壁。

嵌进了一块黑色的大理石，上面写着黄霖叔叔这位八一南昌起义老兵的生平。轰轰烈烈而又普普通通的一生，这就是黄霖叔叔留给后人的精神财富，这是一笔无价之宝。

我和黄霖叔叔谈得最多的是南昌起义。在他影响下，我写出了第一稿《国民革命军 20 军在南昌起义中》。黄霖叔叔看后严厉批评了我，"晓明你写的不如咱们聊得好。"他对我期望太高，我没有做到。

后来黄霖叔叔自己写了一本《从武汉到潮汕——贺龙的警卫连长随军见闻记》。其中《张发奎口述自传》的部分内容与黄霖叔叔的这本书，在某些细节上，隔海隔空有过切磋，挺有意思。

现在书又写完了，以此来纪念所有参加过南昌起义的老前辈和先烈们。南昌起义在我们心里点燃的火炬，像指路明灯一样，永远照耀前进的方向。

贺晓明

2017 年 4 月 17 日

责任编辑：鲁　静　刘松弢

封面设计：肖　辉

版式设计：杜维伟

图书在版编目（CIP）数据

贺龙的 1927 年 / 贺晓明　著 . —北京：人民出版社，2017.7
ISBN 978 - 7 - 01 - 017915 - 5

I.①贺…　II.①贺…　III.①贺龙（1896-1969）- 生平事迹　IV.① B825.2

中国版本图书馆 CIP 数据核字（2017）第 149903 号

贺龙的 1927 年

HELONG DE 1927 NIAN

贺晓明　著

人 民 出 版 社 出版发行

（100706　北京市东城区隆福寺街 99 号）

北京新华印刷有限公司印刷　新华书店经销

2017 年 7 月第 1 版　2017 年 7 月北京第 1 次印刷

开本：710 毫米 ×1000 毫米 1/16　印张：21.75

字数：263 千字

ISBN 978 - 7 - 01 - 017915 - 5　定价：69.00 元

邮购地址 100706　北京市东城区隆福寺街 99 号

人民东方图书销售中心　电话：（010）65250042　65289539

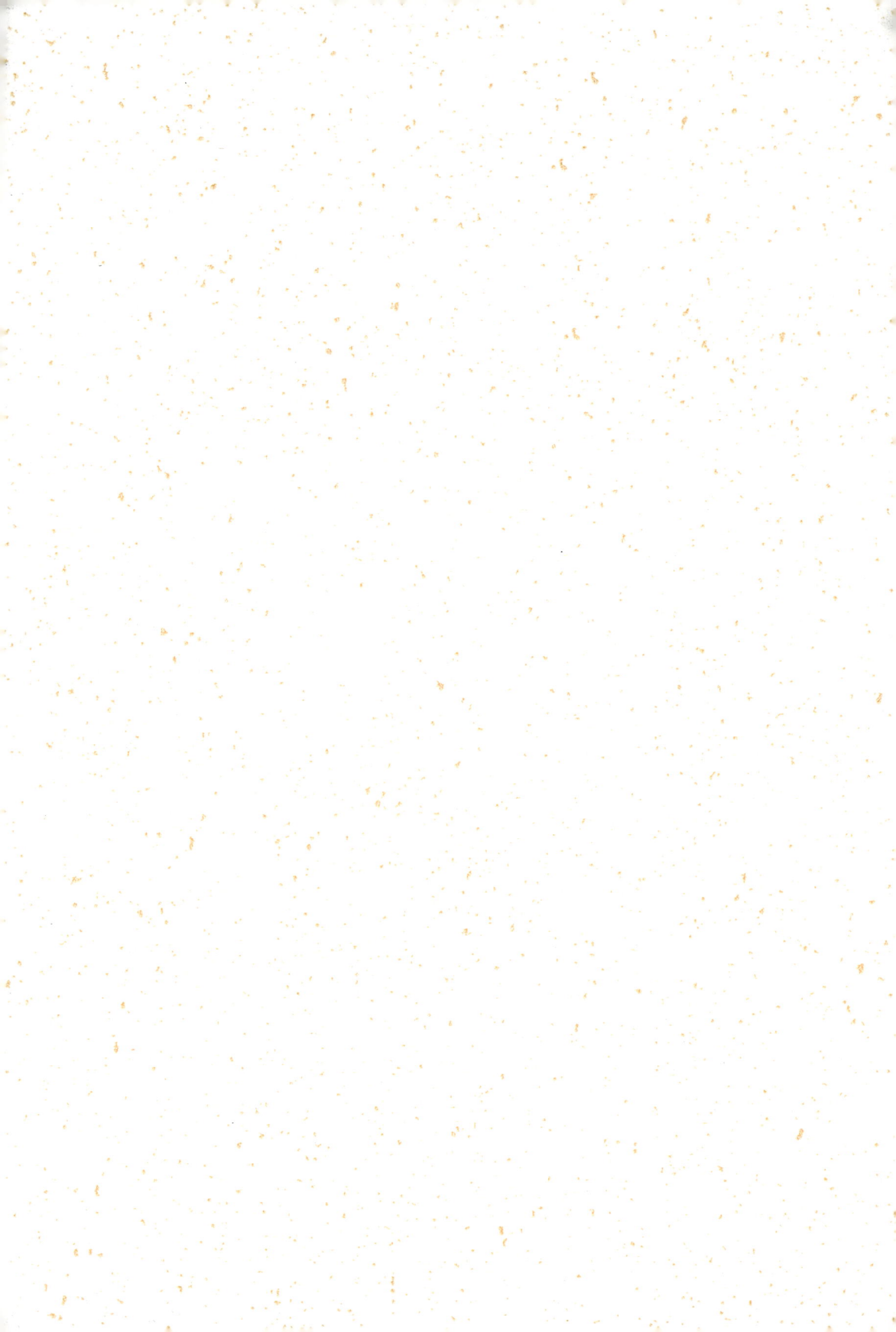